桂滇边境深度贫困地区短期脱贫与长期振兴的治理共同体构建研究

GUIDIAN BIANJING SHENDU PINKUN DIQU
DUANQI TUOPIN YU CHANGQI ZHENXING DE ZHILI
GONGTONGTI GOUJIAN YANJIU

何玲玲　陈柳源　钟家慧　等／著

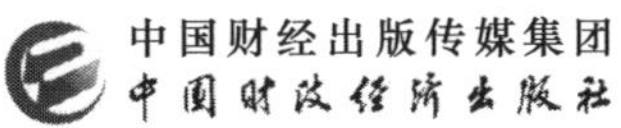
中国财经出版传媒集团
中国财政经济出版社

图书在版编目（CIP）数据

桂滇边境深度贫困地区短期脱贫与长期振兴的治理共同体构建研究 / 何玲玲等著. -- 北京 : 中国财政经济出版社，2021.12

ISBN 978-7-5223-0677-3

Ⅰ.①桂… Ⅱ.①何… Ⅲ.①扶贫-研究-广西②扶贫-研究-云南 Ⅳ.①F127.67②F127.74

中国版本图书馆 CIP 数据核字（2021）第 145203 号

责任编辑：谷兴华　　责任校对：徐艳丽
封面设计：卜建辰　　责任印制：党　辉

中国财政经济出版社 出版

URL：http：//www.cfeph.cn

E-mail：cfeph@cfeph.cn

社址：北京市海淀区阜成路甲 28 号　邮政编码：100142

营销中心电话：010-88191522

天猫网店：中国财政经济出版社旗舰店

网址：https：//zgczjjcbs.tmall.com

北京财经印刷厂印刷　各地新华书店经销

成品尺寸：170mm×240mm　16 开　14.5 印张　239 000 字

2021 年 12 月第 1 版　2021 年 12 月北京第 1 次印刷

定价：62.00 元

ISBN 978-7-5223-0677-3

（图书出现印装问题，本社负责调换，电话：010-88190548）

本社质量投诉电话：010-88190744

打击盗版举报热线：010-88191661　QQ：2242791300

北部湾环境演变与资源利用教育部重点实验室
广西地标过程与智能模拟重点实验室
南宁师范大学地理学一级学科博士学位点建设项目

联合资助

前　言

桂滇边境深度贫困地区属于中国西部边疆民族地区，是贫困县、乡镇、村屯以及贫困人口集中连片地区，其特点表现为：少数民族类别多，民族贫困问题突出，由于地处边境线附近，因此毗邻国家多，涉及问题比较复杂，贫困治理难度大，属于贫困问题较为严峻的贫困地区，脱贫任务相当艰巨。在党的坚强领导下，经过艰苦卓绝的努力，桂滇边境深度贫困地区短期脱贫问题基本得到有效解决。

2017 年，习近平总书记在党的十九大报告中明确提出“乡村振兴战略”，2021 年“中央一号文件”对全面推进乡村振兴进行了安排部署，并对实现脱贫攻坚成果与乡村振兴有效衔接提出了具体要求。对于桂滇边境深度贫困地区，如何巩固脱贫攻坚成果，有序推进脱贫攻坚阶段与乡村振兴阶段的有效衔接，探索有效的乡村治理模式，是固本强基、实现边疆安全、民族团结与地区可持续发展的重要基础。

本书从有效治理出发，以治理共同体为理论基础，深入探讨桂滇边境深度贫困地区短期脱贫与长期振兴的有机衔接与协调发展问题，并试图提出构建治理共同体的有效路径，本书共分为七章，具体各章内容安排如下：

第一章，导论。介绍研究的背景、意义，系统综述国内外研究现状，阐明研究的主要内容、思路、方法、创新点等。

第二章，基本概念与理论基础。对“短期脱贫”“长期振兴”

“治理共同体”等核心概念进行界定，并对“多维贫困理论”“利益相关者理论”“治理共同体理论”进行阐述与分析。

第三章，桂滇边境深度贫困地区扶贫开发工作历程、经验与脱贫后续困局。一方面，从整体上分析桂滇边境深度贫困地区的贫困现状与经济发展状况；另一方面，梳理了自1978年以来相关扶贫开发工作的发展历程、工作经验及脱贫后续困局，并从贫困的复杂性、政策的差别化供给、内生动力不足、产业结构失衡、贫困代际传递、易地扶搬迁后续问题六个方面展开分析桂滇边境深度贫困地区的脱贫后续困局。

第四章，短期脱贫与长期振兴协调发展的机理分析。深入阐明脱贫攻坚与乡村振兴的关系和重点，并就二者协调发展的内在逻辑、历史逻辑、理论逻辑与现实逻辑展开论述。

第五章，桂滇边境深度贫困地区短期脱贫与长期振兴多元主体研究。系统分析了农村基层党组织、社会组织、新乡贤、乡村地方人才、新型职业农民、农业职业经理人等主体在参与乡村治理过程中可能面临的困境和出路。

第六章，桂滇边境深度贫困地区短期脱贫与长期振兴案例研究。选取龙州县、凭祥市、那坡县、东川区、大新县、宁明县六个相关案例进行深入分析，实现理论落地。

第七章，桂滇边境深度贫困地区短期脱贫与长期振兴的治理共同体构建路径及对策建议。从立足自身资源储备与比较优势、精准把握“两山”理念、全面盘活乡村非遗资源、破解易地扶贫搬迁后续困局、提升基层治理能力、促进协同发展六个方面总结了治理共同体的构建路径与对策建议。

本书出版基于近几年我们对民族地区贫困治理研究的积累。从2017年广西哲学社会科学规划研究课题一般项目“广西少数民族聚居地区易地扶贫搬迁与搬迁人口市民化耦合机制研究”，到2018年国家社科基金项目“桂滇边境深度贫困区短期脱贫与长期振兴的治理共同体构建研究”，再到2021年国家社科基金项目“第二个百年奋斗目标下南部边境脱贫区巩固与振兴的协同治理体系研究”，以及一系列科研项目，团队深入南部边境地区调研，出版5本专著，发表40多篇论文，累计获得5位省级领导肯定性批示、2个省级部门政策文件采纳。在研究撰写过程中，我们得到了学校、各界朋友的关心和大力支持。首先，感谢北部湾环境演变与资源利用教育部重点实验室、广西地标过程与智能模拟重点实验室、南宁师范大学地理学一级学科博士学位点建设项目为本书的出版提供资助。其次，特别感谢在书稿构建过程中提供帮助与指导的南宁师范大学地理与海洋学院院长胡宝清教授。再次，要感谢参与有关章节初稿撰写和校对的南宁师范大学经济与管理学院陈柳源老师以及硕士研究生们，他们是钟家慧、区小兰、赵秋霞、付秋梅、朱海斌、梁影、程秋凤、潘才渌、侯路瑶等。

最后，真诚地希望读者对本书提出批评与建议。

何玲玲
南宁师范大学
2021年12月8日

目　录

第一章

导　论

改革开放以来，我国的减贫事业已取得了显著成效，在中华大地上全面建成了小康社会，历史性地解决了绝对贫困的问题。但由于脱贫工作的不断深入，贫困问题呈现出新的变化：一是贫困人口分布由分散向集中连片转变；二是贫困成因更为复杂多变；三是群体性贫困特征突出。尤其是边境深度贫困地区，脱贫工作依然艰巨。即使在中国实现现行标准下贫困人口全部脱贫，贫困县全部摘帽，解决了区域性整体贫困，这也仅意味着我国完成了解决绝对贫困问题的阶段性目标，应该在新的起点上开始新的减贫进程，朝着减缓相对贫困问题出发。随着绝对贫困人口的逐步消除，相对贫困问题更加凸显，贫困治理将由解决绝对贫困向减缓相对贫困转变。因此，贫困问题会长期存在，脱贫攻坚只是一场集中作战、短期阶段性的战役，其取得的脱贫成效仍需要在后续的发展进程中得到巩固与提升。

党的十九大报告首次提出乡村振兴战略，将其作为新时代农业、农村、农民（以下简称“三农”）工作的总抓手。乡村振兴战略对农业提升、农村建设和农民发展提出了新的要求：以产业兴旺、生态宜居、乡风文明、治理有效、生活富裕为总要求，以建立健全城乡融合发展的政策体系为制度保障，以脱贫工作为特殊任务。以此实现“三农”的可持续发展，打破城乡二元体制结构带来的城乡壁垒，巩固脱贫成果，最终提升小康的成色。然而在具体实践中，深度贫困地区面临的现实难题制约着乡村振兴战略的实施，具体为以下五个方面：一是产业同质化严重，缺少特色主导型产业；二是生态环境恶劣，环境亟待改善；三是陈规陋习盛行，文明衰败凸显；四是基层治理空转，服务能力弱化；五是人口大量流失，乡村空心化严重。同时，《国家乡村振兴战略规划（2018—2022 年）》指出，要将脱贫攻坚战作为乡村振兴的优先任务，推动脱贫攻坚与乡村振兴的有机结合、统筹推进。

当前，我国脱贫攻坚已全面胜利，乡村振兴战略框架体系已基本形成，处于脱贫攻坚与乡村振兴的战略交汇节点，必须处理好当前与长远的关系，准确把握脱贫攻坚与乡村振兴的关系：脱贫攻坚是乡村振兴的基础和前提，乡村振兴是脱贫攻坚的巩固和提升，二者统一于实现“两个一百年”奋斗目标和破解农村发展困局。既不能将二者混为一谈，也不能割裂开来，而是要形成一套完整、系统的治理模式，实现脱贫攻坚与乡村振兴的有机衔接与协调发展。

此外，纵观我国改革开放以来的扶贫开发工作历程和社会治理，政府既是“掌舵者”，又是“划桨人”。在推进治理体系与治理能力现代化背景下，如何将这些主体协同起来，形成良好的贫困治理与乡村振兴的治理格局，是我国农村社会治理的必然趋势。然而，回顾我国扶贫开发工作历程，多元主体如雨后春笋，破土而出，但受种种因素的制约，有效的多元主体参与的治理格局仍未形成。因此，将治理共同体切入脱贫攻坚与乡村振兴的协调发展具有重要的现实意义。本书以桂滇边境深度贫困地区为研究对象，基于查阅文献和实地调研获取的数据资料，深入分析该地区脱贫攻坚和乡村振兴的实践状况以及面临的困境，试图厘清脱贫攻坚与乡村振兴的内在逻辑关系，以治理共同体理论作为脱贫攻坚与乡村振兴协调发展的理论分析框架，最后提出脱贫攻坚与乡村振兴协调发展的治理共同体路径。

第一节　研究背景与意义

一、研究背景

改革开放以来，我国一直致力于贫困治理工作并取得显著成效，对全球减贫事业的贡献率已超过70%。从大规模、有组织的扶贫开发到“八七”扶贫攻坚计划，再到根据致贫原因靶向瞄准的精准扶贫和阻击绝对贫困的脱贫攻坚，农村贫困人口大幅减少，共有7亿多人摆脱贫困，农村居民家庭人均收入也逐年攀升，人民生活水平不断提高。尤其是受地理位置偏远、生态环境恶劣、发展底子薄、公共服务水平落后等因素制约的西部边疆民族地区，更是乡村振兴阶段的“重中之重”。本书研究的广西壮族自治区（简称桂）和云南省（简称滇）边境深度贫困地区就属于西部地区的边疆民族地区。

事实上，贫困是一种社会生活状态，并不会彻底消除，不仅相对贫困会长期存在，绝对贫困也会阶段性出现。因此，打赢脱贫攻坚战的过程就是将绝对贫困人口转化为相对贫困人口的过程，而相对贫困问题的解决更要聚焦于如何巩固脱贫成效和实现“三农”的可持续发展。由此，作为新时代“三农”工作总抓手的乡村振兴战略应势而生，其将脱贫工作作为一项特殊任务，以产业振兴、人才振兴、文化振兴、生态振兴、组织振兴为目标导向，实现“三农”的全面振兴。脱贫攻坚与乡村振兴密切关联，统一于“两个一百年”奋斗目标。短期脱贫与长期振兴的协调发展关系到小康的成色和脱贫的质量，更关系农村发展困局能否破解。特别是在西部边疆民族地区，如何巩固脱贫成效、推进脱贫工作与乡村振兴的有机衔接以及形成一套完整的社会治理模式是补齐发展短板，实现边疆安全、民族团结和地区的可持续发展的现实要求。

二、研究意义

作为集“老、少、边、山、穷”于一体和脱贫攻坚主阵地的桂滇边境深度贫困地区，涉及广西壮族自治区和云南省。其受多维因素的制约，一直深陷“贫困泥沼”，具有贫困人口基数大、贫困维度广、返贫风险大等特征，是我国脱贫攻坚的主战场。此外，当前正处于脱贫攻坚与乡村振兴的交汇期和加快推进治理能力与治理体系现代化的背景下，绝对贫困不断减少，相对贫困和边缘贫困问题逐渐凸显，原有的一元化贫困治理体制制约着减贫效率的提升和减贫成效的巩固，而乡村振兴战略作为新时代“三农”工作的总抓手，具有长期性、综合性和复杂性的特征。需要将减贫工作与乡村振兴有机衔接、协调发展，多元主体凝聚共识，形成合力，推动“三农”的可持续发展。因此，以多元主体参与为切入点，研究桂滇边境深度贫困地区的短期脱贫与长期振兴治理共同体构建问题具有重要的现实意义和理论意义。

（一）现实意义

首先，能为新时代农村社会治理模式构建提供一定的探索性建议。随着减贫工作的不断深入，大部分地区已基本实现脱贫目标，贫困人口大幅减少，而剩余的贫困地区和贫困人口无疑是穷窝里的“困兽”。脱贫任务重、难度大且返贫风险极高。2020年是脱贫攻坚的收官之年，是脱贫攻坚与乡村振兴的交汇节点，我国正进入乡村振兴、城乡融合发展的新阶段。如何使这些剩余的贫困地区和贫困人口如期脱贫摘帽，并在新阶段中实现可持续发展，如何使脱贫工作与乡村振兴协调发展成为当前值得探讨的重要命题。同时，脱贫工作与乡村振兴皆以破解“三农”困局为目标导向，但不能将脱贫攻坚与乡村振兴混为一谈，也不能将二者割裂，而是要推动脱贫攻坚与乡村振兴的有机衔接，协调发展。因此，在推进治理体系与治理能力现代化背景下，探索构建多元主体参与的治理共同体路径能为新时代农村社会治理提供一定的探索性建议。

其次，为桂滇边境深度贫困地区脱贫攻坚与乡村振兴的协调发展实践提供指导。本书以桂滇边境深度贫困地区为研究对象，依据查阅文献与实地调研获取的数据资料，准确把握该地区脱贫攻坚和乡村振兴的实践现状，剖析二者面临的困境，有助于帮助地方政府从新视角制定脱贫攻坚与乡村振兴衔接政策，解决脱贫后续困局和乡村振兴现阶段面临的现实难题，并提出多元主体参与的治理模式，对该地区巩固减贫成效、补齐经济社会发展短板，促进民族团结和边疆稳定，推进治理体系与治理能力现代化，实现“三农”的可持续发展，具有重要的现实意义。

再次，有助于为同类型边疆民族地区发展提供思路借鉴和路径参考。不同地区、不同民族的贫困问题和乡村振兴问题既有共性，也有其特殊性。桂滇边境深度贫困地区地处我国西南边陲，是集革命老区、少数民族聚居地区、边境地区、大石山区、集中连片特困地区于一体的典型区域，具有特殊性和代表性。因此，以桂滇边境深度贫困地区为研究对象，探究该地区的贫困治理与乡村振兴的实践现状，厘清二者的内在逻辑关系，以多元主体参与为研究切入点，尝试构建桂滇边境深度贫困地区脱贫攻坚与乡村振兴协调发展的治理共同体路径，有助于为同类型边疆民族地区发展提供思路借鉴和路径参考，从而推动其他边疆民族地区的短期脱贫与长期振兴协调发展。

最后，有助于进一步缩小城乡差距，促进城乡融合发展。截至2019年，我国城镇化率达60.6%，但仍有4亿左右人口生活在农村。通过脱贫攻坚与乡村振兴的协调发展，不断提高农村公共服务水平，以城市发展带动农村建设，解决易地扶贫搬迁人口市民化的后续困局，有利于促进城乡融合发展，进一步盘活农村资源，不断缩小城乡发展差距。

（二）理论意义

一是丰富和发展治理共同体理论的理论内涵。在强调加快推进治理能力与治理体系现代化的背景下，将治理共同体理论与中国特色社会主义理论体系相契合。但查阅相关文献资料后，发现国内学者将治理共同体理论广泛应用于社区治理研究，较少应用于贫困治理和乡村振兴研究。本书试图以治理共同体理论为理论分析框架，以西南边陲的桂滇深度贫困地区为研究对象，深入研究短期阶段性扶贫工作与长期性乡村振兴的有机衔接和协调发展问题，并试图构建桂滇边境深度贫困地区短期脱贫与长期振兴的治理共同体路径，有助于进一步延伸治理共同体在贫困治理和乡村振兴领域的应用研究范畴，丰富和发展边境深度贫困地区短期脱贫与长期振兴协调发展的治理共同体理论。

二是重点聚焦边疆民族地区和深度贫困地区，为该地区的脱贫工作与乡村振兴协调发展提供一定的理论指导。已有脱贫攻坚与乡村振兴有机衔接、协调发展的理论研究较为全面，但多是从我国整体出发，对于边疆民族地区和深度贫困地区的脱贫攻坚与乡村振兴协调发展问题研究涉及较少，缺少针对性、灵活性和包容性。因此，无法对边疆民族地区和深度贫困地区的治理研究提供有针对性的知识累积和理论指导。本书将力图对以上不足做出回应，以桂滇边境深度贫困地区为研究对象，对该地区的脱贫攻坚与乡村振兴协调发展面临的挑战和困境进行深入研究，旨在为桂滇边境深度贫困地区脱贫攻坚与乡村振兴协调发展的政策安排提出有针对性的政策建议——构建短期脱贫与长期振兴的治理共同体，为同类型地区提供理论指导和思路借鉴。

第二节　国内外研究观点综述

一、国外文献综述

（一）反贫困的研究

贫困是人类发展史上的重要问题，可以说人类发展史就是一部摆脱贫困、与贫困斗争的历史。在联合国成立之初，将“消除贫困”载入《联合国宪章》。国外学者的贫困治理研究主要从贫困根源、贫困治理模式、减贫机制与路径等方面入手。

在贫困根源研究方面，阿马蒂亚·森在福利经济学的基础上，将能力贫困纳入贫困分析框架，创立了以可行能力为核心的多维贫困理论。阿马蒂亚·森认为，贫困是一种综合性的社会问题，造成贫困的原因应该是多维的，不应仅局限于收入贫困和物质贫困，还应包括发展机会的缺失等。缪尔达尔在《经济理论与不发达地区》中提出了“循环积累因果关系”理论，认为社会制度是贫困的根源，并为政府干预反贫困行动的必要性提供理论依据。他认为，政府应对贫困人口的食物保障、营养状况、受教育水平、卫生保健和机会不平等进行干预。

（二）治理共同体的研究

治理共同体在国外研究中，其英文为 Governance Community，在国内有着词义相似而不尽相同的译法，如合作治理、协同治理、网络化治理等，这些词汇时常交替或相互使用。国外学者较少直接将治理共同体作为研究对象，大多是对社区治理开展研究。关于治理共同体理论则应先提及共同体理论。共同体理论起源于 19 世纪中后期的欧洲，主要关注社会发展进程中人与人的相互关系以及建立在相互关系基础上的思想和社会。马克思最早对共同体的基本形态进行论述，将共同体分为虚幻的共同体与真正的共同体，奠定了共同体的理论基础。

德国现代社会学家斐迪南·滕尼斯在《共同体与社会》中明确了“共同体”（community）与“社会”（society）两个概念，“共同体”成为一个社会学概念，并提出了共同体理论。因此，滕尼斯是西方共同体理论的重要奠基人。滕尼斯认为，共同体与社会是两种不同的社会生活方式，共同体是一种基于血缘、感情、伦理等的结合，相互之间不存在利益关系的有机联系；社会则是建立在社会成员间利益关系上，各个个体都是孤立存在、自私自利的，人与人之间的关系是冷漠、对立的，不同的思想和行为经过有计划的协调，形成了一种有目的的联合体。共同体与社会治理共同体理论是由治理理论发展而来的，强调在统一目标的前提下，通过协调和协同的治理手段，形成多元主体参与、互动协同以及功能互补的治理模式。进入当代社会，共同体的概念、理论和方法逐渐向其他领域和学科拓展，尤其是自然科学领域十分突出。欧美自然科学学界赋予了共同体新的含义，用共同体的概念、理论和方法分析科学研究领域的社会行为。在20世纪后半叶的美国，科学共同体的概念和理论得到了许多科学家、哲学家、社会学家的响应和阐释，由社会共同体转向科学共同体成为学术界的新思潮。

二、国内文献综述

（一）反贫困与乡村振兴的研究

当前，正处于脱贫攻坚与乡村振兴的战略交汇期。脱贫攻坚与乡村振兴的协调发展成为国内学者关注的研究热点，并从三个方面开展研究：一是脱贫攻坚与乡村振兴协调发展的必要性和重要性。二是脱贫攻坚与乡村振兴的逻辑关系研究。三是脱贫攻坚与乡村振兴协调发展的路径研究。

岳国芳（2020）指出脱贫攻坚与乡村振兴的有机衔接具有充分的理论依据和实践依据，但却面临扶贫对象与振兴对象的衔接困境、产业扶贫与产业振兴的衔接困境以及二者工作系统衔接困境，并提出要构建相对贫困群体的识别机制、产业可持续发展机制以及工作统筹协调机制，实现二者的有机衔接。吕方（2020）旨在从中国乡村改革发展历史的视角对脱贫攻坚与乡村振兴有机衔接进行知识逻辑分析，指出脱贫攻坚不仅是补短板，也为乡村治理体系建设和乡村振兴积累经验，二者衔接的路径既要关注目标和政策方面的衔接，也要注重治理能力与治理体系的衔接，在脱贫攻坚治理体系的基础上，夯实乡村振兴治理体系。高强（2020）从政策转移接续的视角对二者的有机衔接进行分析，指出二者有机衔接的政策目标在于巩固脱贫成果、缓解相对贫困、基本实现农业农村现代化以及推进乡村的全面振兴，提出从明确过渡期限、重启扶贫改革试验、防范化解扶贫风险以及加强国际扶贫合作等方面推进政策转移接续，进而推动脱贫攻坚与乡村振兴在政策目标上的有机衔接。陈明星（2020）指出即使脱贫攻坚与乡村振兴的有机衔接存在一定的逻辑关系，但仍面临着短期成效与长期目标的冲突、减贫实践与贫困治理的不适配、市场化不足与市场化过度并存等衔接困境，应从理念、目标、成果、作风、政策等维度进行强化衔接。马喜梅（2020）以滇黔桂石漠化片区为研究对象，指出该片区面临着协同程度低、协同主体缺位、衔接基础不牢固、衔接动力不足等困境，应以生态恢复、绿色可持续发展为实践基础，通过精诚聚合、目标结合、要素整合、体系融合实现脱贫攻坚与乡村振兴的有机衔接。贾晋和尹业兴（2020）认为脱贫攻坚与乡村振兴有效衔接存在一定的理论渊源、内在联系和现实需求，从产业的可持续发展、基础设施建设的不断完善、宜居乡村的建设以及扶贫扶志扶智相结合来构建二者衔接的关键路径，再通过领导与组织机制、统筹机制以及运行机制，为脱贫攻坚与乡村振兴的有效衔接提供机制保障。刘明月和汪三贵（2020）以产业发展为研究视角，认为产业扶贫与产业振兴既有一致性，也存在差异性。

正是这些差异性，导致扶贫产业的短期效应与产业振兴的长期目标的不匹配、扶贫产业的推动主体与产业振兴的推动主体不一致、新型经营主体的主体带动力较弱等衔接难题，应从以下四个方面做好衔接：优化顶层设计，做好产业规划；拓展产业链，提升价值链；提升新型经营主体的带动能力；处理好政府与市场的关系，明确角色定位。朱海波等从产业发展视角出发，以“有效市场+有为政府”为理论基础，构建“市场逻辑+政府逻辑”的双重理论逻辑框架。基于双重逻辑下深度贫困地区扶贫产业发展的案例分析，旨在从微观层面探讨市场与政府如何协同推进产业的可持续发展，并提出相应的政策建议：政府既要有为也要有限度；打造优势产业与企业做深做强并重；加大培育市场主体，完善利益联结机制。杜向民等（2020）认为脱贫攻坚与乡村振兴一体化实施具有理论逻辑和实践逻辑，但在具体实践过程中，乡村面临着整体谋划缺失、乡村“空心化”、环境治理任务艰巨、主体内生动力不足等问题，阻碍着二者一体化的顺利推进。应从加强宣传教育、强化制度设计、引导与培育主体相结合、聚焦产业、基础设施、工作任务一体化推进等方面破解问题。邓磊和罗欣（2020）指出脱贫攻坚与乡村振兴有效衔接的关键路径在于产业扶贫与产业振兴相结合、政府引导与主体培育相结合、派驻村干部与提升村干部能力相结合。汪三贵和冯紫曦（2020）认为脱贫攻坚与乡村振兴既具有战略目标的递进关系、体制机制的统一关系以及政策体系的融合关系等互涵性关系，也具有在被作用对象、政策范围、顶层设计等方面的差异性关系。左停（2020）认为，脱贫攻坚与乡村振兴的有效衔接面临着诸多现实难题：与脱贫攻坚相比，乡村振兴的目标人群数量大、区域间发展不平衡，二者的治理体系难以转型，贫困地区脱贫前后经济发展政策不平衡以及难以兼顾社会不同群体对社会政策的诉求，提出要坚持以人民为中心，形成长效治理机制，加大农村社会事业发展力度，促进贫困地区中心集镇建设和二者的政策体系衔接。陈文胜（2020）指出脱贫攻坚与乡村振兴要从三个方面实现有效衔接：一是解决阶段性绝对贫困与解决长期性相对贫困相衔接；二是行政资源配置“输血”与市场配置资源“造血”相衔接；三是基础性制度体系与差异性制度体系相衔接。刘焕和秦鹏（2020）指出当前脱贫攻坚与乡村振兴衔接面临着在思想、政策、规划、工作实践等方面的不足，并提出要加快形成思想认识、做好政策保障、突出规划引领、狠抓工作落实，特别要注重农村基础设施、产业发展、基本公共服务、宜居乡村建设、人才队伍等方面的有机衔接。张敏敏和傅新红（2019）通过对精准扶贫与乡村振兴的要素对比，厘清二者的共通关系和衔接的必要性，构建二者协同联动的运行机制：目标联动—过程联动—结果联动。

同时，进一步对精准扶贫与乡村振兴联动的现实困境进行深入探讨，从保障的视角出发，提出完善政策保障、强化制度保障、健全法律保障、提升要素保障等措施。郭远智等（2019）认为精准扶贫与乡村振兴在逻辑上具有紧密的顺承性。胡钰等（2019）则以生态环境为切入点，认为生态扶贫为生态振兴夯实基础的同时，也面临机制衔接不上、资金投入不足、生态产业发展困难等困境，并提出生态扶贫与生态振兴的衔接路径：强化规划引领、加大资金投入力度、健全制度保障。王春城和戴翊超（2019）基于政策过程理论、政策系统理论政策功能理论等分析视角，提出要结合乡村振兴的总体要求，提供具体的政策供给，从而推进脱贫攻坚与乡村振兴的有机衔接。高强（2019）认为脱贫攻坚与乡村振兴既存在政策共性，具体表现为目标相通、内容共融、主体一致、体制互促，又存在政策差异，具体表现为任务性质不一、辐射范围不一、实施方式不一。左停等（2019）认为在脱贫攻坚与乡村振兴的交汇期间，一般地区和贫困地区可以进行优化升级，而深度贫困地区要做好梯度跟进。不断总结和沿用脱贫攻坚的经验进行推广，提高公共服务的供给质量，满足农民的个性化需求，构建因村制宜的乡村治理体系，提高治理水平和服务能力，优化弱势群体的保底条件。边慧敏等（2019）以连片特困地区为研究对象，从政策协同、产业发展协同、易地扶贫搬迁协同、人才培育协同和组织建设协同五个方面提出脱贫攻坚与乡村振兴协同推进的实施路径。廖文梅等（2019）以江西省为研究样本，构建脱贫攻坚与乡村振兴协同评价指标体系，运用耦合协调模型测算二者的耦合协调度，依据测算结果，提出要统筹城乡区域发展，建立城乡融合发展机制，推进一二三产业融合发展的政策建议。廖彩荣等（2019）以保障措施为切入点，从思想、产业、人才、文化、生态、组织和社会七个方面提出协同推进脱贫攻坚与乡村振兴的保障措施。冯丹萌（2019）是在参考国际经验、梳理其他国家关于乡村发展、减贫与乡村发展相结合的发展思路的基础上，尝试构建脱贫攻坚与乡村振兴的融合机制和政策建议。豆书龙和叶敬忠（2019）认为脱贫攻坚与乡村振兴的有机衔接是基层实践的现实需要、制度相接的理论诉求以及社会主义的本质要求。脱贫攻坚可以为乡村振兴提供经验借鉴，乡村振兴帮助脱贫攻坚纵深发展。二者的衔接可以从体制机制、产业发展、主体培育等方面入手。曹立和王声啸（2020）从主体、时间和目标三个维度对精准扶贫与乡村振兴衔接的现实困局进行分析，得出结论：个体性与群体性衔接的困难、短期性与长期性衔接的困难、绝对性与相对性衔接的困难。另外，其提出按照乡村振兴的总要求，构建产业体系、培育人才队伍、建设文明乡风、培育生态农业以及完善乡村治理，实现精准扶贫与乡村振兴的衔接。章文光（2019）指出从任务、范畴和实践等逻辑上看精准扶贫是乡村振兴的优先和前提条件，乡村振兴是精准扶贫的梯次推进。

（二）治理共同体的研究

随着治理理论的发展产生了许多可延伸的方向。在加快推进我国治理能力和治理体系现代化背景下，多元共治的社会治理格局逐渐成为解决社会问题的突破口。社区的不断发展使得学者纷纷把治理理论用于描述与观察这一领域发生的变化，并成为有用的分析工具。治理共同体在我国被应用于社区治理和教育治理研究，主要从以下方面开展研究：一是治理共同体的学理研究；二是治理共同体的应用研究；三是治理共同体的构建路径研究。

陈松和阴蕾（2020）在厘清社会治理共同体基本内涵的基础上，对我国构建社会治理共同体的现实需求、支撑条件进行学理分析，再基于典型案例分析，提出构建路径。李雪松（2020）认为，社会治理共同体是一种嵌入型发展，要从主体、系统、机制、保障和结果进行多主体、全方位、多层次的嵌入，形成良性运行的治理共同体。张兆曙（2014）认为人类社会存在功能性治理领域和复合性治理领域，复合性治理领域表现为多维因素复杂交织，仅靠专项主体的单一治理容易造成治理低效。其基于杭州社会多元主体的治理实践经验，指出治理共同体虽能缓解单一治理带来的治理低效，但其应用并非是多元治理主体的简单相加，要建立在其启动和互嵌机制的基础上，并体现出两个制度化体征：一是国家的主导地位与资源性带动；二是帕累托效应的动态改进和公共责任的“中轴化”。公维友等（2014）认为，在推进国家治理体系和治理能力现代化背景下，建立政府主导下的治理共同体是改进治理模式、创新治理路径和提高治理效率的重要形式。在分析我国构建治理共同体必要性的基础上，分析当前治理共同体面临的构建困境：政府的“大包大揽”、社会组织自我发展能力不足、公民参与意识较弱和行政文化建设滞后。由此，提出政府主导下的社会治理共同体的构建路径：理念建构、主体培育、制度设计和场域建构。李增元（2009）以农村社区建设为研究对象，指出农村社区建设是乡村治理转型的客观需要，但在具体实施过程中，城乡二元结构、组织体制机械化、公共服务供需错位、资源有限和来源单一以及文化的多元和离散成为农村社区建设的“绊脚石”，并提出农村社区建设的优化路径——建构共同体，通过农村社会生活共同体的建构，实现城乡融合与统筹、创新组织体制、探索多元主体参与的公共服务供给模式、拓展资源渠道和构建农村社区民主文化。苏志刚（2020）在厘清高职院校治理共同体探索历程的基础上，分析了各类型教育背景下高职院校构建治理共同体面临的现实困境及成因，主要包括三个方面：一是治理共同体中利益共享机制不明确引发的主体间模糊的权力边界和责任范围；二是治理共同体中共赢模式缺失带来的民主参与与现代治理结构制度效率的矛盾；三是治理共同体中合作系统性尚未形成带来的社会与教师的双向积极性不足。另外，他还提出政府要完善制度设计和制度保障，社会要营造利于高职教育发展的社会氛围，院校要深化治理共同体的组织结构改革，学生要明确自身是治理共同体的参与主体，强化参与积极性。罗瑶等（2020）以社会治理共同体为研究视角，探析高职院校依法治校的内涵、意义，发现高职院校在推进依法治校的过程中还存在规章制度未明晰规范、权益保护不够细化、管理的行政化倾向严重、监督机制不健全等问题，并从治理共同体视阈出发，提出推进高职院校依法治校的策略。刘韬（2016）认为广泛参与是教育治理的核心要义，而当前职业教育面临着主体性危机、单中心主义倾向、行政文化浓厚以及治理主体间利益联结与共识不足等现实难题，因此应通过构建职业教育治理共同体，推进多元主体参与治理的理念变革、职能重塑、关系重建和利益调节，实现职业教育的现代化进程。史云贵（2013）在论述当前我国城市社区治理现状的基础上，认为当前城市社区治理还存在互动机制不完善、多元社区治理主体间的非理性博弈、治理结构设置不合理、街道与社区的不堪重负、规章制度不规范和社区内部组织重复叠加等问题，并提出了完善城市社区治理的对策建议：建立健全行政性组织、自治性组织、业主委员会、非政府组织和物业有机协调、良性互动的有效机制，实现社区内的政府管理与社区自治的良性互动。何威通过分析上海普陀区的社区协商治理体系探讨建构治理共同体的可能性，得出结论：随着我国城镇化和社区建设的不断推进，无论是协商治理理念在社区公共意识和参与观念中的内化，还是协商治理方式在不同层次的嵌入，都能够将治理主体自身的各个因素纳入协商中，从而实现治理共同体的建构。武倩妤运用共同体理念对现有治理模式存在的问题进行探讨，指出在政府职能越位、缺位以及交叉的情况下，多元参与的合作治理是最佳的治理状态，它可以利用社区组织和成员有针对性地解决问题。

综上所述，国内学者对治理共同体的理论和构建路径开展了大量研究，取得了较为丰富的理论成果，尤其是自党的十九届四中全会提出要构建社会治理共同体以后，治理共同体成为主要的关注热点。前人取得的研究成果为本书研究的顺利开展打下了坚实的理论基础和提供了一定的思路参考。但现有研究大多聚焦于社区治理和社会整体性治理，缺乏乡村治理和区域治理领域的深化研究。因此，对于边疆民族地区短期脱贫与乡村振兴的协调发展来说，仅立足中国整体性社会和社区治理的治理共同体构建路径缺乏可操作性，难以对其具体治理实践提供有效的路径参考。为了强化和延伸治理共同体在具体区域和具体治理实践中的研究应用，本书以桂滇边境深度贫困地区为研究对象，将治理共同体嵌入该地区短期脱贫与长期振兴协调发展中进行研究。

第三节　研究内容、思路与方法

一、研究内容

本书的主要内容分为七章，具体如下：

第一章为导论，对桂滇边境深度贫困地区短期脱贫与长期振兴协调发展的背景进行阐述，阐明了本书的主题与目的，说明本书的研究内容、思路以及方法。

第二章对基本概念和理论基础进行界定和梳理。首先，对短期脱贫、长期振兴和治理共同体的概念进行界定。其次，对本书涉及的多维贫困理论、利益相关者理论和治理共同体理论进行分析和阐述。

第三章主要描述桂滇边境深度贫困地区扶贫开发工作历程、经验与脱贫后续困局。首先，从区位条件、经济社会发展情况、包括贫困特征和致贫因素在内的贫困情况等方面对桂滇边境深度贫困地区进行概述。其次，回顾1978年至今的扶贫开发工作历程。再次，对取得的扶贫开发工作成就与工作经验进行总结，得出以下结论：（1）建立扶贫工作负责制，强化扶贫组织领导；（2）瞄准农村扶贫对象，提高扶贫开发成效；（3）厘清扶贫开发思路，明确扶贫工作重点；（4）动员社会力量参与，建立大扶贫格局；（5）加大扶贫资金投入，提高资金利用率；（6）重点抓易地扶贫搬迁，改善生存条件。最后，依据查阅文献和实地调研获取的数据资料，运用专业理论知识深入分析该地区面临的脱贫后续问题，具有以下几个方面：一是贫困的综合性与复合性叠加，深度贫困人口剩余；二是政策的差别化供给，边缘贫困群体游离；三是内生动力不足下的主体性缺失；四是产业结构不合理下的可持续发展力较弱；五是贫困文化下的贫困代际传递严重；六是搬迁人口市民化下的易地扶贫搬迁后续困局。

第四章主要研究短期脱贫与长期振兴协调发展的内在机理。采用定性研究方法厘清二者的内在逻辑关系，发现短期脱贫与长期振兴协调发展既存在一致性、互涵性和差异性关系的内涵特征，又存在历史逻辑与理论逻辑的内在逻辑。

第五章聚焦于参与短期脱贫与长期振兴的多元主体研究。深入分析各个主体在参与短期脱贫与长期振兴这项伟大事业过程中的现状、面临的困境与挑战、解决方案与优化策略等，促进实现多元主体的各就其位、各尽所能、群策群力、整合协同。涉及的参与主体包括农村基层党组织、社会组织、新乡贤、乡村地方人才、新型职业农民、农业职业经理人等。

第六章将桂滇边境深度贫困地区短期脱贫与长期振兴共同体构建研究过程中形成的相关案例进行集中探讨，这是促进理论落地的重要一环。选取和整理的案例包括龙州县脱贫攻坚与基层治理案例研究、凭祥市脱贫攻坚政策执行案例研究、那坡县脱贫攻坚治理共同体构建案例研究、东川区易地扶贫搬迁城镇化安置案例研究、精准脱贫入户调查纪实案例。

第七章在治理共同体的理论视角下考察桂滇边境深度贫困地区短期脱贫与长期振兴的协调发展。本章提出：一是依托自身资源和比较优势，主动深化粤港澳桂和东盟合作；二是精准把握“两山”理念，打造乡村生态养老新业态；三是盘活乡村非遗资源，强化乡村文化认同；四是破解易地扶贫搬迁后续困局，推进搬迁人口市民化和城镇化进程；五是实行有效的催化领导，提升基层治理能力；六是协同推进深度贫困地区脱贫攻坚与乡村振兴协调发展。

（一）桂滇边境深度贫困地区扶贫开发工作历程与成效

在阐述桂滇边境深度贫困地区概况、贫困成因和特点的基础上，系统梳理该地区扶贫开发的工作历程，总结扶贫开发成效，并选取该地区的4个边境深度贫困点进行个案分析和入户调查，由此深入探讨该地区面临的脱贫后续困局。

（二）桂滇边境深度贫困地区乡村振兴的现实状况

依据查阅文献和实地调研获取的数据资料，综合分析该地区长期振兴面临的现实难题及成因。当前，正处于脱贫攻坚与乡村振兴的战略交汇期。以“三农”问题为切入点来看，在乡村振兴的实施过程中，仍要将脱贫工作当成乡村振兴的一项特殊任务，既不能将二者割裂，也不能简单将二者混为一体。但从桂滇边境深度贫困地区的实际来看，受各种因素的影响，脱贫工作与长期振兴在一定程度上被“混为一体”了。因此，厘清脱贫工作与乡村振兴的内在机理，使其有机衔接、协调发展，显得尤为重要。

（三）短期脱贫与长期振兴协调发展的内在机理

短期脱贫与长期振兴的协调发展不仅有助于进一步减缓相对贫困和边缘贫困，还有助于提升农业的竞争活力，推动乡村的可持续发展以及提升农民的内生发展动力与能力。短期脱贫与长期振兴协调发展既存在一致性、互涵性和差异性关系的内涵特征，又存在历史逻辑与理论逻辑的内在逻辑。从内涵特征来看，脱贫攻坚与乡村振兴存在一致性、互涵性和差异性关系，二者的协调发展则具有继起性、拓展性和创新性。从内在逻辑来看，一是历史逻辑，脱贫攻坚与乡村振兴是为“两个一百年”奋斗目标服务的，二者的交汇期也是“两个一百年”奋斗目标的历史过渡期。因此，脱贫攻坚与乡村振兴协调发展是推动“两个一百年”奋斗目标顺利过渡的战略选择。二是理论逻辑，脱贫攻坚与乡村振兴既有共同的理论渊源，也体现着马克思主义理论与中国具体实践相结合的发展轨迹，与马克思主义理论体系中的“三农”理论相契合。现阶段，老问题与新问题并存，原有的治理体系难以对其进行破解，必须对治理体系进行创新和发展。因此，二者协调发展又是理论创新的迫切需要。三是现实逻辑，处在脱贫攻坚与乡村振兴的交汇期，需要攻克剩余难关和巩固脱贫成果，加上乡村之间的发展差距不断拉大，相对贫困和边缘贫困凸显，二者的协调发展成为现阶段的必然选择和现实需要。

（四）桂滇边境深度贫困地区短期脱贫与长期振兴协调发展的治理共同体构建路径

依据短期脱贫与长期振兴协调发展的机理及相关研究成果，最后着重从六个方面提出桂滇边境深度贫困地区短期脱贫与长期振兴协调发展的治理共同体的建构路径；一是依托自身资源和比较优势，主动深化粤港澳桂和东盟合作；二是精准把握“两山”理念，打造乡村生态养老新业态；三是盘活乡村非遗资源，强化乡村文化认同；四是破解易地扶贫搬迁后续困局，推进搬迁人口市民化和城镇化进程；五是实行有效催化领导，提升基层治理能力；六是协同推进深度贫困地区脱贫攻坚与乡村振兴协调发展。由此，形成一套完整的多元主体参与的治理模式，使脱贫工作与乡村振兴的协调发展实现良性运行。

二、研究思路与框架

本书以党的十九大报告和习近平总书记的“人类命运共同体”思想为指引，以多维贫困理论、利益相关者理论和治理共同体理论为理论指导，以社会学、公共政策等多学科为理论视角，系统运用多种研究方法，从概念厘清、理论基础、短期脱贫和长期振兴的现状、机理分析、路径构建出发，构建桂滇边境深度贫困地区短期脱贫与长期振兴治理共同体构建的研究框架。

总体思路按照“问题提出→研究基础→实证研究→机理分析→对策建议”分为五个部分：首先，梳理国内外相关研究，厘清相关概念和阐述理论基础，为开展研究夯实科学认知。其次，运用文献研究法、参与观察法、个案分析法、深度访谈法、比较分析法，获取桂滇边境深度贫困地区脱贫工作和乡村振兴的数据资料，综合刻画该地区的扶贫开发历程与成效，深入探讨该地区面临的脱贫后续困局和乡村振兴的现实挑战。再次，开展对脱贫攻坚与乡村振兴协调发展的机理分析。最后，提出构建多元主体共同参与的治理共同体，促进桂滇边境深度贫困地区短期脱贫与长期振兴协调发展。

三、研究方法

理论与实践相结合的方法始终贯穿于研究的全过程。基于研究的需要，本书系统运用文献研究法、参与观察法、深度访谈法、个案分析法以及比较分析法，使研究更具有代表性、科学性和可行性。

（一）文献研究法

文献研究是开展一项研究的基本步骤和必要方法。本书将文献研究法应用于研究全程，通过查阅、收集和研究脱贫、乡村振兴以及协调发展等相关文献，并梳理国内外相关文献，形成对研究的科学认知，以期在继承前人的研究成果的基础上，将研究进一步延伸和创新。

（二）参与观察法

参与观察法是实地调查的一种研究方法，它的特殊性和直接性在于研究者先以“参与者”的身份，通过实地深入研究对象的社会实践当中，参与研究对象的日常生活，了解研究对象的真实感受和观点，为深入思考提供便利。调研结束后，再以“思考者”的身份，运用专业理论知识分析调研发现的问题，探讨成因，总结思路，加以分析并形成系统性的解决路径。

（三）个案分析法

本书选取桂滇边境深度贫困地区范围内的若干个具有代表性和典型性的案例进行分析，研究个案的脱贫攻坚和乡村振兴的实践状况和成效。

（四）比较分析法

本书运用了比较分析法，依据掌握的数据资料，对桂滇边境深度贫困地区不同时期的扶贫开发工作进行了纵向分析，以期准确刻画桂滇边境深度贫困地区扶贫开发工作的历史全貌与现实状况。

（五）深度访谈法

课题组成员多次深入研究样本地区进行深度访谈，采取组织座谈和入户调查的方法，为研究的开展提供一定的一手数据资料，从而客观掌握研究样本地区短期脱贫与长期振兴协调发展的情况，分析面临的现实困难与挑战，为构建短期脱贫与长期振兴的治理共同体提供支撑。

第四节　研究的创新之处

一、研究思路创新

目前，我国正处于脱贫攻坚与乡村振兴耦合衔接的交汇期，学术界对集“老、少、边、山、穷”于一体的深度贫困地区的专题研究还不充分，而西部边疆民族地区又是脱贫攻坚和乡村振兴的重难点，因此对该地区关于脱贫攻坚与乡村振兴协调发展的研究具有紧迫的理论需求和现实需求。本书以地处西南边陲的桂滇边境深度贫困地区为研究对象，在查阅文献和实地调研的基础上，准确把握桂滇边境深度贫困地区扶贫开发的工作历程，系统总结其成就。由此，以专业理论知识的角度分析了现阶段该地区面临的脱贫后续困局。然后，分析短期脱贫与长期振兴的内在逻辑关系。最后，引入贫困治理与乡村振兴领域治理共同体理论，提出要构建治理共同体，形成一套多元主体参与的治理模式，促进短期脱贫与长期振兴协调发展的良性运行。

二、研究视角创新

考虑到桂滇边境深度贫困地区的区域特殊性和贫困多维性，原有的单一化治理模式使政府既是“划桨人”，又是“掌舵者”，导致“心有余而力不足”“好心办坏事”等问题凸显，治理效率低下。本书的观点认为短期脱贫与长期振兴的协调发展是一项系统性工程，不能仅靠单一化的治理模式和治理主体，而是应以多元主体共同治理为切入点，探讨在桂滇边境深度贫困地区短期脱贫与长期振兴协调发展问题，通过构建治理共同体，形成一套完整的多元主体参与的治理模式，使短期脱贫与长期振兴的协调发展形成良性互动，实现“三农”的可持续发展。

三、研究结论创新

基于脱贫攻坚与乡村振兴协调发展的研究视角，本书提出要构建脱贫攻坚与乡村振兴协调发展的治理共同体，提出二者协调发展的治理共同体构建路径，以期为桂滇边境深度贫困地区，乃至同类型地区脱贫攻坚与乡村振兴的协调发展提供参考和思路借鉴。

四、研究方法创新

本书采用定性分析与定量分析相结合、文献研究与实地调研相结合、比较分析与个案分析相结合的方法，从民族学、社会学、公共政策学等多学科角度深入探析桂滇边境深度贫困地区短期脱贫与长期振兴的协调发展，突出了该地区的区域特殊性，使研究更具有代表性和科学性。

第二章

基本概念与理论基础

第一节　基本概念界定

一、短期脱贫

改革开放以来，我国的扶贫开发工作经历了改革推进式扶贫、大规模开发式扶贫、“八七”扶贫攻坚、精准扶贫、脱贫攻坚5个阶段。每个阶段都有不同的阶段性目标，如“八七”扶贫攻坚的目标是力争用7年时间基本解决8000万农村贫困人口的温饱问题。2015年11月29日，中共中央、国务院发布了《中共中央　国务院关于打赢脱贫攻坚战的决定》，指出脱贫攻坚的任务目标是到2020年，稳定实现农村贫困人口的“两不愁、三保障”，现行标准下的农村贫困人口全部实现脱贫，贫困县实现摘帽，解决区域性整体贫困。

2018年8月19日，《中共中央　国务院关于打赢脱贫攻坚战三年行动的指导意见》正式发布，指出未来3年还有3000万左右农村贫困人口需要脱贫，时间紧、任务重，切实增强责任感和紧迫感，一鼓作气、尽锐出战、精准施策，以更有力的行动、更扎实的工作，集中力量攻克贫困的难中之难、坚中之坚。由此看，脱贫工作讲求的是集中作战、精准发力和如期完成，具有短期性、超常规性、精准性等特征。本书的“短期脱贫”是指现阶段进行的脱贫攻坚战，包含以下五个方面内容：一是脱贫目标。脱贫攻坚旨在一定期限内帮助贫困人口解决“两不愁、三保障”问题，使他们脱离穷窘。短期脱贫目标的实现与否对小康的成色、第二个一百年奋斗目标产生直接影响。二是脱贫重点。当前脱贫的重点聚焦于深度贫困地区和特殊贫困群体。一些基础条件相对较好的地区在国家政策帮扶下已基本实现脱贫，而一些地理位置偏远、自然条件恶劣、发展底子薄的地区仍属于深度贫困。此外，在深度贫困地区，因病致贫人群、返贫人群、贫困老人是非常值得关注的特殊贫困群体，他们的脱贫难度更大、返贫率更高。尤其是在本书研究的桂滇边境深度贫困地区，还有贫困边民、“直过民族”[①] 贫困群体和“人口较少民族”贫困群体，贫困群体构成更为复杂，脱贫任务十分艰巨。三是脱贫路径。首先，通过教育扶贫和社会保障兜底，解决物质贫困与精神贫困，实现物质和精神的联动发力、相互促进的双重脱贫。其次，通过改善基础设施建设和公共服务水平与产业扶贫相结合，改善贫困人口的生产生活条件，实现贫困地区生活方式与生产方式的双重变革。最后，通过易地扶贫搬迁，将生活在自然条件恶劣地区的贫困人口迁入集中安置点，既实现贫困人口生存权与发展权的双重保障，也有助于新型城镇化的不断迈进和融入。四是脱贫成效。自脱贫攻坚战打响以来，贫困人口大幅减少。截至 2019 年年末，贫困人口从 2015 年年末的 5575 万人减少至 551 万人，贫困发生率从 7.5% 下降至 0.6%，年均减贫 1256 万人，减贫幅度达 90%。五是脱贫关切。脱贫攻坚作为一项阶段性的脱贫工作，着眼于在一定期限内帮助贫困人口解决温饱问题，脱离穷窝，优先解决主要矛盾。至于贫困人口的返贫和可持续发展问题则要在后续三年帮扶和乡村振兴战略实施中得以巩固和提升。脱贫攻坚内涵并不是一成不变的，而是随着脱贫工作的不断深入，注入新的内涵。当前，进入脱贫攻坚的决胜期，仍存在许多难题和脱贫的后续困局。要围绕不同地区的区域差异性，因地制宜地制定脱贫攻坚政策和贫困治理模式，强化“造血功能”和贯彻分类、有序推进，确保实现如期脱贫。

二、长期振兴

我国是一个农业大国，农村人口数量庞大，发展最大的不平衡不充分在乡村。此外，2020 年全面建成小康社会的短板在“三农”，2035 年基本实现

① 直过民族指 20 世纪 50 年代初期，中国共产党及中央政府帮助云南省还处于原始社会末期或刚迈进阶级社会的少数民族，使其直接过渡到社会主义社会。

社会主义现代化的重点在“三农”，2050 年把我国建设成富强民主文明和谐美丽的社会主义现代化强国的关键也在“三农”。在此背景下，乡村振兴战略应运而生。2018 年 1 月 2 日，中共中央、国务院印发了《中共中央 国务院关于实施乡村振兴战略的意见》，肯定了脱贫攻坚为“三农”工作积累了丰富经验，为乡村振兴战略的实施打下了坚实基础。意见指出，当前最大的发展不平衡不充分在农村，主要表现为：农产品阶段性供过于求和供给不足并存，农村一二三产业融合发展深度不够，农业供给质量和效益亟待提高；农民适应生产力发展和市场竞争的能力不足，农村人才匮乏；农村基础设施建设仍然滞后，农村环境和生态问题比较突出，乡村发展整体水平亟待提升；农村民生领域欠账较多，城乡基本公共服务和收入水平差距仍然较大，脱贫攻坚任务依然艰巨；国家支农体系相对薄弱，农村金融改革任务繁重，城乡之间要素合理流动机制亟待健全；农村基层基础工作存在薄弱环节，乡村治理体系和治理能力亟待强化。

2018 年 9 月，《乡村振兴战略规划（2018—2022 年）》对第一个五年工作进行了规划部署。按照产业兴旺、生态宜居、乡风文明、治理有效、生活富裕的目标要求，有序推进乡村振兴战略的实施，从产业振兴、生态振兴、文化振兴、组织振兴、人才振兴，分类实现乡村的全面振兴。乡村振兴战略主要包括以下五个方面内容：一是战略目标。从横向来看，产业兴旺、生态宜居、乡风文明、治理有效、生活富裕既是总要求，又是战略目标。从时间纵向来看，2020 年，乡村振兴取得重要进展，制度框架和政策体系基本形成；到 2035 年，乡村振兴取得决定性进展，农业农村现代化基本实现；到 2050 年，乡村全面振兴，农业强、农村美、农民富全面实现。二是战略路径。首先，坚持农业农村优先发展，将“三农”工作摆在重要突出位置。其次，建立健全城乡融合发展的体制机制，实现农业现代化与新型城镇化的双重推进。再次，补齐“三农”的发展短板，通过产业振兴、生态振兴、文化振兴、组织振兴、人才振兴全方位举措补齐“三农”短板。最后，推动脱贫攻坚与乡村振兴的有机衔接和融合发展，实现短期任务与长期目标的有机结合。由此看，乡村振兴战略是新时代“三农”工作的总抓手，也是解决我国城乡发展不平衡不充分的现实选择，更是一项有 30 年跨度的历史性任务，讲求的是常态推进，既要避免超越发展阶段，又要在每个阶段突出重点，不断取得阶段性成果，具有周期长、涉及面广、目标宏大、任务复杂等特征。因此，乡村振兴又称为长期振兴。

三、治理共同体

治理共同体作为治理领域的延伸，需要对治理共同体的内涵进行界定，厘清治理共同体的起源、本质和特征。治理共同体的起源是从“共同体”和“治理”开始的，“共同体”和“治理”的概念决定着治理共同体的概念，既相互联系，又有明显区分。

（一）共同体的概念

共同体理论的发展阶段分为三个阶段，分别是传统社会的共同体、现代工业社会的共同体和后现代工业社会的共同体。德国现代社会学家斐迪南·滕尼斯在《共同体与社会》中首次提出了共同体，并将共同体引入社会学。滕尼斯认为共同体与社会是共同生活的两种形式，具有对立性。共同体是基于血缘、地缘以及文化习惯而形成的自然有机结合体，社会是基于理性和利益而形成的机械结合体，这是从情感的角度对共同体概念进行的阐述。此外，他还从类型取向、行动方式、互动表现等维度对共同体与社会进行详细区分。随着现代工业活动的不断开展，劳动分工使人们的行为活动超出了传统共同体范围。涂尔干从社会结构的角度，认为共同体和社会都是依赖于客观社会事实的，社会也是自然的、有机的，并在社会分工的基础上提出了职业共同体，将个人吸收到群体活动中，并使其适应社会生活。在后现代社会，共同体成为脱离实体而存在的“虚幻共同体”和“想象共同体”。美国学者安德森从民族文化根源和社会结构出发，认为民族是一种想象的共同体，贯穿于民族产生、发展、演变全程。民族共同体实质上是一种情感共同体。英国社会学家鲍曼认为共同体概念有广义和狭义之分，广义指宏观层面的共同体，如国家共同体和民族共同体；狭义指社区组织。鲍曼还在滕尼斯的基础上将共同体视为一个象征安全和谐的有机体，失去共同体意味着失去安全感，而得到共同体意味着失去自由。由此看，共同体既是指在共同条件下组成的实体组织，如社区、欧共体等，又是指区别于实体组织的、基于精神、情感的所要达成的一种理想状态，如民族共同体、人类命运共同体等。二者的出发点都是为了解决治理目标的问题，实现共同目标。

在我国行政语境下，党的十八大报告首次运用“共同体”一词，提出要构建人类命运共同体；在党的十九届四中全会中，提出要构建“人人有责、人人尽责、人人享有”的社会治理共同体。

（二）治理的概念

1989年，世界银行在阐述当时非洲的情况时，首次使用“治理”一词，日后，“治理”作为术语广泛应用于政治研究中，尤其是用以阐述发展中国家的政治状况和社会发展状况。自20世纪90年代以来，随着社会组织力量的不断壮大，政府失败、市场失灵以及全球治理问题凸显，学术界逐渐将目光放到政府与市场、政府与社会的关系问题上，“治理”被广泛应用于公共行政学、社会学和经济学领域，治理理论开始兴起。

关于治理的定义，并不是一成不变的通用公式，而是根据不同的形势变化，有着多种演变过程，不同学者持有不同的见解，但都强调政府治理向多元主体共治转变。治理理论创始人之一的詹姆斯·N. 罗西瑙在《没有政府的治理》中指出，治理是指在无政府和强权的情况下，相关行动者基于达成的共识与协商，实现共同目标的行动。罗伯特·罗茨将治理定义归纳为六种，其中，作为社会——控制体系的治理强调政策执行结果不只是政府行为的产物，鼓励政府、自愿部门、私人部门进行互动，治理成为互动式的社会——政治管理方式的结果。格里·斯托克将治理归纳为五个要素：（1）治理出自政府，不仅限于政府一个行动者和一套行为方式；（2）治理明确指出在为社会和经济问题寻求解答的过程中总存在的界限和责任方面的模糊支点；（3）治理涉及集体行为的各个社会公共机构间存在着权力依赖；（4）治理指行为者网络的自主自治；（5）办好事情的能力不在于政府的权力和权威，政府可以运用新的方法和技术进行控制和指引。毛寿龙认为，政府在公共事物的治理中扮演的是“掌舵者”，而不是“划桨人”。俞可平则认为，治理是运用权力进行控制和引导，满足公众利益的公共管理活动。

（三）治理共同体的概念

基于上述关于共同体和治理的梳理和概括，笔者认为治理共同体的概念可以界定为：政府、市场主体、社会组织、基层治理组织和公民等多元主体在明确角色定位、权力界定和机制保障的基础下，为了实现共同目标而开展行动的治理网络。实质上是一种达成共识的利益联合体，其从治理主体和治理机制出发，着眼于多元主体如何参与治理，解决的是治理机制的问题。由此看，共同体与治理共同体是目标与手段的关系，治理共同体是治理的进一步延伸。在这个治理网络中，政府扮演“掌舵者”的身份，发挥其主导作用，其他主体在治理实践过程中参与治理，共担责任，共享资源和成果。

治理共同体的内涵包括以下五个方面：一是治理对象。治理共同体关切的是复杂的公共事务问题，越复杂的公共事务仅靠单一的治理主体和治理模式，往往会出现治理低效、结构失衡等问题，应该通过多元主体参与实现可持续发展的治理，如生态治理、贫困治理、全球治理等。二是治理模式。治理共同体是一种网络化治理模式，即政府与非政府之间的合作治理，而不是政府内各部门之间参与合作的整体化治理，其涉及政府和政府以外的市场主体、社会组织、公民等多元主体。三是治理特征。治理共同体具有治理理念整体化、治理主体多元化、治理目标一致化、治理资源多样性、治理边界动态性等特征。四是治理理念。治理共同体体现的治理理念是责任共担、资源互流、主体互动以及成果共享。五是治理原理。首先，各参与主体受利益驱动，激发参与意识和参与热情；其次，通过不断的协商与交流，将各自的利益驱动转化为统一的目标，凝聚目标共识；再次，明晰各自的角色定位和功能组成，在政府的催化领导和制度设计下进行协调合作；最后，根据取得的阶段性成果，又开始新一轮的凝聚共识，如此循环往复，实现治理共同体的良性运行。

第二节　理论基础

一、多维贫困理论

从宏观上对贫困的定义分为两种：一种是收入贫困，另一种是多维贫困。多维贫困是导致贫困地区贫困成因复杂的直接因素，逐渐成为贫困治理研究的主要热点。世界银行于2000年发布的《世界发展报告》指出，贫困不仅是物质上的匮乏，还表现为机会贫困、能力贫困和教育贫困、健康贫困等。相较于单维贫困，多维贫困理论认为贫困是一个综合性概念，不仅局限于收入贫困，还包括基础设施、社会保障、生态环境等客观因素和以能力贫困为核心的主观因素。多维贫困既是贫困的表现，又是贫困的成因，某一维度的贫困可能导致未来在该维度的持续贫困或在其他维度内产生贫困，陷入贫困的恶性循环。

关于贫困的定义并不是一成不变的，而是动态发展的。多维贫困理论正是贫困概念不断深化的产物，是相对于传统贫困理论而言的。最早开始对贫困定义进行研究的是英国经济学家 Seebohm Rowntree，他在“Poverty：A study of Town life”中从低收入角度对贫困进行定义，即家庭总收入不能满足家庭成员最基本的生活必需品开支，那么这个家庭将会陷入贫困，并根据最低量生活必需品的数量和价格，设定了贫困线。其对贫困的定义为一种收入的绝对贫困，但这种界定存在很多问题，如身体条件、生活习惯的差异会影响最低支出水平的不同。

20 世纪 50 年代以后，对贫困的定义开始转向相对角度，将贫困定义为收入的相对贫困。Gallbraith（1956）认为贫困不仅取决于自身的收入水平，还取决于社会的平均收入水平。Runciman（1966）认为应采取相对量研究贫困，并将相对剥夺概念运用在贫困概念研究中。Townsend（1979）认为贫困不仅是生活必需品的缺乏，还是因为缺乏资源而被剥夺了拥有正常的生活方式和社会活动的权利。自 20 世纪 80 年代以来，又从发展学的角度赋予贫困新的定义。Chamber（1995）将能力因素引入贫困概念。印度经济学家 Amartya Sen（1999）在《以自由看待发展》中提出了能力贫困，即贫困不仅是满足基本生存需要的收入不足，更是基本可行能力的被剥夺现象。20 世纪 90 年代，学者纷纷从“社会排斥”的角度对贫困进行定义。法国学者 Lenoir（1974）最早提出“社会排斥”这一概念。Strobel（1996）认为，社会排斥指个人被社会排斥，享受不到应享受的权利，包括无法参与社会和政治生活、社会疏离等。世界银行（2001）认为贫困是贫困者被排除在所在国可以接受的最低限度的生活方式和社会活动之外。“权利贫困”概念由此产生。

从绝对贫困到相对贫困，再到能力贫困和权利贫困，这些贫困理论都构成多维贫困理论的框架。多维贫困理论正是以阿马蒂亚·森的能力贫困理论为基础的。阿马蒂亚·森在福利经济学的基础上，将能力贫困纳入贫困分析框架，并提出了可行能力的概念，即人们能够做自己想做的事，过自己想过的生活。创立了以可行能力为核心的多维贫困理论。基于可行能力理论，阿马蒂亚·森认为贫困的本质是可行能力的减弱和被剥夺，除了收入不足和物质缺乏以外，贫困还表现为基本可行能力的被剥夺，如夭折、营养不良、无法享受基本的教育和医疗等。因此，可以通过教育、社会保障等手段提高人们的可行能力，从而使他们有能力摆脱贫困。阿尔基尔和福斯特在阿马蒂亚·森提出的多维贫困理论的基础上，提出了多维贫困指数的计算方法，以此评价多维贫困的具体状况。由此来看，阿马蒂亚·森的能力贫困理论催生出了多维贫困理论。仅依据收入划定贫困标准线是不全面的，应该对人进行全方位、多维度的衡量，能较为全面地反映贫困人口的贫困状况，进而为贫困治理提供“治本”的手段，有助于发展贫困人口的“自我造血”能力，提高脱贫的稳定性和可持续。

二、利益相关者理论

（一）利益相关者概念

概念是一个理论的根基和前提。不同学者对利益相关者的概念进行界定，使利益相关者理论形成了比较完整的理论框架。SRI 于 1963 年首次对利益相关者进行概念界定，即没有其支持，组织就不能存在的群体或个人。Rhenman（1964）将 SRI 定义中的单边利益相关者扩展为双边关系，认为利益相关者是为了实现自身目的而依存于企业或企业为了实现可持续发展所依存的群体或个人。Ansoff（1965）认为企业的利益相关者具体包括管理人员、工人、经销商以及股东。Freeman（1984）将利益相关者定义为那些能够影响组织目标的实现或受组织目标实现过程影响的群体或个人。

（二）利益相关者理论的产生背景

利益相关者理论起源于 20 世纪 60 年代，受动荡时代的外部变化导致不确定性和内部变化的出现，利益相关者理论在 80 年代以后逐渐兴起和发展。

20 世纪 60 年代，英美等国的公司治理采取的外部控制型公司治理模式，受动荡时代的外部变化导致的不确定性和公司内部的不稳定性的影响，现有的治理理论难以解决面临的现实难题，利益相关者理论就在对以股东利益最大化为目标的“股东至上”公司治理实践的质疑声中产生了。但这一时期的治理模式仅是将利益相关者作为外部环境因素和管理客体。70 年代，参与式民主理论与实践和员工治理观的兴起，引发了利益相关者理论的进一步深化，由“影响”转向“参与”。80 年代初期，美英等国兴起公司之间“恶意收购”的浪潮。恶意收购者通过高价收购被收购公司的股票，对公司高层管理人员进行重组，以收缩规模、裁减人员降低经营成本，保证股价上涨来提高股东的受益。这种行为实质上是一种“股东主权至上”，是与公司的长期发展相背而驰的。自阿尔卡发基和阿巴斯在《公司治理的利益相关者方法》中提出德国公司的合作治理模式与取得的成效后，利益相关者治理成为学者的研究热点。随后，人力资本的兴起、1997 年亚洲金融危机以及具有广泛分权特征的“多元社会”出现，引发了世界范围内对公司治理问题的关注。经济合作与发展组织（OECD）于 1999 年出台的《OECD 公司治理准则》中指出，应确认公司利益相关者的合法权利，鼓励公司与他们开展合作治理。在 20 世纪末期，形成了利益相关者共同治理观。

（三）利益相关者理论的发展

利益相关者理论的发展分为三个阶段：利益相关者影响—利益相关者参与—利益相关者共同治理。随着利益相关者理论的不断深化，对利益相关者的角色定位也是动态发展的。第一个阶段是利益相关者影响阶段，其发端于 20 世纪 60 年代初期。研究聚焦于组织与利益相关者的相互影响，特别关注利益相关者对组织战略及其绩效的影响。在这个阶段利益相关者被视为组织的外部环境因素或管理客体。第二个阶段是利益相关者参与阶段，始于 20 世纪 70 年代中期。在这个阶段，学者将利益相关者视角与组织视角结合，把利益相关者纳入组织内部程序，参与组织决策与管理过程，是管理主体，但在地位上属于从属或被管理地位。从本质来看，“利益相关者参与”与“利益相关者影响”虽是对“股东主权至上”的冲击，但并未超越股东主义。第三个阶段是利益相关者共同治理阶段，始于 20 世纪 90 年代初期。在持利益相关者共同治理观的学者看来，凡是在公司中投入了专用性人力资本或其他关系专用性资产并承担该资产失效风险的利益相关者，都应该分享剩余收益并承担剩余风险，即企业的全体利益相关者都应该参与企业治理，风险共担和收益共享。在这一阶段，利益相关者被视为与股东一样的平等主体，是共同治理主体。真正实现了以“工具主义”向以保障利益相关者权益为归宿的研究取向的转变，是对股东主义的超越。

三、治理共同体理论

（一）治理共同体理论的产生与发展

治理共同体理论实质上是共同体理论与治理理论的结合体，想要对治理共同体理论进行分析和阐释，应先从共同体理论和治理理论开始。

共同体理论起源于19世纪中期，其发源地在欧洲。共同体是马克思恩格斯思想体系的重要组成部分，马克思最早对共同体的基本形态进行论述，认为真正的共同体和虚幻的共同体，奠定了共同体的理论基础。马克思、恩格斯认为共同体分为自然形成的共同体和人为造成的共同体。滕尼斯在《共同体与社会》中提出了共同体和社会两种概念，并将它们进行区分。从此，共同体成为一个社会学概念。韦伯在讨论经济与社会团体的关系时，构建了自己的共同体理论。涂尔干则提出了共同体的“社会团结”理论，并在社会分工的基础上提出了职业共同体，让社会成员尽快融入社会活动。

在这个时期，共同体理论着眼于社会发展进程中人与人的相互关系。自20世纪以来，共同体理论逐渐向其他学科和领域及不同国家发展。在美国，学者从自然科学角度提出了科学共同体，代表人物有波兰尼、默顿、库恩等。他们认为在科学领域，不同专业有着不同的集团，而这些集团形成了一个科学共同体。共同体的各集团既相互独立，又密切联系在一起。在日本，日本学者将共同体理论应用于农村社会和水利治理，并提出了“村落共同体”和“水利共同体”。在中国，共同体应用于社会学、历史学、政治学等领域。但客观来说，共同体理论在国内的应用研究还不充分，国内学者都倾向于滕尼斯提出的共同体，将共同体理论应用于社区治理研究。在我国行政语境下，习近平总书记提出要构建人类命运共同体，建设持久和平、普遍安全、共同繁荣、开放包容、清洁美丽的世界。在推进治理体系与治理能力现代化背景下，党的十九届四中全会提出了要构建“人人有责、人人尽责、人人享有”的社会治理共同体。人类命运共同体和社会治理共同体都是马克思恩格斯共同体思想的当代阐释和创造性发展。当前，社会治理共同体构建成为新的研究关切点，国内学者纷纷从基本内涵、现实逻辑以及构建路径等方面展开研究。

自20世纪90年代以来，随着社会组织的力量不断壮大，政府失败、市场失灵以及全球治理问题凸显，学术界逐渐将目光放到政府与市场、政府与社会的关系问题上，“治理”被广泛应用于公共行政学、社会学和经济学领域，治理理论开始兴起。随着治理理论的不断发展，逐渐延伸出许多其他理论分支，如网络化治理、整体性治理、协同治理、多中心治理等。这几个治理与治理共同体的共同点在于治理主体和治理手段的多元化。那为何本书要选择治理共同体呢？究其根本在于治理共同体与我国的行政语境相符，尤其是党的十九届四中全会提出的社会治理共同体，都强调坚持发挥政府的主导作用，鼓励和引导其他主体进行有效参与，通过协商交流达成共识，强调治理的过程和方式，通过机制体制实现主体间的良性互动和治理共同体的良性运行。

（二）治理共同体理论的理论框架

为了更好将治理共同体理论运用到桂滇边境深度贫困地区短期脱贫与长期振兴的协调发展研究中，要对该理论有基本的科学认识。治理共同体的理论框架分为三个阶段和五个维度。三个阶段分别是：起始阶段、形成阶段和实施阶段；五个维度分别是：治理动力、治理主体、治理结构、治理机制、治理运行。

1. 治理共同体阶段。构建治理共同体不是一蹴而就的，而是一个环环相扣的治理过程。当政府面临某一复杂的公共事务治理，仅凭政府的单一力量难以实现有效治理时，政府需要充分发挥其催化领导和制度设计作用，鼓励和引导市场主体、社会组织、公民等多元主体参与公共事务的治理，凝聚共识，最终形成具有多元主体的治理共同体。因此，治理共同体过程可分为三个阶段：起始阶段、形成阶段和实施阶段。

2. 治理共同体的具体内容。治理共同体的具体内容包括：治理动力、治理主体、治理结构、治理机制以及治理运行。

（1）治理动力。治理动力指治理共同体形成的推动力量，实质上是构建治理共同体的起始条件。具体包括：一是外部环境因素。任何组织或个人都是处在一个开放性的社会系统中，其行为活动都要受到所在系统中的政治、经济、文化、生态等外部环境因素的影响。同样，治理共同体的构建也不可能在一个封闭的环境中运行，而是处于政治、法律、经济、自然等多维外部环境中。二是最初的信任因素。最初的信任事关多元主体之间能否达成共识，统一于共同的利益目标，是构建治理共同体的重要因素。曾经的合作史取得的阶段性成果也会增强初始信任度，如在脱贫攻坚中强调形成政府主导、社会共同参与的大扶贫开发格局，并付诸实践取得的经验与成效会增强下一阶段多元主体合作的初始信任度，有助于脱贫攻坚与乡村振兴协调发展的治理共同体构建。三是资源因素。当仅靠自身的资源难以实现某一目标时，多个单一主体将会意识到只有多元主体参与合作治理，形成资源之间的互补与流通，才能达到“1+1>2”的治理效果。因此，资源上的不平等和互依性对治理共同体的构建起推动作用。

（2）治理主体。治理主体作为治理共同体的“主角”，治理主体的选择是形成治理共同体的重要组成部分之一，治理共同体能否实现良性运行，关键在于治理主体的选择和培育。现代公共事务通常更为复杂和系统，而政府、市场主体、社会组织以及民众在社会系统中又扮演着不同的角色，发挥着不同的作用。因此，要注意治理主体间的角色扮演、功能定位以及权力运行，确保多元主体能在角色定位明晰的前提下参与公共事务的合作治理。在治理共同体中，政府发挥着主导作用，多元主体在起始条件充分的情况下，通过制度设计，形成明晰的功能定位，对资源进行合理配置，增加沟通交流渠道，凝聚共识，利用协商、合作等方式推进行动，彼此监督，又在取得阶段性成果的基础上，进行下一阶段的合作治理，最终构建一个责任共担、成果共享的治理共同体。

（3）治理结构。在明确治理动力、选择和培育治理主体之后，选择以什么样的方式进行合作治理是治理共同体的重中之重，即建立治理共同体的治理结构。治理共同体的治理结构与传统治理结构的不同点在于各主体在达成共识、互相信任的基础上共同纳入公共事务的治理，彼此相互依存、相互监督，既独立又依赖，为了共赢的目标而开展联合行动。

（4）治理机制。机制是各要素之间的结构关系和运行方式，治理机制是治理体系运行的基础性条件。没有良好的治理机制，治理行动就难以有效进行。当多元主体在共同参与治理一项公共事务时，必然会面临利益冲突、沟通障碍等现实困境而造成各主体之间的矛盾。在这时，就需要有一系列的机制在治理共同体中保障治理行动有序有效进行。这些机制的形成也需要具有参与的包容性、基础规则的明晰性以及参与过程的透明性，才能更好地为治理共同体服务。在治理共同体中，根据治理结构、治理主体的需要，笔者认为应包含信息共享、资源协调、运行保障等机制，为治理共同体的运行提供良好稳妥的制度保障。

（5）治理运行。治理共同体的最后一步则是治理运行过程，是治理共同体的核心环节。多元主体以解决共同关切的公共问题为切入点，在起始条件充分的情况下，通过治理模式进行彼此之间的资源整合、利益协调以及权力运行。当各主体间在运行过程中遇到障碍和冲突时，通过一系列的治理机制，确保治理的有效运行，从而达到主体间的良性互动和治理行动的良性循环，最终产生良好的治理效应，解决现存的公共问题。但新的公共问题出现时，又将开始新一轮的治理共同体循环。治理共同体运行过程实质上不是封闭式的环形结构，而是一个循环往复，不断前进上升的运行结构。

第三章

桂滇边境深度贫困地区扶贫开发工作历程、经验与脱贫后续困局

桂滇边境深度贫困地区位于我国西南地区，是我国西南边疆政治、经济、文化、生态、民族、边境安全的“敏感地带”，集“老、少、边、山、穷”于一体。该地区的扶贫开发直接关系到该地区经济和社会的可持续发展，关系到民族团结、边境安全和社会稳定。改革开放以来，桂滇边境深度贫困地区一直是我国扶贫开发工作中的重点、难点。虽然在各方力量的努力下，该地区的减贫成效显著，落后面貌得到改善，但值得注意的是，与其他发达地区和一般贫困地区相比，该地区的贫困现象更为严峻，贫困成因更为复杂，返贫风险更大。本章力图在阐述桂滇边境深度贫困地区概况、贫困成因与特点的基础上，梳理该地区扶贫开发工作历程，总结扶贫开发成就，并抽选桂滇边境深度贫困地区的 3 个边境深度贫困地区进行典型案例分析和入户调查，深入探讨该地区现阶段面临的脱贫后续困境，有助于总结经验和教训，厘清后续的扶贫工作思路，选择因地制宜、因人制宜的有效脱贫路径，如期实现脱贫目标，巩固脱贫成果。

第一节　桂滇边境深度贫困地区概述

一、桂滇边境深度贫困地区概况

广西和云南分别位于我国华南部和西南部，相互为邻。二者既是我国“一带一路”的重要组成部分，又是集“老、少、边、山、穷”于一体的集

中连片特困地区，区位条件十分特殊，是我国脱贫攻坚的主战场。

第一，革命老区。左右江革命根据地和滇黔桂边区革命根据地分别位于广西和云南，二者之间休戚相关。1929 年，邓小平、张云逸等人正确运用“工农武装割据”的思想，结合广西实际，在韦拔群等开创的左右江地区农民运动的基础上，举行了百色起义和龙州起义，开辟了左右江革命根据地，在西南边陲树立起了工农武装格局的旗帜。土地革命时期，云南有两个重要的革命根据地。1929 年，邓小平、张云逸等人在广西发动百色起义后，红七军与红八军汇合北上。1931 年 11 月，右江特委和红军右江独立师派出干部和战士到滇桂黔边区活动，建立了以富宁、广南为中心的滇桂黔边区革命根据地。其中，广西革命老区涉及 90 个县（市、区）、773 个乡镇，占全区乡镇的 56.7%；云南革命老区涉及 59 个县（市、区）、36 个乡镇。

第二，少数民族聚居地区。在我国少数民族人口超千万的 3 个省、自治区（广西、云南、贵州）中就包括广西和云南，广西作为全国少数民族人口最多的自治区，有壮族、汉族、瑶族、苗族、侗族、仫佬族、毛南族、回族、京族、彝族、水族、仡佬族共 12 个世居民族。其中，壮族和瑶族人口最多。云南杂居着 52 个民族，是我国民族种类最多的省份。其中，有 9 个“直过民族”和 8 个人口较少民族。人口 6000 人以上的世居少数民族有 25 个，哈尼族、白族、傣族、傈僳族、拉祜族、佤族、纳西族、景颇族、布朗族、普米族、阿昌族、怒族、基诺族、德昂族、独龙族共 15 个民族为云南特有。广西有 12 个自治县、59 个民族乡（镇），云南有 29 个民族自治县、152 个民族乡（镇）。在多民族聚居地区，由于各民族在历史渊源、民族信仰、语言文字和风俗习惯等方面的差异，该地区的国民经济和社会发展相对滞后。

第三，边境地区。边境地区指邻近边界、国界的区域范围。广西和云南是我国的边境省份，桂滇边境深度贫困地区位于我国西南边陲。广西的西南部与越南接壤，边境地区有崇左市、防城港市和百色市，涉及 8 个县（市、区）。云南是我国边境线最长的省份之一，边境线长达 4060 公里；西部与缅甸接壤，南部与老挝、越南毗邻，边境地区以山地地形为主，划分为高寒山区、山区和半山区；边境地区有文山州、西双版纳傣族自治州、临沧市、德宏傣族景颇族自治州、红河哈尼族彝族自治州、普洱市、保山市、怒江傈僳族自治州，涉及 25 个县（市、区）。边境地区的历史遗留、自然地理、边境安全等问题交织在一起，导致该地区“先天不足，后天又难以弥补”，整体发展相对落后。因此，广西和云南的边境县和边境村大多为深度贫困地区（见表3－1）。

表3－1　桂滇边境深度贫困地区分布

省份	边境地级市、州	边境县（市、区）	是否为深度贫困地区	是否脱贫摘帽
广西（桂）	崇左市①	凭祥市		√
		大新县		√
		宁明县		√
		龙州县	√	√
	防城港市②	东兴市		√
	百色市③	靖西市	√	√
		德保县	√	√
		那坡县	√	×
云南（滇）	临沧市④	镇康县	√	√
		沧源县	√	√
		耿马县		√
	普洱市⑤	澜沧县	√	×
		西盟县	√	√
		江城县	√	√
		孟连县	√	√
	保山市⑥	腾冲市		√
		龙陵县	√	√

① 崇左市位于广西西南部，西与越南接壤，是中国边境口岸最多和广西边境线陆路最长的地级市，为环北部湾城市群城市，是中越两廊一圈和南宁—新加坡经济走廊的重要节点城市。

② 防城港市位于广西西南部，南临北部湾，西南与越南接壤，是中国唯一一个与东盟陆海相通的城市。处于广西北部湾经济区的核心区域和华南经济圈、西南经济圈与东盟经济圈的结合部，是北部湾畔唯一的全海景生态海湾城市，被誉为“西南门户、边陲明珠”。

③ 百色市位于广西西部，西与文山州相接，北与贵州毗邻，南与越南接壤，是一个集革命老区、少数民族地区、边境地区、大石山区、贫困地区、水库移民区“六位一体”的特殊区域。

④ 临沧市位于云南西南部，西南与缅甸交界。

⑤ 普洱市位于云南西南部，东南与越南、老挝接壤，西南与缅甸毗邻。

⑥ 保山市位于云南西南部，西北、正南同缅甸交界，山区、半山区面积占总面积的92%。

续表

省份	边境地级市、州	边境县（市、区）	是否为深度贫困地区	是否脱贫摘帽
云南（滇）	文山州①	麻栗坡县	√	√
		马关县	√	√
		富宁县	√	√
	西双版纳州②	景洪市		√
		勐海县		√
		勐腊县	√	√
	德宏州③	芒市		√
		瑞丽市		√
		陇川县		√
		盈江县		√
	红河州④	绿春县	√	√
		金平县	√	√
		河口县		√
	怒江州⑤	泸水市	√	×
		福贡县	√	×
		贡山县	√	√

资料来源：根据广西和云南行政区划、扶贫办官网的有关数据整理而成。

第四，滇桂黔石漠化片区。石漠化土地检测数据显示，石漠化发生率与贫困状况密切相关。我国喀斯特地貌具有分布广、面积大的特点。其中，广西（热带、亚热带喀斯特）、贵州和云南东部（高原喀斯特）所占的面积最大，构成的滇桂黔石漠化片区是世界上面积最大的喀斯特地区之一。受喀斯特地貌的影响，土地资源丧失和人畜饮水困难问题凸显，并制约着该地的生产和生活。土地资源丧失可简单概括为山多地少，广西山地、丘陵、石山面

① 文山州位于云南东南部，东与广西百色市接壤，南与越南接界。

② 西双版纳州位于云南最南端，东南部、南部和西南部分别与老挝、缅甸相连，邻近泰国和越南，边界线长达966.3公里，占云南边境线总长的1/4。

③ 德宏州位于云南西部，北、西、南三面与缅甸毗邻。

④ 红河州位于云南东南部，南与越南接壤，是一个多民族聚居的边疆少数民族自治州。

⑤ 怒江州位于云南西北部，西邻缅甸，为中缅滇藏的结合部，是中国唯一的傈僳族自治州，其中独龙族和怒族是怒江所特有的少数民族，怒江州是中国民族族别成分最多和中国人口较少民族最多的自治州。

积占比达 69.7%，而云南山地、高原、丘陵面积占比更是高达 94%。

第五，贫困地区。根据 2012 年国务院扶贫办官网发布的《国家扶贫开发工作重点县名单》显示，桂滇地区一共有 33 个边境县。其中，20 个边境县为深度贫困县，占桂滇边境县总数的 60.61%。

此外，广西涉及滇桂黔石漠化片区，云南涉及 4 个集中连片特困地区：滇桂黔石漠化区、滇西边境山区、乌蒙山区和迪庆藏区。云南 25 个边境县（市、区）中，涉及 17 个国家扶贫开发重点县，其中又有 15 个少数民族跨境而居。2003 年，云南 17 个国家扶贫开发工作县的贫困发生率比全省高 11.84%，比全省 80 个重点县的平均发生率高 4.64%。

二、经济社会发展情况

据《2019 年广西壮族自治区国民经济和社会发展统计公报》显示，2019 年全区生产总值为 21237.14 亿元，比上年增长 6%，低于全国 0.1 个百分点。其中，第一产业增加值增长 5.6%，第二产业增加值增长 5.7%，第三产业增加值增长 6.2%。第一、第二、第三产业增加值分别占地区生产总值的 16.0%、33.3% 和 50.7%，对经济增长的贡献率分别为 15.2%、32.5% 和 52.3%。与上年相比，第一、第三产业增加值占地区生产总值的比重提高，第二产业增加值所占比重下降 6.4%；第一、第二产业对经济增长的贡献率提升，而第三产业对经济增长的贡献率下滑 9.2%。按常住人口计算，全年人均地区生产总值为 42964 元，比上年增长 5.1%，在我国 31 个省（自治区、直辖市）中排第 29 名。与上年相比，全年全区居民消费价格上涨 3.7%（其中，城市上涨 3.5%，农村上涨 4.1%）；农产品生产者价格上涨 15.5%；工业生产者出厂价格下降 0.7%，工业生产者购进价格下降 0.5%；固定资产投资价格上涨 2.4%。2019 年年末全区户籍总人口 5695 万人，比上年年末增加 36 万人，户籍人口城镇化率为 32.49%。全区常住人口 4960 万人，同比 2018 年年末增加 34 万人。其中，城镇人口为 2534.3 万人，占常住人口比重（常住人口城镇化率）为 51.09%。全年全区农民工总量为 1287.2 万人。其中，本地农民工 393.0 万人，比上年增长 8.8%；外出农民工 894.2 万人，比上年下降 2.0%。

据《2019 年云南省国民经济和社会发展统计公报》显示，2019 年全省生产总值为 23223.75 亿元，比上年增长 8.1%，高于全国 2.0 个百分点。其中，第一产业增加值增长5.5%，第二产业增加值增长8.6%，第三产业增加值增长8.3%。第一、第二、第三产业增加值分别占地区生产总值的13.1%、34.3%和52.6%。按常住人口计算，全省人均地区生产总值为47944元，比上年增加7.4个百分点，在我国31个省（自治区、直辖市）中排第24名。与上年相比，全省居民消费价格上涨2.5%（其中，城市上涨2.4%，农村上涨2.7%）；农产品生产者价格上涨9.6%；工业生产者出厂价格持平，工业生产者购进价格下降1.0%；固定资产投资价格上涨2.3%。2019年年末全省常住人口为4858.3万人，同比上年年末增加28.8万人。其中，城镇人口为2376.2万人，占常住人口比重（城镇化率）为48.91%。全年全省农民工总量为875.3万人。其中，本地农民工为323.6万人，比上年增长6.1%；外出农民工为551.7万人，比上年增长6.6%。

三、桂滇边境深度贫困地区贫困情况

（一）总体情况

2017年，中共中央办公厅、国务院办公厅印发了《关于支持深度贫困地区脱贫攻坚的实施意见》，对深度贫困地区的范围作出界定，并将深度贫困地区的特征概括为“两高、一低、一差、三重”，而我国边境深度贫困地区是指地处邻近边界、国界的深度贫困地区，本书基于我国对深度贫困地区特征的界定，将边境深度贫困地区的特征延伸概括为“两高、两低、两差、四重”。“两高”即贫困人口占比高、贫困发生率高；“两低”即人均可支配收入低、社会文明程度低；“两差”即基础设施差、居住条件和生态环境差；“四重”即脱贫任务重、巩固脱贫成果任务重、乡村建设任务重和兴边戍边任务重。桂滇边境深度贫困地区完全是集“两高、两低、两差、四重”于一体的典型区域。

按照每人每年2300元（2010年不变价）的农村贫困标准测算，2019年年末广西农村贫困人口为24万人，贫困发生率为1.2%，同比2012年年末下降16.8个百分点；2019年年末云南农村贫困人口为44.2万人，贫困发生率为1.32%，同比2012年年末下降20.38个百分点（见图3-1和图3-2）。如图3-3所示，截至2019年年末，广西和云南的贫困发生率连年均高于全国平均水平。由此可见，尽管广西和云南的脱贫成效显著，但广西和云南深度贫困地区的贫困人口基数大，贫困维度广，致贫因素较为复杂，脱贫任务和巩固脱贫成果任务仍较重。

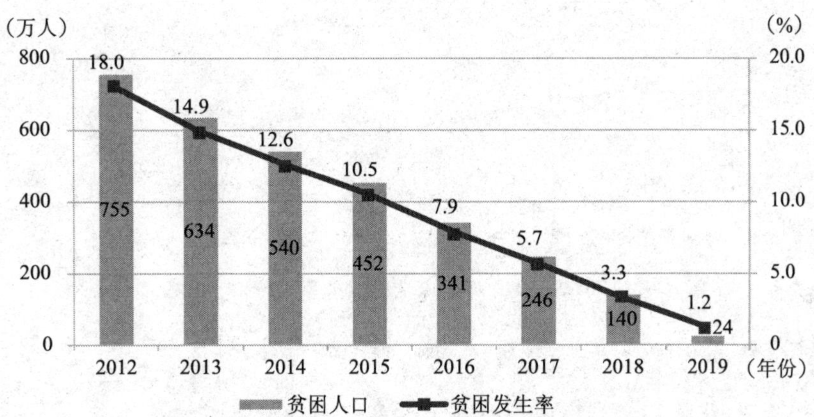

图 3－1　2012—2019 年年末广西贫困人口与贫困发生率

资料来源：广西扶贫办官网。

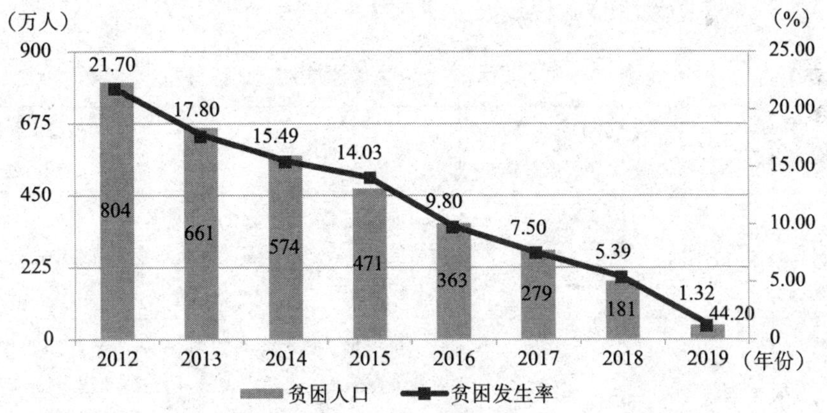

图 3－2　2012—2019 年年末云南贫困人口和贫困发生率

资料来源：云南扶贫办官网。

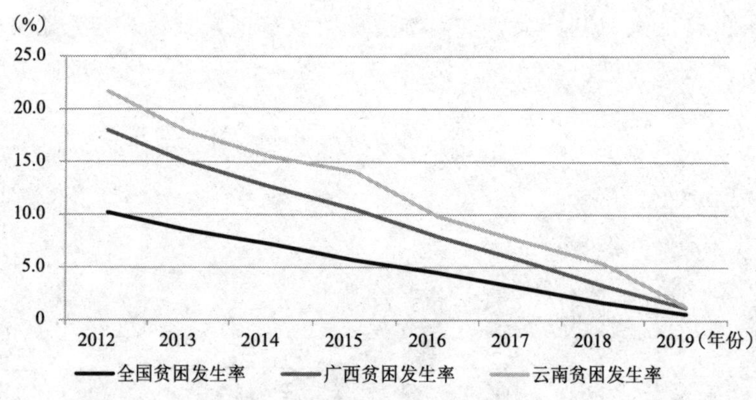

图 3－3　2012—2019 年年末全国、广西和云南贫困发生率

资料来源：国家扶贫办、广西扶贫办和云南扶贫办官网。

截至 2019 年年末，广西仍有 8 个深度贫困县未摘帽，88 个贫困人口超千人的村，44 个贫困发生率超过 10% 的村；云南还有 9 个深度贫困县未摘帽，74 个贫困人口超千人的村，218 个贫困发生率超过 10% 的村。其中，百色市那坡县、怒江州福贡县和泸水市、普洱市澜沧县、红河州屏边县共 5 个县（市、区）属于边境深度贫困地区（见表 3－2）。

表 3－2　截至 2019 年年末剩余桂滇边境深度贫困地区分布

省份	贫困人口超千人的村数量	贫困发生率超过 10% 的村数量	深度贫困县（17 个）	边境深度贫困县（5 个）
广西（桂）	88 个	44 个	河池市都安县、大化县、罗城县，柳州市三江县、融水县，百色市隆林县、那坡县、乐业县（8 个）	百色市那坡县
云南（滇）	74 个	218 个	怒江州福贡县、泸水市、兰坪县，曲靖市会泽县，昭通市镇雄县，普洱市澜沧县，文山州广南县，丽江市宁蒗县，红河州屏边县（9 个）	怒江州福贡县、泸水市、普洱市澜沧县、红河州屏边县

资料来源：国家扶贫办官网。

2012 年年末至 2019 年年末，广西和云南的贫困发生率均高于全国平均水平，贫困形势严峻，是我国脱贫攻坚的主战场。

第一，贫困人口分布和贫困面覆盖广，区域性和整体性贫困突出。广西的贫困村、贫困人口分布在 14 个市、106 个县（市、区）、1122 个乡镇。其中，87%集中在革命老区、66%分布在少数民族聚居地区、55%分布在大石山区、11%分布在水库移民区、9%分布在边境地区。云南的贫困村、贫困人口分布在16个地级行政区（8个地级市和8个自治州）、129个县（市、区）、1400个乡镇。其中，80%分布在4个集中连片特困地区和大石山区、57.95%分布在革命老区、43.4%分布在少数民族聚居地区、17.6%分布在边境地区。这些地区大多为深度贫困，受限于历史发展欠账多、基础设施薄弱、自然条件恶劣、产业发展滞后、交通闭塞、自我发展能力不足，是脱贫攻坚的贫中贫、困中困、难中难和坚中坚。

第二，贫困程度深。如表3-3所示，2013—2019年广西和云南的贫困地区人均可支配收入呈逐年上升趋势。与2013年全省（自治区）农村居民人均可支配收入相比，2019年广西贫困地区农村居民人均可支配收入相当于全区农村居民人均可支配收入的87.4%，提高7.2%；2019年云南贫困地区农村居民人均可支配收入相当于全省农村居民人均可支配收入的90.5%，提高3.0%，但与全省农村居民人均可支配收入仍有一定差距。如表3-4所示，从2013年、2018年贫困地区农村居民收入结构对比来看，2018年广西、云南贫困地区农村居民的工资性收入、经营性收入、财产性收入和转移性收入均有所增加，但与全省（自治区）平均水平仍有较大差距。其中，财产性收入的增幅较小，占人均可支配收入的比重过低，说明该地区的贫困程度深，农村居民的自我发展能力不足，财产性收入渠道单一，村集体经济发展较弱，仅能依靠自己的工资性收入和经营性收入，还有国家提供的转移性收入。

表3-3　2013—2019年广西、云南贫困地区农村居民收入与全省（自治区）农村居民收入对比

省份	年份	贫困地区农村居民人均可支配收入（元）	相当于全省（自治区）农村居民人均可支配收入（%）	比上年增长（%）	全省农村居民人均可支配收入（元）	比上年增长（%）
广西	2013	6252	80.2	13.6	7793	13.0
	2014	7044	81.1	12.7	8683	11.4
	2015	7926	83.7	12.5	9467	9.0
	2016	8800	85.0	11.0	10359	9.4
	2017	9719	85.6	10.4	11325	9.3
	2018	10761	86.5	10.7	12435	9.8
	2019	11958	87.4	11.1	13676	10.0

续表

省份	年份	贫困地区农村居民人均可支配收入（元）	相当于全省（自治区）农村居民人均可支配收入（%）	比上年增长（%）	全省农村居民人均可支配收入（元）	比上年增长（%）
云南	2013	5375	87.5	18.3	6141	13.4
	2014	6314	84.7	12.4	7456	11.0
	2015	7070	85.8	12.0	8242	10.5
	2016	7847	87.0	11.0	9020	9.4
	2017	8695	88.2	10.8	9862	9.3
	2018	9595	89.1	10.4	10768	9.2
	2019	10771	90.5	12.3	11902	10.5

资料来源：历年《中国农村贫困监测报告》。

表 3-4　2013 年和 2018 年广西、云南贫困地区农村居民收入结构对比

省份		2013 年（元）	2018 年（元）	增加（元）	增长（%）
广西	人均可支配收入	6252	10761	4509	72.1
	工资性收入	1573	3032	1459	92.8
	经营性收入	3226	4582	1356	42.0
	财产性收入	44	136	92	210.0
	转移性收入	1409	3010	1601	114.0
云南	人均可支配收入	5375	9595	3979	70.9
	工资性收入	1671	3059	1388	83.1
	经营性收入	3141	4657	1516	48.3
	财产性收入	71	79	8	11.3
	转移性收入	492	1799	1307	266.0

资料来源：历年《中国农村贫困监测报告》。

第三，社会保障水平较低。从参保人数覆盖程度上看，2013 年，广西、云南的基本养老保险参保人数分别为 5383700 人、3843200 人，到 2019 年基本养老保险参保人数分别增加了 3311500 人、2655600 人，分别增加了 61.5 个百分点、69.1 个百分点；2013 年，广西、云南的基本医疗保险参保人数分别为 10309800 人、11187500 人，到 2019 年基本医疗保险人数分别增加了 41761700 人、34140800 人，分别提高了 405.1%、305.2%；与 2013 年相比，2019 年两省份失业保险、工伤保险、生育保险的参保人数大幅增加（见表

3－5和表3－6）。由此可见，广西和云南的社会保障体系在制度层面实现了覆盖，参保人数覆盖面不断扩大。但从社会保障水平来看，两省份的社会保障水平仍低于全国平均水平。因此，在短期脱贫与长期振兴协调发展的过程中，社会保障水平较低将会影响贫困群体的可持续生计和自我发展能力提升。

表3－5　2013—2019年广西和云南社会保险参保人数　单位：人

省份	年份	基本养老保险	基本医疗保险	失业保险	工伤保险	生育保险
广西	2013	5383700	10309800	2522600	3256200	2702400
	2014	5575905	10673463	2589759	3382238	2802486
	2015	5766289	10775852	2371797	3604762	3078597
	2016	7519122	10964222	2837096	3740685	3195872
	2017	7777915	51732858	3021320	3887915	3385751
	2018	8258753	51366880	3235181	4126025	3661959
	2019	8695200	52071500	3629600	4422300	4059300
云南	2013	3843200	11187500	2325200	3342600	2708700
	2014	3978900	11359400	2368700	3417100	2792600
	2015	4129400	11407600	2433400	3680700	2898300
	2016	5818000	11636300	2511600	3727500	2959100
	2017	5914600	44638100	2598100	3836700	3079200
	2018	6162200	45209200	2731200	4033000	3395200
	2019	6498800	45328300	2891700	4385100	

注：2019年云南将生育保险并入基本医疗保险，因此云南2019年生育保险参保人数为空白。

资料来源：2013—2019年《广西、云南国民经济和社会发展统计公报》；2014—2019年《广西统计年鉴》；2014—2019年《云南统计年鉴》。

表3－6　全国2013—2019年“五险”参保人数　单位：万人

年份	基本养老保险	基本医疗保险	失业保险	工伤保险	生育保险
2013	81968.4	57072.6	16416.8	19917.2	16392.0
2014	84231.9	59746.9	17042.6	20639.2	17038.7
2015	85833.4	66581.6	17326.0	21432.5	17771.0
2016	88776.8	74391.6	18088.8	21889.3	18451.0
2017	91548.3	117681.4	18784.2	22723.7	19300.2
2018	94293.3	134458.6	19643.5	23874.4	20434.1
2019	96754.0	135436.0	20543.0	25478.0	21432.0

资料来源：2014—2019年《中国统计年鉴》；《2019年人力资源和社会保障事业发展统计公报》；国家医疗保障局官网。

第四，基础设施和公共服务滞后。据《2019 年中国农村贫困监测报告》显示，2018 年广西、云南的自然村能便利乘坐公共汽车的农户比重仅分别为 50.6%、51.6%，分别比全国平均水平低 21.0 个百分点、20.0 个百分点；广西、云南的自然村通宽带、垃圾能集中处理、有卫生站、上幼儿园便利的农户比重均低于全国平均水平（见表 3－7）。尽管两个省份的自然村通公路、通电话的农户比重达 100%，但因桂滇边境深度贫困地区地处大石山区、边境地区，人群居住分散，基础设施建设成本高，道路多为砂石路并靠山而建，在现实中，如果后期维护管理缺失，加上雨灾、山体滑坡等自然灾害，很容易造成道路损毁，交通闭塞。

表 3－7　2018 年广西和云南贫困地区基础设施和公共服务状况

基础设施和公共服务状况	全国	广西	云南
自然村通公路的农户比重	100.0	100.0	100.0
自然村通电话的农户比重	99.9	100.0	100.0
自然村能接收有线电视信号的农户比重	98.3	100.0	98.2
自然村进村主干道路硬化的农户比重	98.3	99.2	93.2
自然村能便利乘坐公共汽车的农户比重	71.6	50.6	51.6
自然村通宽带的农户比重	94.4	93.4	88.3
自然村垃圾能集中处理的农户比重	78.9	86.4	65.8
自然村有卫生站的农户比重	93.2	81.9	86.3
自然村上幼儿园便利的农户比重	87.1	83.4	82.6
自然村上小学便利的农户比重	89.8	87.4	90.1

资料来源：《2019 年中国农村贫困监测报告》。

第五，人力资本贫困，自我发展能力不足。初步核算，2019 年广西、云南义务教育巩固率分别为 95.2%、94.77%，高中阶段毛入学率分别为 90.9%、84.33%，高等教育毛入学率分别为 47%、46.05%。2019 年全国九年义务教育巩固率为 94.8%，高中阶段毛入学率为 89.5%，高等教育毛入学率为 51.6%。由此看，广西的义务教育巩固率、高中阶段毛入学率均高于全国平均水平，高等教育毛入学率低于全国平均水平。桂滇边境深度贫困地区在师资力量、教学资源等方面落后于全省（自治区）和全国，又因其贫困人口多、贫困程度深，地方财政相对困难，教育资金投入非常有限，加上贫困户家庭困难，大多居住在偏远山区，即使在国家的帮助下解决了其子女的学费问题，家庭还要负担子女的生活费和交通费，基础教育普及仍面临诸多困难，造成该地区人力资本匮乏，最终导致贫困人口陷入“缺乏教育—人力资本匮乏—缺乏教育”的恶性循环中，贫困代际传递也随之而来。

（二）贫困特征与致贫因素

桂滇边境深度贫困地区是典型的集中连片特困地区、革命老区、少数民族聚居地区和边境地区，贫困问题既有共性，也有自身的特殊性。同时，致贫因素是复杂多变的，特别是边境深度贫困地区，贫困的客观因素与主观因素交织重叠。因此，要在把握贫困共性的基础上深入了解该地区贫困问题的特殊性和致贫原因，才能“靶向给药”，进一步推进该地区的扶贫开发工作。

1. 贫困特征。

第一，贫困人口量大面广。受自然环境、地理位置、历史文化、资源禀赋等因素的影响，桂滇边境深度贫困地区的贫困问题突出、脱贫任务较重。1978 年，广西、云南的贫困人口分别为 2100 万人和超 2000 万人，占全国贫困人口的 16.4%，贫困发生率均在 70% 以上，广西比全国平均水平高 39.3 个百分点，云南比全国平均水平高 42.4 个百分点。2018 年，广西、云南的贫困人口分别为 140 万人和 181 万人，占全国贫困人口的 19.3%，这两个省份的贫困发生率均高于全国平均水平。其中，广西比全国平均水平高 1.6 个百分点，云南高 3.7 个百分点。由此来看，广西和云南的贫困人口明显减少，贫困问题得到一定缓解。但与全国相比，贫困人口依然数量大。此外，我们也要看到，自我国开始有组织、有计划的扶贫开发以来，绝对贫困人口的数量和比率显著下降，直至消除，相对贫困人口的数量和比率却在上升（相对贫困人口主要由脱贫户、边缘贫困户、进城农民工构成）。在桂滇深度贫困地区，绝对贫困人口与相对贫困人口并存。例如，桂滇边境深度贫困地区的云南怒江州是我国贫困发生率最高的一个地区，2019 年年末全州总人口为 55.7 万人，绝对贫困人口为 4.91 万人。2011—2019 年，累计脱贫 27.02 万人。在不考虑边缘贫困户和进城农民工的情况下，仅绝对贫困人口和脱贫户总数就占全州总人口近 60%。同时，桂滇边境深度贫困地区贫困人口分布既集中又分散，涉及面广。该地区将广西桂西部农村和云南穷苦山区都连接在一起，贫困人口主要分布在革命老区、滇西边境山区、乌蒙山区以及滇桂黔石漠化片区，具有极强的集中连片性。然而，同一区域内的贫困人口又因族群不同，各自分散居住，形成了一个区域性贫困地区。

第二，贫困维度广。贫困是一个复杂的社会现象，如世界银行（2003）

认为，贫困是人们想逃避的一种生存状态，贫困意味着饥饿、缺医少药、失业、缺学以及权利和自由的丧失。由此可见，贫困意味着福利的丢失，具有长期性、综合性、多维性、复合型等特征。桂滇边境深度贫困地区是“老、少、边、山、穷”的典型地区，贫困问题往往是多种因素交错重叠，即收入贫困、精神贫困、知识贫困、农民工贫困等各类贫困类型叠加。这种综合型、复合型贫困造成了贫困人口经济上的窘迫性、文化上的封闭性、信息上的滞后性、贫困代际上的传递性，复合型贫困也意味着贫困人口的抵抗风险能力差，返贫率极高。贫困的严峻性与复合性使得桂滇边境深度贫困地区的扶贫开发工作面临着巨大挑战和困难。

第三，贫困脆弱性明显。边境深度贫困地区受自然环境、地理位置、历史遗留问题、经济社会发展水平等因素的影响，该地区的居民不得不直接面对包括自然、疾病、经济、国际局势动荡等风险。多维贫困和贫困脆弱性视角下，深度贫困人口基本特征表现为贫困程度深，并长期陷入贫困。“贫困程度深”指的是在收入、健康、教育等方面都处于贫困；“长期陷入贫困”指的是由于贫困人口各种能力的缺失，无法靠自身力量摆脱贫困。即使是在国家的帮助下实现脱贫，其自我发展能力和抵御风险能力依然薄弱，一旦遭遇到自然灾害、重大疾病、意外事故、市场波动等风险，返贫率极高，贫困脆弱性特征明显。首先，桂滇边境深度贫困地区涉及喀斯特地区和高寒山区，其中，广西山地、丘陵、石山面积占比达 69.7%，而云南山地、高原、丘陵面积占比更是高达 94%。地形地貌的复杂决定了该地区生态环境的脆弱程度，在桂滇边境深度贫困地区，干旱、水灾、水土流失、火灾、雪灾等自然灾害频发，有“无灾不成年”的说法。贫困人口面对自然灾害往往“招架不住”，返贫风险极大。其次，恶劣的生态环境又会导致地方病高发，而现有的农村社会保障体系仅在制度层面上实现了全覆盖，在报销层面仍有“漏网之鱼”，以农村医疗保险为例，贫困人口的参保费虽由政府代缴，报销比例大，但有些病种和药物并不在报销范围，农民的收入有限，难以负担看病治疗的费用，因病返贫现象严重。最后，市场波动也会影响到贫困人口，而贫困人口又缺乏应对经济风险的能力，极容易重回贫困。大量研究表明，农村贫困家庭摆脱贫困的重要通道就是家庭劳动力外出务工，而广西和云南又是组织务工输出的大省，受 2020 年年初爆发的新冠肺炎疫情的影响，农民工不得不滞留在家，没有工作就等于没有收入，贫困家庭或已脱贫人口很容易因此返贫。

第四，民族群体性贫困突出。广西和云南分别是我国少数民族人口最多和种类最多的省份，分别有25个和52个少数民族，少数民族人口分别占总人口的37.16%和33.37%；少数民族建档立卡贫困人口分别占全区、全省贫困人口的85%和75.8%。因此，桂滇边境深度贫困地区与少数民族聚居地区耦合的概率较高，其地区涉及9个自治贫困县，占该地区边境县总数的27.3%，30个边境民族乡（镇）均属于扶贫开发的重点乡镇。此外，在中国部分少数民族地区，由于整个民族群体在生存环境、生活方式、生产方式、风俗习惯等方面的历史原因，形成了相对独立的经济圈、社会圈、生活圈、文化圈，并经过长期内化，形成一种特有的贫困文化，民族群体性贫困突出，主要分布在我国的边境地区、高寒山区。例如，云南有7个人口较少民族和9个"直过民族"。即使是在国家的帮助下过渡到社会主义社会，但受限于自身族群的生存环境、生活方式、生产方式、思想观念等因素，其一直处于深度贫困状态。截至2019年年底，独龙族、德昂族、基诺族、佤族、普米族、阿昌族、拉祜族、布朗族、景颇族共9个"直过民族"和人口较少民族实现整族脱贫，70.75万人实现脱贫，1039个贫困村摘帽，历史性告别绝对贫困，仅剩怒族和傈僳族未实现整族脱贫，主要聚居在怒江州的泸水市、福贡县和贡山县等边境深度贫困县。怒江州的少数民族人口占全州总人口的93.7%，60%的地区和人口都是从原始社会末期、奴隶社会初期直接过渡到社会主义社会，条件性贫困和素质性贫困复杂交织，民族群体性贫困特征十分突出。

第五，贫困群体具有特殊性。深度贫困地区主要有三类人需要重点关注：因病致贫人群、返贫人群、贫困老人。在桂滇边境深度贫困地区，除了这三类人需要重点关注以外，还有三类特殊的贫困群体："直过民族"贫困群体、"人口较少民族"贫困群体、贫困边民。"直过民族"因生产生活方式和思想观念落后、社会文明发育程度低、基础差、底子薄，整体上处于长期深度贫困状态，贫困人口基数大、贫困程度深。如，云南的景颇族、傈僳族、独龙族、怒族、佤族、布朗族、基诺族、德昂族、拉祜族9个"直过民族"，截至2019年年底，还有傈僳族和怒族未实现整族脱贫。我国有29个人口较少民族，其中云南就有7个。其受限于自身风俗习惯、生产生活方式、长期与外界封闭，对贫困的认知、致贫原因、贫困表现、对扶贫政策的反应均存在特殊性，贫困文化十分严重。桂滇边境深度贫困地区涉及11个州市、33个边境县（市、区）。边民居住位置较为偏僻，电力、信息通达程度较差，生产生活条件较差，他们既要摆脱贫困，又肩负着守边戍边的重任，不能通过易地扶贫搬迁和劳动力转移等方式解决其贫困问题。综上，针对以上三类贫困特殊群体，桂滇边境深度贫困地区在扶贫开发工作的进程中，要采取特殊化、差别化的扶贫策略。

综上所述，桂滇边境深度贫困地区的贫困问题呈贫困人口量大面广、贫困维度广、贫困脆弱性明显、民族群体性贫困、特殊贫困群体突出等特征，具有明显的特殊性。基于这些特征，该地区的贫困问题还会在未来一段时间呈整体性、长期性，不可松懈。因此，还应继续加大倾斜力度，下“绣花功夫”，在推进乡村振兴战略的进程中，仍要将扶贫开发工作作为一项特殊任务，以期实现该地区的可持续发展。

2. 致贫因素。

第一，地处偏远，交通闭塞。道路是摆脱贫困的基础性条件，“要致富，先修路”“公路通，百业兴”等俗语都无不表达出了道路建设对脱贫致富和经济发展的重要作用。桂滇边境深度贫困地区地处我国西南边陲，与越南、缅甸、老挝等东南亚国家毗邻，地理位置偏远，且大多为大石山区，道路建设成本、后期维护费用高和建设风险大，交通网络覆盖不全。如，云南勐腊县的河边村此前没有通硬化路时，每到雨季，道路泥泞无法出行，修建仅 8 公里水泥路就要投入 800 万元。但是在正常情况下，修 1 公里路大概 30 万元即可。因此，造成农民出行十分不便，安全隐患较多，与外界长期信息封闭，先进的文化、知识、技术难以输送到贫困地区，同时也影响当地的经济发展，当地的农产品、优质资源、自然景观难逃“养在深闺无人识”的命运，难以改变贫困状态。

第二，生态环境脆弱，生产生活条件恶劣。桂滇边境深度贫困地区是“一方水土难以养活一方人”的典型区域，是我国西南生态安全的重要屏障，也是我国重要连片地区，涉及包括滇桂黔石漠化片区、滇西边境山区、乌蒙山区、迪庆藏区在内的四个集中连片特困地区。该地区地形条件以山地、丘陵为主，广西山地、丘陵、石山面积占比达 69.7%，而云南山地、高原、丘陵面积占比更是高达 94%。山多地少，存在大量的山区贫困村，可利用耕地少，人地矛盾突出，当地群众甚至在石缝中种玉米，耕地面积难以满足基本的生存需求，更无法满足可持续的生计问题。此外，自然灾害频繁发生，甚至有“无灾不成年”的说法。其中，桂滇边境深度贫困地区存在大面积的石漠化地带，石漠化率高，山高坡陡土层薄，水土流失严重。在缺乏可利用耕地的情况下，当地群众私自砍伐森林，以此增加有效耕地和生火原料，造成严重的生态破坏。如，桂滇边境深度贫困地区的云南怒江州，98%的国土面积是高山峡谷，各类自然保护区占其国土面积近58%，全州人均耕地近1.4亩，且近一半耕地都是坡度在25度以上的陡坡地。脆弱的生态环境在客观上决定了桂滇边境深度贫困地区的贫困人口的生产生活条件远远比不上内陆城市。

第三，社会保障滞后，返贫现象突出。社会保障体系建设关乎脱贫成效的巩固程度。目前，社会保障体系是我国扶贫开发战略的一大短板，其缺乏对意外风险的应对措施。首先，在桂滇边境深度贫困地区，已脱贫人口因自我发展能力不足，抵御风险能力较弱，容易在遭受自然灾害、生病、残疾等意外变故后，迅速返贫，贫困人口陷入“扶了又贫，贫了又扶”的恶性循环。风险保障的缺乏无疑加深了贫困的程度和加剧了贫困的再产生。其次，在我国城乡二元体制结构下的现有社会保障体系建设具有明显的“城市偏向”。与城市社会保障体系相比，在农村社会仅实现了制度的全覆盖，在人的覆盖面上仍有“漏网之鱼”。以农村基本医疗保险为例，贫困人口的参保费由政府代缴，虽报销比例大，但有些病种和药物并不在保险范围内。非贫困人口在没有参保的情况下，一旦遭遇重大疾病，极其容易陷入贫困。据全国建档立卡贫困人口信息显示，疾病是最主要的致贫因素，因病致贫的比例达42.1%。此外，受户籍壁垒、工作性质和工作稳定性的影响，农民工很难享受到与城市居民相同的社会保障待遇，容易成为城市贫困群体的一分子。

第四，社会发育程度低，贫困代际传递严重。边境地区地处偏远的石山深区，远离城市，当地群众与外界长期封闭，缺乏交流，社会发育程度很低，导致“一代穷，代代穷”现象普遍，贫困代际传递严重。如，该地区的贡山县独龙江乡、景洪市基诺族乡、普洱市西盟县佤族乡等“直过区”在20世纪50年代直接从原始社会末期过渡到社会主义社会。“直过区”在原始社会末期时处于极度贫困，即使是在国家的帮助下步入社会主义社会，但这些“直过区”居民的思维方式仍停留在原始社会末期，观念落后，保留着“刀耕火种”的生活方式，造成与现代社会的严重脱节，仍未实现温饱。改革开放以后，我国扶贫开发工作帮助了这些“直过区”居民解决了温饱，但受限于缺资金、缺技术、缺劳动力、疾病、残疾等因素，脱贫难度极大。该地区贫困人口子女又因家庭贫困，无法上学接受教育，持续陷入贫困的“恶性循环”，贫困代际传递十分严重。由此可见，贫困代际传递既是造成桂滇边境深度贫困地区长期贫困的重要原因，也是长期贫困的典型表现。

第五，发展历史欠账多，资源投入有限。与内陆城市相比，边境地区由于特殊的地理位置，多是革命老区，历经多场战争。战争导致该地的经济社会发展起步晚，基础设施建设和经济建设历史欠账较多，如云南文山州（3个边境县、17个边境乡）是新中国成立以来全国经历战争时间最长的地区，从援越抗法、援越抗美，再到对越自卫还击和防御作战，文山州均属于战争的最前线，由于战争的原因，文山州的改革开放和经济建设推迟了10年。战争结束以后，文山州面临着战后恢复、经济建设、补齐短板等多重任务，任务艰巨而繁重，再加上地方财政困难，资金、资源的投入十分有限，“巧妇难为无米之炊”，导致基础设施建设和公共服务水平相对滞后，该地区饮水难、行路难、住房难、用电难等问题突出。

第六，受教育程度低，自我发展能力弱。贫困人口陷入贫困的根本原因就是缺乏脱贫致富的能力。桂滇边境深度贫困地区多是少数民族聚居地，甚至有“直过民族”和跨境而居的民族，且又居住在偏远闭塞的大石山区，受教育意识薄弱，认为“读书无用，帮家里干农活才是要事”，加上地方财政困难，教育投入相对不足，该地区的人均受教育年限偏低，文盲、半文盲人口基数大，文盲、半文盲率较高。截至2003年，桂滇边境深度贫困地区的文盲、半文盲率比全国平均水平高出近10个百分点。据第六次全国人口普查数据显示，从2000年至2010年，广西文盲人口170.23万人减少124.90万人，文盲率从3.79%下降至2.71%；云南文盲人口从482.3万人减少至277.0万人，文盲率由11.39%下降到6.03%。2014年广西农村劳动力文盲或半文盲率为1.87%，初中以下文化占78%，比同期全国平均水平高出6个百分点。而农村贫困人口的文化层次更低，2015年广西建档立卡贫困人口中，初中以下文化程度占比高达95%，贫困人口的文化水平远远低于广西农村平均水平。由于受教育程度不高，知识贫瘠所带来的思想贫困容易造成当地群众主动提升自我发展能力的意识欠缺，具体表现为小农意识、“等靠要”依赖思想、自卑思想、难以接受新鲜事物等，从而难以摆脱贫困。

综上，桂滇边境深度贫困地区致贫因素复杂，大体上可归纳为缺资金、缺技术、缺劳动力、缺土地、缺水、因病致贫、因灾致贫、因学致贫、因残致贫、自我发展能力不足、交通条件落后等因素，超60%以上的贫困人口的主要致贫原因体现在缺资金、缺技术、因病致贫（见表3-8）。

表 3－8　　广西贫困人口主要致贫因素及比例

致贫因素	比例（%）
缺资金	42.33
因学	31.64
因病	28.70
缺技术	19.80
缺劳动力	16.94
缺土地	9.13
自身发展不足	6.80
交通条件落后	6.14
因残	5.97
因灾	5.53
缺水	1.62
其他	6.03

资料来源：广西壮族自治区扶贫开发办公室统计数据。

第二节　桂滇边境深度贫困地区扶贫开发工作历程与经验

一、桂滇边境深度贫困地区扶贫工作历程

改革开放 40 多年来，桂滇边境深度贫困地区作为我国脱贫攻坚的主战场和脱离穷窝的“硬骨头”，其扶贫开发工作经历了五个阶段：改革推动式扶贫、大规模开发式扶贫、重点突破式扶贫、综合推进式扶贫以及精准攻坚式扶贫，本书将通过这五个阶段回顾桂滇边境深度贫困地区的扶贫开发工作历程。

（一）改革推动式扶贫阶段（1978—1985 年）

20 世纪 70 年代，是国家开启扶贫救助的时期。党的十一届三中全会对新中国成立以来经济和社会发展的经验教训进行了总结和反思，强调农业是国民经济的基础，我国有 80% 以上的人口生活在农村，应该调动农民的生产积

极性，发展农业生产，并对农村经济体制进行了一系列的重大改革。在全国普遍贫困的状况下，农村成为改革的突破口。针对人民公社体制造成的生产积极性不高、土地产出率低等问题，这一时期主要是通过土地制度、市场制度、就业制度等体制改革和加大对贫困地区的资金投入减缓贫困。尤其是在安徽小岗村试点实行的土地承包制度——家庭联产承包责任制，它替代了人民公社时期集体生产、统一核算和平均主义的分配制度，极大地激发了农民的生产积极性，进一步解放了生产力。在此背景下，“支援经济不发达地区发展资金”于1980年设立，计划每年划拨5亿元，用于专门扶持救助包括革命老区、少数民族聚居地区和边疆地区在内的贫困地区，该项资金要求与地方财政资金配套，自此开启了中央政府的专项扶贫活动。

1982年12月，《关于认真做好扶助农村贫困户的通知》的下发意味着扶贫工作在我国农村全面铺开。1980—1984年，中央累计投入财政专项扶贫资金44亿元。据18个相关的省、自治区统计数据显示，1980—1982年共支出13.89亿元发展资金。其中，农业支出占43.6%，农村交通建设占9.2%，农村电力建设占10.5%，农村文教卫生事业占13.3%，支援社队企业占3%。这些发展资金极大帮助了不发达地区改善生活和生产条件。广西和云南是集“老、少、边、山、穷”于一体的不发达地区，因此也是国家财政分配发展资金的重点地区。据统计，1980—1983年，国家分配广西共1.2亿元发展资金；用于发展林业，补助造林育林350万亩；发展种植业，种植水果23万亩、茶叶4万亩；帮扶农户，贷给受援户购买耕牛5万余头；加强农村电力建设，建成小水电站207座、输电线路900多公里；加强农村交通建设，建成公路1700多公里、桥梁112座；兴修人畜饮水工程，解决了50多万人和18万头牲畜的饮水问题；注重农村文教卫生事业的基础建设，建成中小学校舍14万平方米、医院1.7万平方米。

在积极推进农村体制改革和加大资金投入的同时，中共中央连续四年以“中央一号文件”的形式瞄准农村工作，重点解决农村体制改革，激发农民的生产积极性，解放生产力。1982年1月1日，中共中央出台了第一个“中央一号文件”（《全国农村工作会议纪要》），正式肯定了家庭联产承包责任制，结束了包产到户的30年争论。另外，还将统购统销纳入改革议程，从农产品流通领域着手打开农村市场化改革进程。1983年1月2日，第二个“中央一号文件”——《当前农村经济政策的若干问题》高度肯定家庭联产承包责任制是马克思主义农业合作化理论在我国实践的新发展，要求在全国范围内全面推广家庭联产承包责任制。家庭联产承包责任制由此达到高潮，农户参与率达95%。1984年1月1日，中共中央发布了《关于一九八四年农村工作的通知》，即第三个“中央一号文件”提出将土地承包期由原来的3年延长至15年，鼓励农民增加投资。同时，要求在稳定和完善生产责任制的基础上，疏理流通渠道，发展商品生产。1985年1月1日，第四个“中央一号文件”——《关于进一步活跃农村经济的十项政策》取消了30年来农副产品统购派购制度，扩大市场调节，调整农村产业结构，激活农村经济。

在这一时期，广西的扶贫开发工作有以下几个方面：一是积极推进农村经济体制改革。1980年，以百色、河池的做法为主线，在武鸣县双桥人民公社进行专业承包、联产计酬的试点。1981年，对双桥试点和昭平县实行农业生产责任制的做法和经验进行总结，制定了《广西壮族自治区农村生产队统一经营联产承包责任制》《广西壮族自治区农村生产队统一管理包干到户责任制试行办法》。截至1983年年初，全区实行“双包到户”的生产队达98.96%。家庭联产承包责任制彻底扭转了人民公社时期出工不出力、生产力低下的“大锅饭”局面，极大地激发了农民的生产热情，提高了土地产出率，粮食产量逐年增加。其中，1982年是粮食增产最多的一年，总产量达270.6亿斤，比上年增加17.7个百分点。这为减缓贫困提供了有力的物质累积。二是加大扶贫资金的投入力度，明确扶贫资金管理。1979年，广西根据《关于扶助困难生产队发展养牛、养羊、养蜂的意见》，安排低息贷款500万元，财政拨款500万元，帮助33个山区困难生产队发展养殖业。同年4月，自治区民政局、财政局、农业局联合发布《关于从社会救济事业费中拨给养牛、养羊、养蜂专款的通知》，拨给东兰、都安等7个县发展集体“三养”事业。1980年，确定三江等18个县为茶油商品生产基地，田林等11个县为桐油基地，资源等20个县为杉木基地，德保等7个县为茴油基地，百色等5个县（市）为云木耳基地，融水等9个县为香菇基地，防城港等7个县（市）为桂皮基地，永福等12个县为罗汉果基地。1980—1985年，广西利用5.13亿元扶贫资金，扶持贫困地区发展林业、畜牧业、农业、渔业等产业，建设水利、水电、桥梁道路等基础设施，为贫困地区生产生活提供更为有利的条件。为了更好地管理扶贫资金，提高资金的利用率，《关于支援经济不发达地区发展资金管理试行办法的报告的通知》应运而生。1984年1月，广西下发《关于支援最贫困公社发展生产的通知》，旨在对重点贫困地区的155个最穷公社采取重点扶持和优先扶持。为解决贫困地区基础设施严重不足的问题，还专门设立以工代赈资金，这些政策的实施不仅直接促进了部分极端贫困地区的经济发展和生产生活条件的改善，也为后来实施大规模的农村扶贫开发计划积累了经验。三是重视老少边穷山区的建设。1984 年 2 月，广西成立老少边穷地区建设办公室。从此，广西扶贫开发工作开始进入有组织、有计划的阶段。同年 9 月，《中共中央　国务院关于帮助贫困地区尽快改变面貌的通知》提出，要帮助山区、少数民族聚居地区和革命老区、边远地区人民摆脱贫困。在该通知的指引下，广西选取出马山县、扶绥县、龙州县等 48 个较为贫困的县区由区级进行重点扶持，对于一般贫困乡镇、村由所在县区进行帮扶。四是制定扶贫减负政策，减轻贫困地区负担。1980 年 2 月，自治区党委、政府发布了《关于发展山区若干经济政策问题的规定》，确定天等、马山等 28 个县为山区县，不再强调山区县在粮食上对国家大有作为，应根据实际情况在林业、牧业、土特产等为国家多做贡献。1981 年 1 月，对民族县、革命老区和边境地区县调减粮食征购任务，实行购销包干办法。1984 年 9 月，又做出了《关于解决部分贫困地区群众生产生活困难若干问题的规定》，确定了“四个免除”和“四个改为”的扶贫减负政策，对矿产开采、民贸、交通、饮水、教育等方面的政策也进行相应调整。1985 年 6 月，广西对贫困地区 254 个乡镇常年人均现金收入低于 100 元的贫困户免征农业税 5 年，人均收入低于 120 元的免征农业税 3 年，对于其他地区的困难户，常年人均收入低于 100 元的免征农业税 1 年。扶贫减负政策的出台使贫困户的负担逐步减轻，扩大再生产的能力不断提高，农民增收显著。五是加强基础设施建设，改善贫困地区的生活条件。1984 年 11 月，国家计委分配广西粮棉布等物资折款 1.7 亿多元，配套资金 1 亿多元。区人民政府批转了交通厅、水电厅、老少边山穷地区建设办公室《关于全区用粮棉布帮助贫困地区修建道路和水利工程的情况和今后工作意见》，并组织领导贫困地区的干部群众修建道路、水利。截至 1986 年 7 月底，全区共修道路 3796 公里，建 1484 个人畜饮水池，解决了 50.39 万人和 33.7 万头牲畜的饮水困难问题，建 74 个小电站，架设 10 千伏输电线路 300 公里，极大改善了贫困地区的生产生活条件。

云南在该时期的扶贫开发工作采取民族工作与扶贫相结合、扶贫与经济开发相结合。具体工作包括以下几个方面：一是制定扶贫减负政策。对贫困地区制定和实行了一系列包括公粮免征、余粮免购等优惠政策，重点抓“放宽搞活政策”。1984 年，云南出台了《云南省贫困地区有关税收问题的若干规定》，在税收方面向贫困地区倾斜。二是为应对市场经济意识缺乏，生产与市场需求脱节等问题，发展家庭作坊和运输，搞活农村经济。三是发展养殖业，鼓励养猪、养鸡。四是针对水利设施落后、农业生产技术落后、农作物品种老化、产量低等情况，实施科技扶贫，推广新品种、新办法，改进种植技术，提高粮食单产。五是开展临时性救济。政府通过发放救济款、救济粮解决部分群众因灾致贫或生产发展不足的问题。

改革开放和农村体制改革使农村生产力得到了超前的集中释放，农业的充分发展使贫困农民迅速脱贫致富，为农村创造了大规模减贫的宏观环境。1979—1985 年是农村贫困状况得到快速缓解的时期，也是农民增收速度最快的时期。据统计，1978—1984 年，农民人均纯收入由 133.57 元提高至 355.33 元。其中，1982 年的增长率为 19.9%，为历史最高。家庭联产承包责任制条件下逐渐形成的农村土地占有的相对公平和平均主义带来的收入相对平等为减贫创造了有力的滴漏效应的起始条件。虽然国家在这个时期并没有形成大规模的扶贫开发，但减贫效果和农村治理互相叠加，相辅相成。同时，由于桂滇边境深度贫困地区的自然条件恶劣、社会发育程度低、贫困人口多、贫困面大，体制改革带来的滴漏效应没有其他地区明显，该地区仍是扶贫开发工作面临的硬骨头。截至 1985 年年底，广西和云南尚未解决温饱问题的贫困人口分别还有 1500 万人和 1200 万人。

（二）大规模开发式扶贫阶段（1986—1993 年）

20 世纪 80 年代中期，家庭联产承包责任制和农村经济体制改革的渗出效应逐渐下降，我国改革和发展的重心逐渐向城市转移，农业发展的速度远远比不上工业，且在国民经济中所占比重逐步下降。在 1986—1987 年，农民人均纯收入增速放缓式下降，呈负增长趋势，各地区之间的收入差距开始拉大。这一时期，我国农村贫困人口数量虽整体呈下降趋势，但在 1986 年、1989 年出现了反弹现象。1986 年，我国农村贫困人口达到了 1.31 亿人，贫困发生率由 1984 年的 15.1% 上升至 15.5%；1989 年，仍有 1.02 亿农村贫困人口，农村贫困发生率比 1988 年提高 0.5 个百分点。剩余的贫困人口主要分布在革命老区、少数民族聚居地区、边疆地区、大石山区和欠发达地区，这些地区深陷贫困漩涡，是脱贫任务重、难度大的“贫困死角”，贫困问题十分严峻。

同时，城市贫困问题也开始凸显。市场经济体制改革是一把“双刃剑”，1992 年以后，随着调整企业结构的力度不断加大，下岗职工数量不断增加，并在 1997 年达到峰值。有许多下岗职工未能顺利再就业，失业人口逐步沦为贫困人口，失业现象的严重程度与城市贫困人口增长呈正相关。另外，随着市场经济和城镇化的快速发展，“农民工潮”开始出现。据统计，1995 年，农民工为2400 万人；1996 年，为2500 万人；1997 年比 1996 年增长了 20%。即使农民工能够在城市找到一份维持生计的工作，但却无法享受到城市的社会保障，他们同样也是城市贫困的群体，加重了城市贫困程度。此时，贫困问题由整体性、普遍性贫困向区域性贫困、特殊性贫困以及复合型贫困转变。在此背景下，我国于 1986 年成立了专门的扶贫工作机构——国务院贫困地区经济开发领导小组[①]，建立了扶贫开发责任制，设立专项扶贫资金，加大对贫困地区的扶贫投入力度，将老少边穷地区的脱贫致富列入“七五”（1986—1990 年）计划，并划定贫困县和贫困标准线对贫困地区和贫困户进行瞄准，确定了 331 个国家重点贫困县。从此，我国的扶贫开发工作有了坚实的组织保障，扶贫开发工作走上了制度化、规范化、体系化道路。按照 1986 年的贫困标准线，广西和云南分别有 48 个和 41 个贫困县。其中，云南有 26 个国家级扶贫工作重点县，15 个省级贫困县，共计 1212 万贫困人口，贫困发生率达 40. 1%。以桂滇深度贫困地区的广西百色市和云南保山市为例，百色地区的 12 个县市（10 个国家级贫困县和 2 个区级贫困县）和保山市龙陵县都在贫困县范畴。

在这一阶段，广西扶贫开发工作的主要内容为：一是建立专门的扶贫机构，加强对扶贫工作的领导。1986 年 3 月，成立了扶贫工作领导小组，将原来的老少边山穷地区建设办公室改为扶贫开发办公室，由原来区政府办公厅管理升格由区人民政府直接领导。48 个贫困县在区扶贫办的指导下，都建立了县一级的扶贫开发办公室，并给全区 600 多个贫困乡镇配备了专职扶贫干部。1992 年 2 月，自治区党委下文把扶贫开发机构纳入政府序列，进一步稳定和调动扶贫干部队伍的积极性，要求贫困县县委、县政府的“一把手”要亲自抓扶贫工作，及时解决问题。从此，广西建立起了自上而下的扶贫工作网络，扶贫工作有了坚实的组织保障。二是结合实际情况，明确开发式扶贫方针。截至 1985 年，全区仍有 900 多万贫困人口。其中，690 万人尚未解决温饱问题。面对如此形势，自治区党委决定走规范化的扶贫开发道路。1986 年 3 月，《关于扶持贫困地区脱贫致富的决定》《关于加强扶贫工作的决定》

① 国务院贫困地区经济开发领导小组在 1993 年改称为国务院扶贫开发领导小组（简称国务院扶贫办）。

进一步明确了广西“七五”扶贫开发工作的目标①。此外，还将扶贫开发与计划生育相结合。三是持续扶贫减负政策，为解决温饱问题助力。继续免征处于温饱线以下贫困人口的农业税，免除人均生活水平处于温饱线下的乡镇和村屯购买国库券和粮油定购的任务，继续免征重点扶持的211个乡镇（原155个公社）的乡镇企业所得税，1987年以后如有困难，经政府批准，可继续免征；进入贫困地区兴办乡镇企业的，从投产之日起免征所得税3—5年；经申请批准，免征特别困难的个体工商户的管理费，提高自我发展能力；从1986年起，48个贫困县征收的屠宰税，拿出一半交由当地畜牧部门，用于发展畜牧业。四是动员社会各界力量参与，开展大规模开发式扶贫。自治区党委、自治区政府要求党政机关和社会各界力量支援贫困地区，区内各单位与贫困县、乡镇、村进行定点帮扶。1986年11月，广西抽调1万名县级以上机关干部，组成基层组织建设工作队，深入贫困地区开展扶贫开发工作。五是兴办乡镇经济实体，增强贫困户“造血”功能。基于满足市场实际需求情况，结合贫困户的自我发展能力，以种养殖业为基础，投入扶贫资金创办乡镇企业项目，辐射带动其他相关产业发展。该时期投入扶贫资金兴办993个县办工业项目和2403个乡镇企业项目，这些项目成为既富民又富县的龙头加工企业，为增加地方财政收入打下基础。此外，还采取“公司+农户+基地”的办法，带动贫困户开发利用当地资源，变资源优势为经济优势，增强贫困户的“造血”功能。六是聚焦深度贫困地区，打好温饱攻坚战。按照自治区“八五”计划和十年规划纲要的要求，自治区党委、政府于1992年2月作出了《关于“八五”期间扶贫开发工作的决定》，要求进一步扶持革命老区、大石山区、边境地区、水库移民区，在“八五”期间基本解决这些地方群众的温饱问题，对确实没有条件解决温饱的地方，要通过有计划、有组织地组织易地开发；已经解决温饱的地方，要向稳定解决温饱和脱贫致富方向发展，使一部分农民过上比较宽裕的生活。为了实现“八五”期间扶贫开发工作目标，自治区党委要求全区继续坚持以经济开发为主的方针，坚持自力更生与国家支持相结合、经济开发与智力开发相结合的原则，集中力量打好解决温饱的攻坚战，帮助群众尽快解决“两缺”（缺粮、缺钱）、“两难”（饮水难、交通难），特别要重点扶持大石山区、边境地区和水库移民区人均纯收入在200元以下，口粮200公斤以下的特困乡，并按照新的贫困标准，将307个贫

---

① 即用5年的时间基本解决全区贫困人口的温饱问题，为以后的脱贫致富打下基础。

困县列为重点扶贫区域。同年，自治区党委、自治区政府投入15126万元用3年时间扶持35个石山贫困乡开展温饱工程试点，随即在307个贫困乡打响温饱攻坚战。七是推进科技扶贫，发展开发性农业。根据国务院在山东济南召开的全国扶贫工作会议精神，1991年3月，自治区政府在马山主持大石山地区农业综合开发试点工作会议，提出要实现“两个稳定”（稳定的解决温饱、有稳定的经济收入来源），必须搞开发性农业，要坚持以种养业为基础，开发当地优势资源，发展区域性的支柱产业。各级党委优先选配好贫困县科技副县长、副乡长、副村长和农民技术员。广大干部根据市场需要和群众经营能力，广泛发动农民以种养起步，项目带动实行连片开发、分户管理、统一服务、互助互利的办法，发展了一批林、果、蔗、桑、猪、牛多种经营基地。全区共建108个贫困乡镇科技培训中心，通过科技扶贫促进石山贫困乡温饱工程的有效实施，在贫困地区推广200万亩水稻高产示范田，在高寒区推广地膜玉米栽培新技术，逐步推广良种良法。据统计，1986—1993年，利用发展资金和扶贫贷款造林184万亩，种植果树84万亩，种植甘蔗和其他作物138万亩，发展畜牧200多万头，为稳定群众的收入来源打下基础。八是开展以工代赈，加强贫困地区基础设施建设。1985—1993年，建成等级公路、耕路、马驮路1314条，共计11000多公里，修建人畜饮水工程7800项，建成水池230座，基本农田建设500多万亩，实现了乡乡通等级公路、乡乡通电的目标，600多万人受益，改善了200多万人和150万头牲畜的饮水困难问题，400多个村20多万个农户用上电。

截至1993年，全国农村没有完全稳定解决温饱问题的贫困人口减少到8000万人，占全国农村人口的8.87%。其中，广西和云南的尚未解决温饱问题的农村贫困人口分别从1500万、1200万减少至800万人。这一时期的贫困人口分布呈零散化，主要分布在深山区、石山区、荒漠区、高寒山区、地方病高发区、水库移民区等地区，而且多为革命老区和少数民族聚居地区，原有的贫困瞄准方式会将返贫风险极高的贫困边缘户排除在外，造成减贫成效的下降。

按照现行贫困标准，截至1991年年末，全区仍有600万人口尚未解决温饱问题，占区内总人口的15%。这些人口居住的地方，自然条件恶劣、交通不便、科技文化技术落后，解决温饱难度很大。已初步解决温饱的地方，由于生产条件尚没有根本改善，遇到灾害也容易返贫。

云南也于1986年3月成立贫困地区工作领导小组，地、州、市、县分别成立领导小组和对应的办事机构，并出台了《关于切实加强贫困地区工作尽快解决温饱问题的决定》，制定 18 条政策举措，对贫困地区继续休养生息，放宽搞活，加快发展。从此，全省开始有计划、有组织地展开大规模开发式扶贫。1987 年 2 月，云南省委召开全省农村工作会议提出继续采取若干特殊政策，加快贫困地区的经济开发。同时，从省级机关抽调 41 名处级干部到贫困县挂职，组织 40 个部、委、厅、局的干部分别到 38 个贫困县进行调研，帮助各县初步制订资源开发和经济发展计划，派出专业技术干部 643 人次到贫困地区第一线蹲点指导工作。这一阶段，云南省委、省政府先后制定《关于完善双层经营，稳定家庭联产承包责任制的意见》《关于积极稳妥地推进云南省农村金融体制改革的意见》《关于搞活云南省农村商品流通当前急需解决的几个问题的意见》《云南省土地管理实施办法（试行）》等一系列政策文件，重点抓完善粮食合同定购制、组织农民进入流通领域、推进供销社改革、搞活农村金融试点以及农业科技中的 8 大关键性增产措施的推广、增加农业投资、加强土地管理等项工作。1988—1990 年，云南省委、省政府先后召开现场会，推广元江哈尼族彝族傣族自治县发挥自然资源优势，走出了一条山坝结合、开发热区、异地发展的路，以及宁蒗彝族自治县“治穷先治愚，开发经济必须同开发智力相结合”等先进经验。随着云南实施科教兴滇战略，加强科教兴农，加大了对贫困地区和农村干部群众的智力开发。1986—1989 年，中央有关部委和云南省对 41 个贫困县的主要领导干部进行培训，全省共举办各种干部培训524 期，培训 1.45 万多人次，举办农民培训4522 期，培训 41 万多人次。

云南实施以产业为核心的扶贫“五一工程”，即人均有 1 亩基本农田、户均有 1 亩经济林、户均有 1 亩经济作物、户均每年出售 1 头商品畜、人均学会并能应用 1—2 门生产实用技术的目标。在这种模式下，云南扶贫工作主要着眼于拓展扶贫资金来源，发展多种所有制经济，落实放宽搞活和税收减免政策，加大基础设施建设项目倾斜力度和矿藏、水资源开发力度，加快畜牧业、乡镇企业和社会事业的发展，加强对扶贫工作的领导，提高社会参与扶贫的积极性。同时，在做到“四定三到户”的基础上，推广招标扶贫、股份制扶贫、“一带二帮”等新的扶贫方式。

（三）重点突破式扶贫阶段（1994—2000 年）

经过前一阶段的扶贫开发工作，桂滇深度贫困地区的贫困问题得到进一步缓解。但是，随着改革开放的持续进行、社会主义市场经济的纵深发展，也给我国扶贫开发工作带来了巨大挑战，贫困问题也以崭新面貌呈现在我们眼前，城市贫困与农村贫困交织、区域性贫困凸显，贫困分布在全国范围内呈“大分散、小集中”，集中于革命老区、少数民族聚居地区、边境地区，特别是桂滇边境深度贫困地区的反贫困斗争形势依然严峻。1994 年，国务院召开第一次全国扶贫开发工作会议，并出台了《国家八七扶贫攻坚计划(1994—2000 年)》，明确了全国扶贫开发工作的目标、对象、措施以及期限，旨在要集中力量进行扶贫攻坚，争取在 20 世纪末基本解决 8000 万人的温饱问题。其中，确定了 592 个国家重点贫困县，占全国县域的 27%，少数民族贫困县 257 个，占国家重点贫困县总数的 43.4%；广西和云南的国家重点贫困县分别为 28 个和 73 个，共占总数的 17.1%，云南居全国贫困县数量之首。1996 年，《关于尽快解决农村贫困人口温饱问题的决定》强调，要利用东部发达地区的各方面优势对西部不发达地区进行对口帮扶，确定了我国对口帮扶政策，要求北京、上海、广州等 9 个东部省、直辖市和 6 个计划单列市，对广西、云南和贵州等 11 个西部贫困省、自治区进行对口帮扶，如表 3 - 9 所示。

表 3 - 9　　东西部协作对口帮扶关系

东部支援方	西部受援方	东部支援方	西部受援方
北京	内蒙古	浙江	四川
天津	甘肃	福建	宁夏
上海	云南	广东	广西
辽宁	青海	大连、青岛、深圳、宁波	贵州
山东	新疆	厦门、珠海	重庆
江苏	陕西		

资料来源：根据 1996 年《关于尽快解决农村贫困人口温饱问题的决定》中的相关内容整理而成。

截至 1993 年年末，广西全区尚未解决温饱问题的贫困人口达 800 万人，占全国贫困人口总数的 10%。这 800 万贫困人口主要集中分布在桂西北大石山区、少数民族聚居地区、革命老区和边境地区的 307 个贫困乡镇、1012 个特困村及非贫困县中的特困乡，其中少数民族占尚未解决温饱人口的 70% 以上，贫困问题呈边缘化、民族群体化，群众困难突出表现为“两缺”“两难”。与上一阶段的扶贫开发工作相比，该阶段的扶贫难度更大。因此，这就要求更有针对性的扶贫方式、更优惠的扶贫政策、更得力的扶贫措施尽快出台。自治区党委、自治区政府在“八七”扶贫攻坚计划的指引下，发布了《广西实施〈国家八七扶贫攻坚计划〉方案》，制订了开发式扶贫、以就地开发为主、就地与异地相结合的五条扶贫工作方针，将就地开发、异地开发、劳务输出、“借船出海、借体造血”、对贫困残疾人进行康复扶贫等作为扶贫开发工作的基本途径。实施方案重申自治区“七五”“八五”期间出台的各项扶贫开发优惠政策继续施行，对信贷、财税以及其他优惠政策进行明确规定。按照国务院扶贫领导小组“四进七出”原则（1993 年农民人均纯收入未达 400 元的县列入扶贫县，原来是扶贫县农民人均纯收入 700 元以上的县不再列入贫困县），划定 28 个国家级扶贫县为扶贫攻坚的重点区域，并对 21 个区级贫困县兼顾帮扶。自治区党委要求全区采取倒计时的方式，实行党政“一把手”负责制、单位包村扶贫责任制，以解决农村贫困人口的温饱问题为中心，要求扶贫到户。1994 年，将“新增支援经济不发达地区发展资金”中的 1000 万元用于建立“新增支援经济不发达地区发展资金扶助少数民族专款”，扶持少数民族贫困地区的经济建设，并积极引进外资扶贫。

1995 年 11 月，广西壮族自治区人大颁布《广西壮族自治区扶贫开发条例》，该条例是全国第一个省人大通过的地方性扶贫法规。此后，自治区党委、自治区政府先后出台了《广西壮族自治区贫困县扶贫验收标准及奖励办法》《广西壮族自治区特困村扶贫标准及验收办法》《广西壮族自治区石山地区部分群众小额信贷扶贫实施管理办法（试行）》《广西壮族自治区部分石山地区部分群众异地安置工作若干规定》《关于全部实行干部帮扶贫困农户的通知》《关于贯彻落实〈中共中央　国务院关于尽快解决农村贫困人口温饱问题〉的意见》《自治区党委、自治区人民政府关于力争 1999 年基本解决全区农村贫困人口温饱问题的通知》。在明确工作目标和工作任务的同时，自治区党委要求要加大力度做好扶贫开发工作。从 1999 年起，自治区每年都以《广西扶贫实施方案》对全区扶贫开发工作进行部署，明确每年的工作目标、工作思路、工作重点和具体措施。这一时期广西扶贫开发工作主要包括：一是就地开发与异地开发相结合，缓解人地矛盾。继 1993 年《广西贫困石山地区部分群众异地安置试点方案》出台以后，又制定了一系列鼓励劳务输出、搞好异地安置的政策举措。1994—2000 年，全区共组织 60 万贫困人口进行劳务输出，年增加劳务收入 18 亿元，建设异地安置场 267 个，居民点 1167 个，累计搬迁 23 万贫困人口。二是实行扶贫项目一次性规划和“四到县”的扶贫攻坚责任制。1994—1996年，全区从区到县集中有关部门力量对28个国家级贫困县要实施的扶贫项目进行一次性规划，建立了未来4年的扶贫项目库。此外，还制定了扶贫任务、资金、权力、责任“四到县”扶贫攻坚责任制。三是开展社会扶贫，抓好东西部对口帮扶。组织区内发达地区对口帮扶贫困地区，动员社会力量积极参与扶贫攻坚。同时，积极配合广东开展帮扶工作，实行单位挂钩到村、干部帮扶到户。全区干部共计23.9万名，帮扶了49万的贫困人口。1997—2000年，广东无偿援助广西，百色、河池利用2.4亿元的广东帮扶资金对8万人进行了异地安置。此外，广西还同广东进行经贸合作、劳务输出、教育扶贫。四是引进外资扶贫，加大扶贫资金的投入力度。1994—2000年，中央划拨给广西67亿元扶贫资金。另外，广西还积极拓展与国际组织在扶贫开发中的合作，吸引到世界银行、联合国开发计划署等国际组织的资金援助。五是推行小额信贷扶贫。1997年，妇联先行在一些国家级贫困县试点，随后在全区28个国家级贫困县全面推行，2000年又扩大到21区级贫困县。截至2000年，通过小额信贷方式累计投放3.2亿元扶贫资金，帮助20多万户100多万贫困人口形成自我发展能力。六是以大会战进行扶贫攻坚。从1997年开始组织“十大会战”[①]，截至2000年年底，贫困地区基础设施建设取得突破性进展。全区修建饮水工程15万多处，解决了430多万贫困人口的饮水困难，修建村屯道路3公里使1万多个屯2800多个村委会受益，茅草房改造使30多万人住上瓦房，近1000个村架通了输电线路，5000多个村新建广播电视地面接收站，近200万群众受益。此外，修建村级卫生室1000多个，修建地头水柜、山塘、水塘近28万座，兴修灌溉农田水利，新增旱地灌溉面积50万亩。

在该阶段，贫困人口分布呈点（贫困村）、片（特殊贫困片区）、线（边境贫困带）的特征。1994年8月，云南结合本省实际情况，制定并实施《云南省七七扶贫攻坚计划》，在坚持开发式扶贫方针的基础上，适时调整扶贫政策，把以县为单位进行扶贫开发调整为扶持重点县和扶贫到村、扶贫到户相结合。有关地、州、市和73个国家重点贫困县以及非贫困县的贫困乡要根据国家和省扶贫办的要求，结合当地实际，分别制订扶贫攻坚具体实施计划。云南在“七五”期间共投入扶贫资金20多亿元，安排实施扶贫开发项目7000

① “十大会战”，即人饮工程、茅草房改造、乡村公路建设、村村通电、村村通广播电视、改善行政村办学条件、完善村级医疗卫生条件、石山地区地头水柜建设、沼气池建设、异地安置移民开发。

多个。1995 年 12 月，全省扶贫开发工作会议决定，把打好扶贫攻坚战、实现贫困人口基本解决温饱作为云南“九五”计划的重大战略任务。为了如期完成“扶贫攻坚”计划，出台了《关于打好扶贫攻坚战，确保“九五”基本脱贫的决定》《关于确定506个扶贫攻坚乡的通知》，确定全省73个贫困县中的506个贫困乡为重点攻坚对象。1996 年底，云南省委、省政府召开全省扶贫工作会议，强调实行扶贫工作责任制，扶贫任务落实到各级政府，分解到各个部门。从此，大规模的扶贫开发全面启动，按照自力更生与国家扶持、治穷与治愚、开放与开发、区域开发与扶贫到户、扶贫工作与加强农村基层建设相结合的方针，大力推行挂钩对口扶贫、小额信贷扶贫、异地开发扶贫和劳务输出扶贫。根据贫困局面和贫困问题的变化，云南首次提出滇西北区、滇东南区、滇东北区、滇西南区、滇西区五个片区扶贫开发战略。在延续前一阶段扶贫措施的基础上，重点加强基础设施建设，启动以改土工程、治水工程、办电工程、修路工程为核心的“五大工程”。同时，实施小额信贷扶贫，在有条件开展小额信贷的扶贫攻坚乡全面开展小额信贷扶贫到户。从1997 年 4 月开始，云南被国家列为劳务输出扶贫试点，劳动力转移就业扶持步伐加快。此外，1999 年开始实施易地开发扶贫，对基本丧失生存条件的50万贫困人口实施有组织的搬迁扶贫，把移民同资源开发、支柱产业培植、小城镇建设、乡镇企业发展结合起来，并结合上海对口帮扶，由上海的 12 个区县分别在文山、红河、思茅 3 个贫困面较大的地州开展易地扶贫开发。从此，就地开发与易地扶贫开发并举的格局初步形成。

一是制定一系列帮助贫困地区的优惠政策，动员社会各界开展科技扶贫，培养乡土人才，推广 1110 项科技成果。二是推进以工代赈，实施温饱工程，加快解决贫困人口的温饱问题。三是加强基础设施建设，帮助改善贫困地区的生产和生活条件。同时，中共云南省委、云南省人民政府还出台了《关于打好扶贫攻坚战，确保“九五”基本脱贫的决定》《关于确定506个扶贫攻坚乡的通知》等一系列扶贫攻坚政策文件。由于 2000 年国家提高了贫困标准，云南全省贫困人口反弹至 1022.1 万人。

截至 2000 年年末，云南仍有 405 万特困人口，包括农村有劳动能力的贫困残疾人口，有 600 万人口初步解决温饱但仍处于不稳定阶段。全省农村尚未解决温饱的贫困人口由 1993 年的 783 万减少至 160 万人，贫困发生率从23.8%下降至4.7%，全省 73 个国家重点扶持县的农民人均纯收入从 491 元增加至 1100 元，粮食产量由 1085.24 万吨提高至 1467.80 万吨，如期实现了基本解决全省贫困人口温饱问题的目标。

（四）综合推进式扶贫阶段（2001—2010年）

在这一阶段，全国基本如期实现基本解决农村贫困人口温饱问题的目标。但是解决温饱不等于脱贫，剩余的贫困人口的贫困程度更深、脱贫难度更大、深陷多维贫困。因此，该阶段采取综合推进式的扶贫方针。2001年5月，为了应对贫困问题的新特点、新形势，国务院颁布了《中国农村扶贫开发纲要（2001—2010年）》，扶贫开发任务由解决温饱问题向解决温饱与巩固温饱并重，将扶贫开发纳入国民经济和社会发展计划，坚持综合开发，动员社会各方积极参与扶贫开发，形成政府主导、社会共同参与的综合开发格局，扶贫重点从县级下移到村级，实行整村推进，并对贫困县进行了第二次调整，贫困县改称国家扶贫开发工作重点县。2008年，国务院扶贫办将低收入线和贫困标准线合二为一，统一为人均纯收入，取消将农村绝对贫困人口和低收入人口区别对待的政策。

根据《中国农村扶贫开发纲要（2001—2010年）》和相关政策的要求，广西主要开展了以下工作：一是重新明确新的扶贫思路。自治区党委、自治区政府明确新阶段的扶贫开发思路："123456"，即瞄准1个扶贫对象、开展2个整体推进、确立3条开发道路（就地开发、异地开发、异地就业）、明确4个开发重点（改善基础设施条件、覆盖贫困户的优势产业、生态建设、提高综合素质）、整合5大资金和力量投入（专项财政扶贫资金投入、社会投入、贷款投入、境外投入、群众投入）和建立6大制度（资金投向制度、集体讨论制度、政策把关制度、公告公示制度、专户报账制度、奖罚制度）。二是调整该阶段的扶贫开发对象。广西将尚未解决温饱问题的150万农村贫困人口和650万农村低收入人口纳入扶贫开发的对象，强调"两手抓"，即一手抓减贫、一手抓返贫。三是调整扶贫开发工作重心。针对新阶段的贫困人口呈现出"大分散、小集中"的特点，扶贫开发工作的重心由县一级向村一级转移，组织人员对全区49个贫困县的经济发展情况进行综合考察，确定了罗城等28个县为新阶段扶贫开发重点县和4060个省级重点贫困村，以整村推进的方式开展扶贫开发工作。

截至2006年年末，全区1731个首批开展"整村推进"的贫困村中有1562个村实现了村委会所在地通道路的目标、1390个村实现了所有自然村通道路的目标、1544个村实现沼气室入户率的目标、1323个村解决饮水困难问题、1512 个村实现产业开发目标、1534 个村建有村委会办公用房、1463 个村建有卫生室、1460 个村建有计生室、1588 个村的村委会所在地开通程控电话。同时，将异地安置 267 个场、1167 个点、5 万户 23 万人作为该阶段扶贫开发的重点区域。四集中力量解决特困区域的贫困问题。该阶段的扶贫开发工作以革命老区、少数民族地区、边疆地区作为扶贫的重点地带。2000—2002 年，集中投入 21 亿元扶贫资金开展边境地区基础设施建设大会战，为 240 万名边境少数民族群众办了 24 件实事；2003—2004 年，集中 20.09 亿元资金开展东兰、巴马、凤山 3 县基础设施建设大会战，为 70 多万名革命老区人民办了 34 件实事；2007 年，集中 16.25 亿元资金开展了少数民族聚居的都安、大化、隆安、马山、天等等大山山区国家扶贫开发工作重点县的基础设施建设大会战；2008 年，组织实施桂西 5 县基础设施建设大会战。南宁、柳州、玉林、防城港等市筹集 12 亿元资金对本辖区的特困山区、特困乡村进行基础设施建设大会战。

在综合推进式扶贫开发阶段，广西减贫成效显著。农村贫困人口从 2000 年的 800 万人减少至 2010 年的 388 万人，贫困重点县农民人均纯收入从 1176 元提高至 3454 元，贫困村农民人均纯收入从 1058 元增加至 3037 元。贫困村通公路率达 96%，通电率达 99.5%，通电话率达 99.8%，森林覆盖率达 55%，适龄小学入学率达 99% 以上，农村参加新型农村合作医疗率达 90% 以上，广播电视综合覆盖率达 90% 以上，修建引水工程 3.8 万多处，1064 万农村人口解决了饮水困难问题，改造了贫困人口的茅草房或危房 10 万多户。同时，培训贫困地区干部群众 307.6 万人次，扶持 3.3 万人的贫困家庭子女接受职业学历教育。

这一时期，扶持特殊区域、特殊少数民族群体成为云南扶贫开发工作的重要内容，启动了兴边富民、扶持人口较少民族工程。云南按照中央要求制定了符合自身实际的《云南省农村扶贫开发纲要（2001—2010 年）》，强调将 405 万特困人口作为扶贫的首要对象，继续帮助 600 万基本解决温饱的贫困人口脱贫致富，重视农村残疾人的扶贫工作，把贫困人口相对集中的革命老区、少数民族地区、边境地区和自然条件恶劣地区列为扶贫开发的重点区域。随后，云南又出台了《关于加快新时期扶贫开发工作的决定》《关于实施“兴边富民工程”的决定》《关于采取特殊措施加快我省 7 个人口较少民族脱贫发展步伐的意见》等扶贫开发政策文件，进一步完善了扶贫开发的顶层设计，为新时期的扶贫开发工作提供了足够的政策支撑。这一时期的扶贫开发工作包括以下几个方面：一是确定贫困标准和低收入标准线，将农民人均纯收入低于825元（国家标准865元）划为低收入贫困人口，低于560元（国家标准625元）为绝对贫困人口。二是巩固温饱成果，帮助基本解决温饱问题的低收入人口巩固温饱，降低返贫风险。三是集中力量攻克“贫困死角”。将贫困人口集中的少数民族地区、边境地区、革命老区、特困地区作为扶贫开发的重点，确定7个省级重点贫困县、200个重点扶持边境乡或民族特困乡、113344个贫困村（占全省行政村的85%）。四是实施异地开发，针对自然条件恶劣、难以改善生存条件的100万贫困人口实施易地开发。五是实行教育帮扶，对边境乡镇、7个人口较少民族和藏区的中小学实行“三免费”帮教政策。六是免去国家和省级重点贫困县以及25个边境县的农业税。积极推进以自然村为单元的整村推进、进行劳动转移培训和开展产业扶贫的“一体两翼”战略[①]，实施特殊困难群体重点帮扶和“兴边富民工程”，加快片区综合开发，认真落实易地搬迁扶贫、安居温饱工程、以工代赈等专项扶贫措施，全民动员、全社会参与扶贫开发，创新扶贫机制和政策研究等一系列扶贫攻坚行动，贫困问题有所缓解，特殊困难群体和区域脱贫进程持续加快。七是实施社会保障型扶贫。云南于2003年被国务院确定为全国新型农村合作医疗试点省，当年启动了20个县（市、区）的试点工作。2007年，全省129个县（市、区）实行新型农村合作医疗。同年，云南全面建立最低生活保障制度，并于2010年启动农村低保和扶贫开发两项制度有效衔接的试点工作。此外，在2009年全省16个县（市、区）新型农村社会养老保险试点的基础上，2012年全省全面推行新型农村养老保险。随着新型农村合作医疗、最低生活保障、新型农村社会养老保险的全面建立，云南农村保障型扶贫制度全面建立。

2010年7月，在昆明召开的亚洲政党扶贫专题会议认为，云南扶贫开发创造的经验是亚洲的首创。2001—2010年，云南累计投入专项扶贫资金216亿元，减少农村贫困人口697万人，深度贫困人口由337.5万人减少至160.2万人，贫困地区农民人均纯收入从1100元提高至3109元，人均GDP从2207元提高到8590元，人均地方财政收入由120元提高至546元。

（五）精准攻坚式扶贫阶段（2011—2020年）

精准攻坚式扶贫阶段的总体目标是到2020年，稳定实现扶贫对象不愁

① “一体两翼”战略，即整村推进、劳动力转移培训、产业扶持，综合推进贫困村、贫困地区产业发展、基础设施建设、素质提升，建立健全贫困地区社会保障体系。

吃、不愁穿，保障其义务教育、基本医疗和住房，贫困地区农民人均纯收入增长幅度高于全国平均水平，基本公共服务主要领域指标接近全国平均水平，缩小城乡发展差距，实现全面建成小康社会。2011 年 11 月，中共中央、国务院颁布实施《中国农村扶贫开发纲要（2011—2020 年）》，将扶贫标准提高至人均收入低于 2300 元，相比 2009 年的 1196 元提高了 92%。按照这一标准，我国在该时期的贫困人口为 1.2238 亿人。其中，5564 万贫困人口集中在大石山区、革命老区、少数民族地区和边境地区，占贫困人口总数的 45.5%。该阶段将连片特困地区作为扶贫开发的主阵地，把更多低收入人口纳入扶贫范围。该阶段的扶贫开发工作包括专项扶贫、行业扶贫、社会扶贫（见表 3－10）。

表 3－10　　2011—2020 年扶贫开发工作内容

扶贫开发工作	内容
专项扶贫	易地扶贫搬迁、整村推进、以工代赈、产业扶贫、就业扶贫、扶贫试点、革命老区建设
行业扶贫	发展特色产业、科技扶贫、完善基础设施、发展教育文化事业、改善公共卫生服务、完善社会保障制度、重视能源和生态环境建设
社会扶贫	加强定点扶贫、推进东西部扶贫协作、发挥军队和武警部队的作用、动员社会各界参与扶贫

资料来源：根据《中国农村扶贫开发纲要（2011—2020 年）》中的相关内容整理而成。

按照 2011 年的扶贫标准，云南全省贫困人口超 1500 万人。其中，滇西边境少数民族贫困地区 424 万人。随后，云南颁布《云南省农村扶贫开发纲要（2011—2020 年）》，把稳定解决扶贫对象温饱、尽快实现脱贫致富作为首要任务，将乌蒙山区、石漠化片区、滇西边境山区以及藏族聚居地区共 4 个集中连片特困地区作为主战场，对深度贫困人口进行重点攻克。云南的扶贫开发工作由此转入巩固温饱成果、加快脱贫致富、改善生态环境、提高发展能力、缩小发展差距的新阶段。党的十八大后，我国提出了一种新的贫困治理模式——精准扶贫。脱贫方式由“粗放漫灌”向“精准滴灌”转变。集中连片特困地区县有 680 个，其中国家重点贫困县 440 个、民族自治地方县 371 个、革命老区县 252 个、边境县 57 个。但是广西和云南的贫困程度较深，贫困人口多，尤其是桂滇边境深度贫困地区。

2013 年 11 月，习近平总书记在湖南省湘西调研时首次提出“精准扶贫”战略思想。2014 年 1 月，中共中央、国务院发布了《关于创新机制扎实推进农村扶贫开发工作的意见》，强调要建立精准扶贫工作机制。同年 5 月，《关于印发〈建立精准扶贫工作机制实施方案〉的通知》进一步明确了精准扶贫工作的目标任务。紧随着，广西和云南开始在全自治区（省）范围内开展精准扶贫开发工作。“精准扶贫、精准脱贫”成为新一轮扶贫开发工作的基本方略。截至 2015 年年末，广西的 105 个市（县、区）有扶贫开发任务，占广西行政规划总数的 9.5.5%。其中，54 个国家重点贫困县、33 个滇桂黔石漠化片区县，而 33 个滇桂黔石漠化片区县中又有 20 个深度贫困县。为了更好应对不同贫困地区的贫困问题，广西自治区党委、自治区政府强调接下来的扶贫开发任务必须要做到“四个精准”：精准识别、精准帮扶、精准管理和精准考核。2016 年，广西实现 4 个贫困县、943 个贫困村摘帽，实现脱贫 111 万贫困人口，脱贫人数居当年全国之首；减贫速度达 25%，排全国第二位；2017 年，广西脱贫摘帽 7 个贫困县、1056 个贫困村，实现脱贫 95 万人；2018 年，全区 14 个贫困县、1452 个贫困村脱贫摘帽，实现 116 万名贫困人口脱贫，农村贫困发生率降至 3.7%。

按照 2011 年新的贫困标准，2010 年广西农村贫困人口为 1012 万人，占农村户籍人口的 23.9%，是全国 5 个贫困人口超千万的省份之一。广西在这一时期采取了以下措施：一是动员部署新一轮的扶贫攻坚战。2011 年 12 月 26 日，广西召开全区扶贫开发工作会议，贯彻落实《中国农村扶贫开发纲要（2011—2020 年）》、中央扶贫开发工作会议精神，总结取得的成就和经验，明确新一轮扶贫攻坚的目标，要求处理好扶贫开发与“五区”建设、突出重点与统筹推进、政府主导与社会参与、扶贫开发与农村低保、扶持帮助与自力更生五个关系，坚决实施集中连片特困地区扶贫攻坚工程、整村推进扶贫攻坚工程、产业化扶贫示范攻坚工程、职业培训扶贫攻坚工程、生态扶贫攻坚工程五大工程。2014 年，为贯彻落实中央要求广西加快全区 600 多万人贫困群众的脱贫致富、做好 1100 多万人的农民工工作的指示精神，时任自治区党委书记彭清华在全区扶贫开发暨农民工工作电视电话会议上要求全区上下抓紧抓好新时期扶贫开发和农民工工作，要求创新精准扶贫工作机制，做到“六个精准”，不断推进集中安置示范点建设，推动“七大扶贫”，全力抓好革命老区振兴发展，打造产业集聚、经济繁荣的活力老区，天蓝山青水净的美丽老区，弘扬革命精神与民族文化的文化老区。加大基本公共服务投入，突出抓好教育事业，防止贫困代际传递。二是贯彻落实中央精神，横向借鉴扶贫经验。2015 年全国“两会”期间，习近平总书记参加广西代表团审议，对广西扶贫工作作出重要指示。他指出，要把扶贫攻坚抓紧抓准抓到位，坚持精准扶贫，决不让一个少数民族、一个地区掉队。自治区党委多次召开会议，学习领会习近平总书记的讲话精神，要求各级各部门充分掂量扶贫开发的分量，党政“一把手”要切实履行好扶贫开发第一责任人的责任，管好用好支部书记、能人和第一书记三支队伍，充分发挥他们在扶贫攻坚中的重要作用。同年 7 月，自治区党委书记彭清华率团赴贵州、宁夏等地学习扶贫攻坚的经验做法。三是实施超常举措推进扶贫攻坚。首先，调整充实了自治区扶贫开发领导小组，自治区党委、自治区政府的“一把手”亲自担任扶贫开发领导小组组长，自治区四家班子领导成员担任副组长，53 个区直部门主要负责人担任成员，规格之高，前所未有。其次，史上第一次将扶贫开发工作和促进农民增收纳入市县党委、市县政府绩效考评的指标体系。2015 年 6 月，广西颁布了《广西壮族自治区贫困县党政领导班子和领导干部经济社会发展实绩考核办法（试行）》，强调贫困县考核的主要指标是减贫人口数量，不再“唯 GDP”。另外，为了解决戴着“贫困帽”舍不得摘的现象，还决定建立贫困县退出机制。对连续两年考核不合格的贫困县，督促整改，整改不力的将党政主要领导、分管领导进行岗位调整。最后，开展扶贫开发工作专项督查，除了党委、政府牵头组织之外，人大、政协也把扶贫开发工作纳入常委专项视察内容中。四是加强扶贫开发的顶层设计。该时期先后出台了《广西壮族自治区贯彻〈中国农村扶贫开发纲要（2011—2020 年）〉实施办法》《关于实施我区新一轮扶贫开发攻坚战的决定》《关于创新和加强扶贫开发工作的若干意见》《关于创新和加强农民工工作的若干意见》以及 28 个配套文件等一系列政策文件，不断加强扶贫开发的顶层设计，强化扶贫开发的政策措施。同时，实行“领导挂点、单位包村、干部包村”的挂钩联系扶贫工作责任制，加强基层组织力量，选派 3000 名干部到贫困村担任党组织第一书记，选派 3 万名干部担任新农村建设指导员。五是突出重点，加强协调指导。确定新一轮扶贫攻坚主战场为集中连片特困地区、扶贫开发工作重点县、贫困村，扶贫资金和项目向这些地方倾斜。确定扶贫攻坚的工作重点是基础设施建设和公共服务设施建设、扶贫产业发展、贫困群众能力培养，继续着力改善贫困地区生产生活条件，不断促进农民增收，并逐步提升自我发展能力。六是强化创新，突破难点。探索“整村推进”“整乡推进”“整市推进”等扶贫开发新模式，实施“十百千”产业化扶贫示范工程，工程计划到2015年年末建成10片以上产业化扶贫示范基地，扶持100家以上扶贫龙头企业，带动100个以上贫困村成为产业化示范村。

2015年11月27日和28日，“史上最高规格”的中央扶贫工作会议在北京召开，中央政治局常委和地方政府党政“一把手”出席，会议将“脱贫攻坚”代替了长期使用的“扶贫攻坚”，吹响了消灭绝对贫困、决胜全面建成小康社会的最强号角。

2010—2014年，广西农村贫困人口减少474万人，农村贫困发生率由23.9%下降至12.6%。2012年28个国家扶贫开发工作重点县和3000个贫困村农民人均纯收入与2010年相比分别增长34.3%和37.4%。全区有1.0857万个建制村通上水泥路，建制村通水泥路率由2010年年末的58.5%提高至2012年年末的75.6%，750.34万名农村居民和农村学校师生饮水安全问题得到解决，安装59.32万套广播电视直播卫星接收设备，近200万名各族群众受益，成为全国第一个提前完成“十二五”村村通工程建设任务的省份，扶持49.05万名贫困农户开展危房改造，建成沼气池24万座，5万多人易地扶贫搬迁，为实施广西新一轮扶贫开发攻坚战、顺利完成新的10年扶贫开发目标任务奠定坚实基础。截至2015年，广西还有538万贫困人口，是全国6个贫困人口超500万人的省份之一。面对艰巨的任务，自治区党委、自治区政府按照习近平总书记的指示要求，突出“精准”二字，创新精准扶贫工作机制，通过“七个一批”工程，确保贫困地区群众与全国一道实现全面小康。

《中共中央　国务院关于打赢脱贫攻坚战的决定》颁布，明确脱贫攻坚的目标标准，确立精准扶贫、精准脱贫的基本方略，全面打响脱贫攻坚战。党的十九大报告对坚决打赢脱贫攻坚战在目标任务、组织力量、实现路径等方面作出了全面的战略部署，为云南坚决打赢脱贫攻坚战提出了新要求，带来了新的历史机遇。云南用扶贫开发工作统揽全省经社会发展全局，把脱贫攻坚作为发展头等大事和第一民生工程，先后制定出台了《关于深入贯彻落实党中央　国务院脱贫攻坚重大战略部署的决定》《云南省农村扶贫开发条例》《云南省脱贫攻坚规划（2016—2020年）》等政策文件，建立健全从组织领导、责任落实、社会动员、政策保障、资金投入到监督监管、考核评价等全新的政策制度和体制机制，“五级书记”抓扶贫，从省到村都是党政领导任双组长。

云南全省 17896 个单位挂县包村，59 万名干部职工结队帮扶贫困户，选派 38492 名干部驻村扶贫，2128 家民营企业与 2066 个村结对帮扶，上海、广东等从产业、就业、市场、人才和资源等方面结对帮扶 85 个贫困县，统筹整合专项、行业、社会扶贫资源，以整村、整乡、整县、整州为单位推进，区域开发和精准扶贫相结合，建立整乡推进与基层党建“双推进”工作机制，探索出特殊类型贫困地区综合扶贫开发的“云南路径”，先后涌现出贡山独龙族怒族自治县独龙江乡、会泽县五星乡、永仁县莲池乡以及昌宁县、云龙县、宁蒗彝族自治县等一大批脱贫致富的典型。中央深度贫困地区脱贫攻坚座谈会召开后，云南以改革创新为动力，采取超常规举措，制订实施“四大专项行动计划”、全面打赢“直过民族”脱贫攻坚战行动计划，云南的脱贫攻坚以前所未有的速度和规模取得了决定性进展，深度贫困地区脱贫成效明显。2011—2017 年，云南农村贫困人口从 1468 万人减少至 279 万人，7 年累计减贫 1189 万人，年均减贫 169.9 万人，农村贫困发生率由 40% 下降到 7.5%，7 年累计下降 32.5 个百分点，年均下降 4.6 个百分点。

云南根据中央精神在 2013 年启动精准识别工作，由此进入精准扶贫时代。2015 年年底云南启动和实施“五个一批”扶贫工程，即发展生产脱贫一批、易地搬迁脱贫一批、生态补偿脱贫一批、发展教育脱贫一批、社会保障兜底一批。通过劳动力转移就业让 100 万人脱贫，通过易地搬迁，使 30 户 100 万人迁往新居，精准扶贫和“五个一批”工程启动后，农村开发市扶贫与社会保障型扶贫都得到稳步发展，实现二者有机结合。面对特殊的致贫因素，云南实行“五级书记”抓扶贫，加强对脱贫攻坚的领导，精准识别贫困群体。实施挂图作战精准管理，全面系统展示全省各地贫困状况、附近进度、责任人信息，强化脱贫目标管理，以 2020 年为时间节点，以现行标准下贫困人口脱贫目标倒逼脱贫攻坚，严格按照“两不愁、三保障”为核心的脱贫标准，全面实行应退则退精准脱贫管理。

在产业扶贫中，通过建立产业发展激励机制，对贫困户发展特色产业给予奖励，建立贫困户与新型经营主体之间紧密的利益联结机制，让贫困户共享产业发展红利。在劳动力转移就业扶贫中，整合用工需求信息，加强初中、高中毕业生技术培训以及贫困家庭富余劳动力有序转移。在易地扶贫搬迁中，从 2017 年起，政府对贫困户按照人均 2 万元给予补助，根据因户制宜的原则，协同推进农村安置和城镇安置。在社会保障兜底扶贫中，建立贫困户新农合自筹经费政府补助机制以及医疗支出政府兜底制度，确保贫困户不会因病加重贫困，建立贫困线与低保线有效衔接制度，确保低保户顺利脱贫。建立贫困群体住房保障机制，帮助特殊困难群众解决住房问题。在“生态补偿脱贫一批”工作中，严格落实公益林补贴，加大退耕还林力度，扩大向建档立卡贫困户招录护林员的比例，实施向贫困人口倾斜的生态护林员制度。此外，云南实施了一些新的扶贫措施，其中包括资产性收益扶贫、光伏扶贫、电商扶贫、旅游扶贫等。2016 年 1 月，中共中央办公厅、国务院办公厅印发了《关于加大脱贫攻坚力度支持革命老区开发建设的指导意见》，强调了产业开发的重要性，提出要着力培育特色产业，增强“造血”功能。2017 年 9 月，中共中央办公厅、国务院办公厅印发了《关于支持深度贫困地区脱贫攻坚的实施意见》，明确指出深度贫困地区是脱贫攻坚的“硬骨头”，必须要补齐深度贫困地区的短板。

针对“直过民族”在社会形态和物质形态的短板，云南制定了《全面打赢“直过民族”脱贫攻坚行动计划（2016—2020 年）》，探索实行“一个民族一个行动计划”“一个民族一个集团帮扶”，确保到 2020 年稳定实现“直过民族”贫困人口的“两不愁、三保障”。2019 年，云南将“直过民族”和人口较少民族的扶贫开发工作放在重点突出位置。

二、桂滇边境深度贫困地区扶贫开发工作经验

改革开放 40 多年来，桂滇边境深度贫困地区结合自身实际情况，走出一条具有自身特色的扶贫开发道路，该地区的扶贫开发工作经验可以为同类型边境深度贫困地区提供一定的思路参考和经验借鉴。

（一）建立扶贫工作负责制，强化扶贫组织领导

组织领导是桂滇边境深度贫困地区扶贫开发工作取得显著成效的根本组织保障。一是建立了“省负总责、县抓落实、工作到村、扶贫到户”的扶贫开发工作负责制，明确各级组织的工作责任，强化对扶贫工作的组织领导，严抓落实。二是建立扶贫开发工作的专门机构。在中央扶贫开发的指导下，1986 年 3 月，广西和云南先后成立了扶贫工作领导小组和扶贫开发工作办公室，随后，各地州市以及县一级也纷纷成立了扶贫开发领导小组和扶贫开发办公室，各个贫困乡镇都配备了扶贫专职干部。由此，桂滇边境深度贫困地区自上而下形成了全方位的扶贫开发工作体系，有一批专业的扶贫队伍。三

是实行严格的部门负责制。桂滇边境深度贫困地区的各级部门在优惠政策、资金分配、基础设施建设、教育发展、技术服务等方面通力合作，综合协调、组织、实施、管理各项扶贫开发工作，切实加强扶贫开发工作的针对性和时效性，为桂滇边境深度贫困地区提供了资金、人力、技术等各方面的支持和保障，保障了扶贫开发工作的顺利进行。

（二）厘清扶贫开发思路，明确扶贫工作重点

通过对改革开放40多年来桂滇边境深度贫困地区扶贫开发工作历程的梳理，可以看出，该地区的扶贫开发思路主要涉及以下几个方面：一是加强基础设施建设，不断改善贫困地区的生产生活条件。桂滇边境深度贫困地区集中人力、物力、财力组织实施了基础设施建设大会战和“一体两翼”战略，因地制宜发展种养殖业和其他产业，有效解决了制约该地区发展的瓶颈，改善了贫困人口的生产生活条件，带动贫困人口实现增收。二是坚持扶贫开发与生态保护相结合。桂滇边境深度贫困地区既是我国西南部的生态功能区，也是生态治理重点区域。该地区石漠化面积较大，山多地少，水土流失严重，生态环境十分脆弱。因此，桂滇边境深度贫困地区坚持扶贫开发与生态保护并重，实现二者的可持续发展。三是切实提高贫困地区的内生动力。桂滇边境深度贫困地区的各级政府不仅重视改善当地的基础设施条件，支持村集体经济发展，夯实了可持续发展的物质基础，而且着力建设可持续发展的精神基础。引导和鼓励贫困人口由被动式“输血”向主动式“造血”转变，通过强化基础教育和职业培训、科技扶贫、思想观念扶贫等方式，帮助其提高自我发展能力。四是整合资源，实行差异化扶贫举措。桂滇边境深度贫困地区各级政府在扶贫开发工作过程中，贯彻落实大扶贫、大开发的工作理念，统一整合资源资金、扶贫项目，确保有限的资源能用到刀刃上，实现重点突破、层层递进。同时，在资源整合的基础上，根据区域的自身特殊性，因地制宜地制定了差异化的扶贫政策措施，为“地方病”精准施策。

（三）动员社会力量参与，建立大扶贫格局

积极引导和组织社会各界力量广泛参与扶贫开发工作，逐渐形成了政府主导、社会各界力量和贫困人口共同参与的大扶贫开发格局。如中央政府、省政府、州（市）政府等各级政府和国家行政机关的定点帮扶、东西部对口协作帮扶、非公经济主体帮扶以及国际组织援助等。在扶贫项目实施的过程

中，桂滇边境深度贫困地区各级政府通过以工代赈、生态补偿机制、就业扶贫车间、设立公益性岗位等方式激励贫困人口出工、出力，积极参与到扶贫开发建设中，强化贫困人口参与脱贫的主体性地位。

（四）加大扶贫资金投入，提高资金利用率

加大扶贫资金投入力度，提高资金利用率是扶贫开发工作取得显著成效的关键。中央财政专项扶贫资金是桂滇边境深度贫困地区扶贫资金的主要来源。据财政部数据显示，1978—2008 年，中央财政累计投入专项扶贫资金近 2000 亿元；2016—2019 年，中央财政累计安排专项扶贫资金 3843. 8 亿元，年均增长 28. 6%。数字看起来十分庞大，但中央财政资金一旦划拨到各个贫困地区，这些资金就显得“捉襟见肘”，尤其深度贫困地区。

因此，桂滇边境深度贫困地区各级政府也积极拓宽资金筹措渠道，不断加大扶贫投入力度。一是通过各级地方财政自筹扶贫资金。各级政府在安排财政预算时，将扶贫开发工作摆在优先位置，加大地方财政对扶贫开发工作的投入力度，并加大配套资金力度。二是动员社会力量筹措资金。制定有关的激励政策，积极动员和引导社会各界力量参与扶贫开发。如利用上海对口帮扶云南、广东对口帮扶广西、中央与地方的国家行政机关为帮扶的贫困地区筹集资金。此外，还积极与国际组织进行扶贫合作，世界银行、联合国粮农组织等国际组织为扶贫开发工作提供了资金援助。三是加强资金的使用管理。建立健全扶贫资金管理制度，把资金使用装进制度的“笼子”里，强化对扶贫资金使用状况的审计和第三方评估，及时掌握资金使用情况和项目进展，进一步提高了扶贫资金的利用率。

（五）重点抓易地扶贫搬迁，改善生存条件

桂滇边境深度贫困地区是“一方水土养活不了一方人”的典型地区，其受限于偏远的地理位置、恶劣的自然条件和滞后的基础设施，脱贫过程困难重重。基于此，桂滇边境深度贫困地区将易地扶贫搬迁作为该地区扶贫开发的工作重点，将贫困人口从恶劣的生存条件中解放出来，使饮水、住房、就业、教育等问题得到有效解决，并极大缓解了人地矛盾。

第三节　桂滇边境深度贫困地区的脱贫后续困局

一、政策的差别化供给，边缘贫困群体游离

经过多年的大规模、有计划、有组织的扶贫开发，我国农村的贫困结构已经发生了明显变化，即绝对贫困人口不断减少，相对贫困人口增加，边缘贫困问题凸显。所谓边缘贫困，是指在国家贫困标准线附近徘徊的非贫困群体，又称边缘贫困群体。“帽子”决定政策导向，正是有无贫困村的“帽子”、是否是建档立卡贫困户的精准识别，导致出现了差别化的扶贫政策供给，使得边缘贫困群体大量游离。以桂滇深度贫困地区为例，广西崇左市宁明县的N村，共有边缘贫困户206户，占全村总户数的42.05%；广西百色市那坡县的P村有边缘贫困户353户，占全村总户数的46.63%。他们处在建档立卡的边缘，生计条件与建档立卡贫困户的差别不大，而在资金投入、资源配置和政策供给等方面却是天差地别，缺乏享受政策红利的机会和空间，在福利保障上也出现了“悬崖效应”，一旦遭遇疾病、残疾、灾害等事故，不仅会使其陷入绝对贫困，还会挫伤边缘贫困人口的主观能动性。

因此，边缘贫困问题逐渐成为贫困治理的潜在阻滞力，对后续的脱贫成果巩固和长期振兴的影响不可忽视。同时，边缘贫困也会引发新一轮的社会不公和发展不平衡问题。在桂滇边境深度贫困地区，贫困村与非贫困村的收入差距、经济与社会发展情况相差不大，甚至贫困村的底子要好于非贫困村，但财政投入和政策支持却是天差地别。这使得贫困户与非贫困户之间、贫困村与非贫困村之间的矛盾持续升级，出现贫困村“发展起来了”而非贫困村“发展倒退了”的现象，折射出了当前扶贫开发工作难以兼顾效率与公平的问题。在桂滇边境深度贫困地区仍有一些非贫困山区村，因其没达到列入贫困村的标准，一直处于贫困村边缘，而这些非贫困村存在较多的贫困边缘户，他们的经济收入仅高于扶贫标准几十元或上百元，所以并不是真正意义上的贫困户，不能享受到国家给予的帮扶政策和帮扶举措。但是他们也极容易因病、因灾、因残等事故陷入贫困，成为真正意义上的贫困人口。

当前，我国扶贫开发工作的重心正在逐渐调整，随着绝对贫困问题的基本解决，贫困边缘问题成为了乡村振兴战略实施过程中的最大短板，既不利

于减贫事业的顺利进行，也不利于维护农村的社会稳定和“三农”的可持续发展。

二、内生动力不足下的主体性缺失

内生动力不足的四种表现为：一是生活在疏远物质财富的群体性文化中，甘于贫困，这在一些相对封闭的偏远山区、少数民族地区较为常见。二是生活目标模糊，主要是没有配偶、子女的人群，他们没有个人认为值得奋斗的目标。三是发展信心缺失，主要是在发展竞争中被边缘化的人群，他们觉得个人再怎么努力，也摆脱不了落后的命运，于是干脆听之任之，自我边缘化。四是福利依赖，即“等靠要”思想严重的人群。解决相对贫困群众内生动力不足的关键，还在于村级以下社区的组织化功能，强化村级社区的组织化功能是解决这个问题一个比较大的挑战。

能否实现“自我造血”是脱贫的症结所在，是解决绝对贫困于相对贫困问题的关键要义。在脱贫攻坚进程中，桂滇边境深度贫困地区仍存在部分相对贫困人口内生动力不足的问题。一方面，原贫困人口缺乏持续巩固脱贫的信心，寄希望于政府的救助和扶持，精神贫困引发的内生动力不足；另一方面，贫困人口的受教育程度低，缺乏技术和应对风险的能力，可行能力不足引发的内生动力不足。内生动力不足会造成其在脱贫攻坚进程中主体作用发挥不够，主体性严重缺失。内生动力不足具体表现为：一是思想上的偏差。贫困人口将脱贫的事情看作是帮扶干部的事情，把贫困当作一种习惯，安于现状，没有积极进取的意识，缺少主动脱贫的意愿，甚至有些贫困人口以消极的态度回应一系列帮扶政策和帮扶行为。二是自身能力的缺乏。桂滇边境深度贫困地区地处偏远，信息长期闭塞，受教育程度低，除了掌握基本的种养殖技术以外，缺乏对现代化农业和科学技术的了解，缺乏有针对性的职业技术培训和适应市场经济的谋生技能，主动脱贫能力不足，使得内生动力也相对不足。三是脱贫信心不足。桂滇边境深度贫困地区地处偏远，交通不便，长期与外界隔绝，基础设施和公共服务水平滞后，社会文明发育程度低，导致贫困人口畏难情绪严重，认为自己一辈子也就这样了，无法摆脱贫困。

如扶贫公益性岗位本是兜底保障的好举措，却逐渐沦为使帮扶对象陷入“福利依赖”，将相对贫困户变成了一个特殊利益群体，助长了相对贫困户的“等靠要”思想。在脱贫攻坚决胜之际，为了在短期内提高贫困户的收入水平，实现脱贫任务，增加大量远超村里事务需求的公益性岗位，甚至会出现不用干活也能拿到钱的现象，公益性岗位成了“活少又来钱”的“香饽饽”。相对贫困户为了将公益性岗位变成自己的“铁饭碗”，逐步丧失脱贫的志气，“扶贫”变成了“养贫”。而那些真正有需要的脱贫户和贫困边缘户却不能上岗就业，很容易就此返贫或陷入贫困，这也在一定程度上激化了原贫困户与非贫困户之间的矛盾，对乡村治理十分不利。

三、产业结构不合理下的可持续发展力较弱

在产业发展方面，同质化、低端化、功利化现象严重，如如火如荼的乡村旅游，而农村贫困问题解决的关键在于农民的可持续增收。自 2009 年以来，中国农村居民收入呈快速增长趋势，增速连续 8 年高于城镇居民。但是，农民收入的快速增长不是来自农业农村，而是依靠外出务工的工资性收入和政府转移净收入。农民的根基在农业农村，如果农民增收过度依靠外出务工和转移净收入，说明农业农村的发展缺乏可持续性，产业结构不合理。这样的减贫和增收方式只能在短期内增加农民收入，从长远看，缺乏产业支撑和内生动力，容易造成乡村凋敝和产业结构失衡，缺乏可持续性。

四、贫困文化下的贫困代际传递严重

破解贫困的难题就在于贫困代际传递，而贫困之所以能代际传递，还在于贫困文化的“根深蒂固”，其深深扎根于桂滇边境深度贫困地区。贫困文化是指长期处于贫困状态的人群具有不同于主流价值观念的生活态度和生产生活方式，他们有极强的宿命感、无助感、依赖感和自卑感，仅局限于眼前，不愿规划未来。桂滇边境深度贫困地区的贫困文化可以从四个维度进行分析：第一，社会维度。该地区受历史、自然、经济与社会发展的影响，贫困人群与主流社会存在明显隔离，思想观念和行为方式落后。此外，我国虽对义务教育普遍实行了“一费制”和“两免一补”政策，基本普及义务教育和基本解决了贫困家庭子女“难上学”问题，但在现实中，由于地方财政收支困难，教育经费投入十分有限，学校仍会收取一定的费用，因此贫困家庭也要承担一定的教育费用和生活费，让原本就不富裕的家庭雪上加霜。第二，乡村维度。贫困人群在乡村中往往处于边缘位置，他们能够接触到的社会资本十分

有限，会造成一定的社会资本贫困。第三，家庭维度。贫困文化的产生与家庭情况的复杂程度有着一定的联系，如家中有老弱病残人口，缺乏劳动力人口。受长期封闭思想的影响，贫困家庭在传统小农经济的生产生活方式下，主动接受教育、寻求政策支持的意识相对淡薄，再加上贫困家庭的父母在学习教育上存在一种“读书无用论”思想，因此，这些家庭因素随着父代传递链传递至子女，造成子代对贫困状态的无缝继承。第四，个人维度。桂滇边境深度贫困地区的贫困人口长期处于贫困状态，贫困人口存在无助感和依赖感，他们的自控能力低，对疲劳、病痛的耐受程度低，对未来盲目乐观或者自我逃避，极少规划未来。由此可以看出，贫困文化不仅会使个人和家庭陷入贫困，还会诱发“贫困恶性循环”，引发代际传递。贫困代际传递就如“野火烧不尽，春风吹又生”，贫困滋生贫困，是我国减贫事业的“绊脚石”。此外，还会挫伤贫困人口对摆脱贫困的自信心，“等靠要”思想和行为方式愈发严重，以消极的态度对待扶贫政策。

五、搬迁人口市民化下的易地扶贫搬迁后续困局

桂滇边境深度贫困地区受石漠化的影响，山多地少，水多流失严重，大部分地区面临着土地资源匮乏、人畜饮水困难等问题。恶劣的自然条件制约着该地贫困人口的生产和生活，是“一方水土养活不了一方人”的典型地区。因此，易地扶贫搬迁一直是桂滇边境深度贫困地区扶贫开发工作的有力抓手。易地扶贫搬迁取得显著成效的同时，后遗症逐渐凸显。主要表现在以下方面：首先，因人口大量迁入，迁入地承载力不足。其次，搬迁人口内生动力不足，难以融入迁入地。再次，就业安置不牢靠，就业岗位不理想。现有的公益性岗位和就业扶贫车间同质化严重，多为技术含量低、工资较低的岗位，且就业安置能力十分有限。最后，重建设轻治理，迁出地综合配套治理延缓。此前实施的易地扶贫搬迁大多采取“一步到位”和“一搬了之”，迁入地搬迁与迁出地治理未配套，致使人地分离、土地资源浪费等问题凸显。同时，在桂滇边境深度贫困地区的部分地区，自然条件恶劣，信息电力通达程度差，而边民肩负着守边戍边的重任，不能简单通过易地扶贫搬迁和劳动力转移解决他们的贫困问题。

第四章

短期脱贫与长期振兴协调发展的机理分析

第一节　短期脱贫与长期振兴协调发展的内涵特征

一、脱贫攻坚与乡村振兴的关系

脱贫攻坚与乡村振兴是我国的两大国家战略行动。脱贫攻坚与乡村振兴的关系决定了脱贫攻坚与乡村振兴有机衔接、协调发展的必要性，也是影响二者协调发展的重要因素。二者的关系包括一致性、互涵性和差异性（见表4-1）。因此，厘清脱贫攻坚与乡村振兴的关系，对于推动“三农”的可持续发展具有重要意义。

脱贫攻坚与乡村振兴的一致性现为：一是基本目标一致。当前，我国的主要矛盾已经转化为人民日益增长的美好生活需要同不平衡不充分的发展之间的矛盾，而我国发展最大的不平衡不充分就在农村。

同时，我国是一个农业大国，农村人口占多数。小康能否实现以及小康的成色如何，还是得看“三农”的发展情况。因此，脱贫攻坚与乡村振兴都是以破解农村发展困局为出发点，旨在通过两个战略的实施，补齐农村发展短板，实现农业农村现代化和农民的可持续发展。二是实施内容的一致性。尽管二者在具体内容方面是存在差异的，但在实施内容维度上是一致的，皆是从全局性出发，开展农村经济建设、政治建设、文化建设、社会建设和生态文明建设。脱贫攻坚解决的是贫困地区脱贫摘帽，贫困人口实现“两不愁、三保障”。实质上也是帮助农村的进一步发展。为了实现这一战略目标，仅靠单方面政策的扶持是不够的。围绕着“五位一体”的思想理念，从产业、社会、文化、生态、党建等方面着手脱贫攻坚。乡村振兴是一项系统工程，以“产业兴旺、生态宜居、乡风文明、治理有效、生活富裕”为总体要求，从产业振兴、人才振兴、文化振兴、生态振兴、组织振兴五个维度开展乡村振兴战略。三是体制机制的一致性。中国共产党是中国特色社会主义事业的领导核心，党的领导是做好党和国家各项工作的根本保证。在此语境下，强调要充分发挥党的集中统一领导的制度体系。脱贫攻坚与乡村振兴都是采取中央统筹、省负总责、市县抓落实的工作机制，党政“一把手”是第一责任人、“五级书记”一起抓。四是实施主体的一致性。在强调以人民为中心和推进治理能力与治理体系的现代化背景下，脱贫攻坚与乡村振兴的实施主体包括政府、市场主体、社会组织、农民（贫困人口）。

脱贫攻坚与乡村振兴的互涵性表现为：一是实施时间。2015 年 11 月 29 日，中共中央、国务院发布了《中共中央　国务院关于打赢脱贫攻坚战的决定》，标志着打赢脱贫攻坚战的号角声正式吹响。决定提出，脱贫攻坚的战略目标是到 2020 年，现行标准下农村贫困人口实现脱贫，贫困县实现摘帽，解决农村贫困人口的“两不愁、三保障”问题和区域性整体贫困。因此，脱贫攻坚的实施时间是 2015—2020 年。乡村振兴首次在党的十九大报告中亮相后，中共中央、国务院于 2018 年 1 月 2 日发布了《中共中央　国务院关于实施乡村振兴战略的意见》，标志着乡村振兴战略的正式实施。意见指出，乡村振兴战略将分三步走：第一步，到 2020 年，乡村振兴取得重要进展，制度框架和政策体系基本形成，现已顺利完成；第二步，到 2035 年，乡村振兴取得决定性进展，农业农村现代化基本实现；第三步，到 2050 年，乡村全面振兴，“农业强、农村美、农民富”全面实现。

从时间上看，脱贫攻坚要实现农村贫困人口全部脱贫，贫困县摘帽，解决贫困人口的“两不愁、三保障”问题和区域性整体贫困，旨在补齐发展短板，夯实农村发展基础，为乡村振兴战略提供基础保障和经验累积。而乡村振兴是在脱贫攻坚的基础上巩固脱贫成效，重点攻克“三农”问题，实现“三农”的可持续发展，是脱贫攻坚的深化延伸。

脱贫攻坚与乡村振兴的差异性则表现在：一是作用对象不同。脱贫攻坚的作用对象是符合贫困标准线的贫困地区和建档立卡贫困人口，而乡村振兴是面向所有农村和全体农民。二是问题靶向不同。脱贫攻坚解决的是绝对贫困问题，乡村振兴解决的是相对贫困和边缘贫困问题。三是顶层设计不同。从脱贫攻坚到乡村振兴，顶层设计经历了由点及面的变化。脱贫攻坚讲求的集中作战，突出重点，顶层设计聚焦于短期内消除绝对贫困，实现贫困人口的“两不愁、三保障”，为全面建成小康社会兜底。乡村振兴是新时代“三农”工作的总抓手，以“三农”的可持续发展和统筹城乡融合发展为出发点。因此，乡村振兴战略是一项长期性、复杂性和系统性的工程，顶层设计讲求统筹性、全局性和常态推进。四是辐射范围。从辐射范围看，脱贫攻坚的辐射范围具有明显的边界性，按照贫困标准线，区分贫困人口与非贫困人口、贫困地区与非贫困地区，施策方式具有特惠性、突击性、超常规化和短期阶段性。乡村振兴的辐射范围包括所有的农村人口和农村地区，实施统筹城乡发展，施策方式从特惠向普惠转变，超常规化向常态化转变，突击性向发展性转变，短期阶段性向长期持久性转变。

表 4－1　　脱贫攻坚与乡村振兴的关系

关系	内容	脱贫攻坚	乡村振兴
一致性	基本目标	以破解农村发展困局为出发点，旨在通过两个战略的实施，补齐农村发展短板，实现农业农村现代化和农民的可持续发展	以破解农村发展困局为出发点，旨在通过两个战略的实施，补齐农村发展短板，实现农业农村现代化和农民的可持续发展
	实施内容	围绕着“五位一体”的思想理念，从产业、社会、文化、生态、党建等方面着手脱贫攻坚	产业振兴、人才振兴、文化振兴、生态振兴、组织振兴
	体制机制	中央统筹、省负总责、市县抓落实的工作机制，党政“一把手”是第一责任人、“五级书记”一起抓脱贫攻坚的领导体制	中央统筹、省负总责、市县抓落实的工作机制，党政“一把手”是第一责任人、“五级书记”一起抓乡村振兴的领导体制
	实施主体	政府、市场主体、社会组织、贫困人口	政府、市场主体、社会组织、农民
互涵性	实施时间	2015—2020 年	2018—2050 年
	战略目标	脱贫攻坚要实现农村贫困人口全部脱贫，贫困县摘帽，解决贫困人口的“两不愁、三保障”和区域性整体贫困，旨在补齐发展短板，夯实农村发展基础，为乡村振兴战略提供基础保障和经验累积	在脱贫攻坚的基础上巩固脱贫成效，重点攻克“三农”问题，实现“三农”的可持续发展，是脱贫攻坚的深化延伸

续表

关系	内容	脱贫攻坚	乡村振兴
差异性	作用对象	贫困地区与贫困人口	所有农村地区和农民
	辐射范围	特惠性、福利性、突击性、超常规化、阶段性	普惠性、发展性、渐进性、常态化、长期性
	顶层设计	突出重点	统筹推进
	问题瞄准	绝对贫困	相对贫困

由此可见，脱贫攻坚与乡村振兴的协调发展具有以下内涵特征：

一是脱贫攻坚与乡村振兴的协调发展具有继起性，需要完成好脱贫攻坚战这一优先任务。从时间维度来看，脱贫攻坚是到2020年结束，乡村振兴的实施时间是2018—2050年，二者具有交汇期，是同一历史发展阶段的两个过程。可见，二者存在时间继起性，打赢脱贫攻坚战是实施乡村振兴战略必须要完成的优先任务。从内容上看，脱贫攻坚解决的是农村贫困人口“两不愁、三保障”问题，满足了贫困人口的基本生存需求。马斯洛需要层次理论指出，只有人的基本需要得到满足之后，才会向往更高层次的需求。因此，只有打好脱贫攻坚战，才能对“三农”提出更高的发展要求。通过乡村振兴，实现“三农”的可持续发展和全面振兴。从任务的艰巨性来看，随着脱贫攻坚的不断深入，贫困地区面貌明显改善，贫困人口的生活水平不断提高，但仍有一些深度贫困地区的贫困程度较深、返贫风险较大。那么在交汇期，为了实现二者的的顺利过渡和融会贯通，对于深度贫困地区，脱贫攻坚与乡村振兴的协调发展要将脱贫攻坚作为一项特殊任务，重点聚焦“两不愁、三保障”问题，改善该地区的生产生活条件。对于已脱贫地区和人口，协调发展的着眼点在巩固脱贫成效，防范化解返贫问题和边缘贫困。

二是脱贫攻坚与乡村振兴的协调发展具有拓展性，需要处理好短期目标与长期目标的关系。短期目标指通过实施脱贫攻坚，到2020年，基本消除绝对贫困，全面建成小康社会，长期目标是实现农业农村的现代化，缩小城乡差距。贫困是一种长期存在的社会状态，即使现在已基本解决绝对贫困问题，绝对贫困仍会阶段性出现，相对贫困也会长期存在，脱贫的后续问题逐渐凸显。因此，要对脱贫后续问题进行长、短期的定性区分，以便分别做好不同的政策衔接和拓展。针对短期问题，必须要在脱贫攻坚期间内解决。针对长期问题，如边缘贫困游离、易地扶贫搬迁后续困局、农民主体性缺失、产业发展可持续力弱、贫困与非贫困之间的不均衡等，要在乡村振兴实施阶段，做好政策设计、工作标准、工作任务等方面的梯次升级，为解决长期问题创造良好的政策环境。尤其是政策设计要紧扣短期目标与长期目标，既不能照搬照抄，也不能另起炉灶，实现从特惠性到普惠性、从福利性到发展性、从突击性到常态化、从阶段性到长期性的转变，具体实施内容不断纵深发展。

三是脱贫攻坚与乡村振兴的协调发展具有创新性，需要准确把握二者协调发展的新内容。首先，如前面所述，脱贫攻坚与乡村振兴在实施内容、实施时间、实施主体、体制机制、作用对象、顶层设计等方面存在一致性、互涵性和差异性。一致性和互涵性决定了乡村振兴的实施要在脱贫攻坚的基础上进行，不能脱离脱贫攻坚谈乡村振兴。但二者的差异性也意味着不能简单将脱贫攻坚与乡村振兴混为一谈。同时，既不能忽视脱贫攻坚取得的各项成效和经验累积，也不能将脱贫攻坚的政策举措直接应用于脱贫攻坚与乡村振兴的协调发展，创新性发展是二者有机衔接、协调发展的关键。其次，脱贫攻坚与乡村振兴的聚焦点不同。脱贫攻坚讲求突出重点、集中作战，关注的是贫困地区与人口的温饱问题，而乡村振兴是关注整个“三农”问题，具有统筹性和全面性。聚焦点的不同意味着不能简单照搬照抄原有的政策举措，而是要顺应时代发展形势，对脱贫攻坚的政策举措采取“取之精华、去其糟粕”的态度，再根据不同地区的发展情况和客观需要，逐步对原有的政策体系作出相应调整，使脱贫攻坚与乡村振兴的政策体系能够创新性发展、创造性转化，这是二者协调发展的关键。

二、脱贫攻坚与乡村振兴协调发展的重点

任何事物都有主要矛盾和次要矛盾，主要矛盾对事物的发展起决定性作用。脱贫攻坚与长期振兴协调发展的重点主要为产业发展、体制机制、基层治理、生态环境、公共服务供给。

（一）产业发展

产业发展是脱贫攻坚与乡村振兴的根本，脱贫攻坚强调实施产业扶贫，帮助贫困人口实现增收与脱贫。同时，易地扶贫搬迁一批、生态补偿一批、发展教育脱贫一批、社会保障兜底一批也要通过发展产业实现稳定脱贫。产业兴旺是乡村振兴的重中之重，也是解决“三农”问题的前提。对于生态振兴、人才振兴、组织振兴、文化振兴有着重要的促进作用。产业兴，则农村

兴、农民兴。在脱贫攻坚进程中，立足于贫困地区的资源禀赋，联合各方主体，打造各个贫困地区的特色产业，通过农林产品、旅游扶贫、电商扶贫等多种产业扶贫方式，解决了贫困人口的就业和增收。然而，扶贫产业大多为技术含量较低、产业链较短、要素活力不足的“短平快”项目，同质化、低端化、功利化等现象日趋严重，市场主体小而弱，产业结构非常不合理。从长远来看，扶贫产业缺乏可持续力，很容易造成乡村凋敝和产业结构失衡。在乡村振兴过程中，产业振兴仍要以地区资源禀赋为依托，构建现代农业产业体系、生产体系和经营体系，推动形成城乡融合发展，为农业农村现代化打下坚实基础。脱贫攻坚与乡村振兴在产业发展方面的协调发展就需要汲取产业扶贫的经验与模式，根据地域的实际情况，对产业发展规划进行调整，延伸原有扶贫产业的产业链条，产业扶持政策由特惠性向普惠性转变，加大力度培育市场化主体，形成产业关联度高、辐射带动力强、多元主体参与的融合发展模式，建立多元主体融合参与的利益联结长效机制，并作为机制保障。以此提高产业的可持续力，增强农村的发展蓄力，提高农民的内生动力和自我发展能力，最终发挥产业发展的最大效用。

（二）体制机制

体制机制可以为脱贫攻坚与乡村振兴提供一定的组织保障，是二者的排头兵和后勤兵。因此，脱贫攻坚与乡村振兴的实施必须将制度建设贯穿其中，脱贫攻坚与乡村振兴的协调发展需要在充分借鉴脱贫攻坚有效体制机制的基础上，建立一套科学、完整的机制体制和政策体系。在脱贫攻坚过程中，形成了中央统筹、省负总责、市县抓落实的工作机制，党政“一把手”是第一责任人、“五级书记”一起抓脱贫攻坚的领导体制，定期开展脱贫攻坚督查巡查、省际交叉考核以及第三方评估，纪检监察机关和审计、扶贫等部门按照职能开展监督工作的考核监督评估机制。在实施乡村振兴的过程中，应继续沿用中央统筹、省负总责、市县抓落实的工作机制，党政“一把手”是第一责任人、“五级书记”一起抓脱贫攻坚的领导体制。而在考核监督评估机制方面，脱贫攻坚阶段强调在限期内坚决阻击贫困，为了实现这一目标，扶贫领域的考核监督评估工作不断强化，形成正向激励与约束的同时，也使得基层疲于应付上级的考核评估和监督，甚至出现脱贫攻坚领域的“绩效工程”“形式主义”等问题，治理和脱贫效率大打折扣。对此，二者的过渡阶段和乡村振兴实施阶段应从集中作战向常态推进转变，对考核监督评估体制进行完善和创新，破除体制机制壁垒，切实解决基层疲于应付各级检查的问题，提高考核评估的质量和水平。

（三）基层治理

基层是脱贫攻坚与乡村振兴的“最后一公里”，是维护社会稳定的基石，也是服务群众的最前端。然而，基层治理却面临着农村人口流失对基层组织结构造成冲击，基层工作人员的文化水平偏低、老龄化严重，领导和组织力量不足，服务能力弱化，是我国治理体系中的一大短板，难以发挥“最后一公里”的领头雁作用。打赢贫困阻击战的关键在基层，重点在治理。为了补齐基层治理短板，在脱贫攻坚阶段，强调由外向内疏通基层治理的“血管”，重视组织扶贫和党建扶贫。因此，《中共中央　国务院关于打赢脱贫攻坚战三年行动的指导意见》提出，选派第一书记和驻村工作队到贫困地区，从县以上党政机关选派过硬的优秀干部参加驻村帮扶。党的十八大以来，全国共有19.5万名第一书记、277.8万名驻村干部奋战在脱贫攻坚一线，这些驻村帮扶人员为基层治理带去了新鲜血液，对推进脱贫攻坚进展、解决贫困地区基层治理能力弱化和结构失衡问题起到了重要作用。同时，仍面临着许多现实难题，制约着基层治理的“造血”能力。如农民群众在社会基层治理的参与度不高、农村社会组织发展畸形、“微腐败”现象、治理主体和服务方式单一等。因此在乡村振兴阶段，更为强调农村和农民的内生动力，提高其自我发展能力，且作用对象涉及所有农村和全体农民，不可能将原来的驻村帮扶方式直接套用到乡村振兴，而应对驻村帮扶方式进行适应性调整，更加充分发挥农民的主体性作用，由外源输血向内源造血转变，实现农村社会的“三治”统一。

（四）生态环境

“绿水青山就是金山银山”，生态环境是脱贫攻坚与乡村振兴的重要关切。脱贫攻坚强调通过生态扶贫，改善贫困地区的生产生活条件，实现贫困人口的“两不愁、三保障”。生态扶贫包括易地扶贫搬迁、设立生态公益岗位等方式。尤其是易地扶贫搬迁，不仅帮助贫困人口搬离难以生存的“穷窝”，还有助于打造美丽和谐宜居的新兴社区、新型城镇，加快城镇化进程和农业现代化。而乡村振兴则从乡村整体规划出发，强调通过生态振兴，实现农业的绿色循环发展，建设宜居乡村，提高农民的环境保护意识，为产业振兴、人才振兴、文化振兴、组织振兴提供良好的生态环境，进而实现乡村的全面振兴。随着生态扶贫的不断推进，贫困地区和贫困人口的生产生活条件得到明显改善。截至2020年8月，“十三五”易地扶贫搬迁建设任务和配套设施扫尾工程已全部完成，建成集中安置区3.5万个，安置住房260万套。这为后续新型城镇化发展和搬迁人口市民化打下了坚实基础。因此，在乡村振兴的实施过程中，应将重心从利用生态扶贫实现贫困人口的“两不愁、三保障”转移至通过生态振兴建设美丽和谐宜居的新农村，重视生态系统与社会系统的有机结合，加强乡村生态保护与综合治理，积极推进农业循环化发展，建立市场化、多元化的生态补偿机制和管护长效机制。

（五）公共服务供给

以阿马蒂亚·森为核心的多维贫困理论指出，贫困人口深陷贫困的原因不仅是收入水平难以满足自身基本生存需要，还包括缺乏技术、上学难、饮水难、住房难、自然灾害频繁、疾病等可行能力缺失导致的贫困。因此，“三农”的可持续发展不仅要帮助贫困人口发展产业和保证就业，从而实现增收，还应该在基础设施建设和公共服务供给方面下功夫，为实现农业农村现代化保驾护航。在脱贫攻坚阶段，公共服务是社会公众利益的基本载体，公共服务均等化是城乡融合发展的具体要求。在脱贫攻坚阶段，以基本实现农村贫困人口的“两不愁、三保障”为出发点和落脚点，加大公共资源更多的向贫困地区流动，强化社会保障体系对贫困人口的全覆盖，解决了贫困地区的基础设施短板，从教育扶贫、社会保障扶贫等方面，帮助贫困人口解决上学难、看病难、饮水难、住房难等现实难题，使得贫困人口大幅减少，贫困发生率持续下降。

但从实际来看，我国的农村基本公共服务供给体系仍存在不少短板：首先，贫困瞄准即将从绝对贫困转向相对贫困和边缘贫困，原有的公共服务供给体系的覆盖面大多瞄准建档立卡贫困户，尚未有效覆盖边缘贫困群体。长此以往，边缘贫困群体容易陷入贫困，加剧贫困户与非贫困户之间的矛盾，增加农村社会的不稳定性。其次，城乡的公共服务差距依然显著，不利于城乡的融合发展。最后，公共服务供给陷入“数量陷阱”，有效供给与供给不足并存。因此，在脱贫攻坚与乡村振兴的交汇期以及乡村振兴的实施期中，应推动城乡和区域的公共服务均等化，将供给覆盖面由特惠性向普惠性转变，重视供给政策的发展性和持续性，统筹兜底保障和赋能就业，加大基础教育、职业教育和就业技能培训等方面的投入，引入社会资本缓解公共服务供给资金短缺问题。

第二节　短期脱贫与长期振兴协调发展的内在逻辑

脱贫攻坚与乡村振兴都是我国决胜全面建成小康社会的基本战略和重要保障，统一于“两个一百年”奋斗目标，旨在破解农村发展困局。脱贫攻坚是以基本实现贫困人口“两不愁、三保障”为战略目标，主要解决的是农村发展基础短板的问题。乡村振兴则以实现农业农村现代化和城乡融合发展为战略目标，主要解决的是“三农”发展的可持续性问题。由此看，脱贫攻坚与乡村振兴是紧密联系的。在新时代“三农”工作背景下，推动二者的协调发展有助于巩固脱贫成果和农业农村的现代化。笔者认为想要实现脱贫攻坚与乡村振兴的协调发展，必须先厘清二者的内在逻辑关系，对其有一个较为全面的理解和认识。

一、短期脱贫与长期振兴协调发展的历史逻辑

从历史维度来看，皆是解决“三农”问题的脱贫攻坚与乡村振兴目标相连、梯次推进，紧扣“两个一百年”奋斗目标的主旋律。首先，我国是一个农业大国，最大的不平衡不充分在农村，最大的后劲和潜力也在农村，“三农”工作一直是我国的工作重心。脱贫攻坚与乡村振兴都是解决“三农”问题的有力抓手，前者负责打好基础，后者负责优化升级。脱贫攻坚瞄准绝对贫困问题，重点解决贫困人口的“两不愁、三保障”问题，帮助贫困人口实现增收和改善贫困地区的生产生活条件，为贫困地区的后续发展补齐基础短板。乡村振兴则瞄准相对贫困和边缘贫困，政策惠及所有农村地区和农村人口，实现产业兴旺、生态宜居、乡风文明、治理有效以及生活富裕的全面振兴，推动“三农”的可持续发展。由此可以看出，脱贫攻坚为乡村振兴补齐发展短板，乡村振兴为脱贫攻坚提供战略保障。

乡村振兴是对脱贫攻坚的梯次升级，也是“三农”工作在新时期的进一步深化。另外，2020 年既处于脱贫攻坚与乡村振兴的战略交汇点，也处于“两个一百年”奋斗目标的历史过渡点。“三农”工作在打赢脱贫攻坚战和全

面建成小康社会以后，开始迈入实现第二个一百年奋斗目标的新征程。同时，也要清楚认识到脱贫攻坚只是基本消除绝对贫困，不仅脱贫的后续困局会逐渐凸显，相对贫困也会长期存在，甚至绝对贫困问题会阶段性出现。因此，2020 年全面建成的小康社会既不是小康社会的“最终回”，也不是贫困的“最终回”。脱贫攻坚的后续困局该如何破解？第一个一百年奋斗目标的小康成色该如何提升？这些问题的解答仍离不开第二个一百年奋斗目标的实现历程。脱贫攻坚旨在实现第一个一百年奋斗目标，争取补齐农村发展的基础短板，乡村振兴战略旨在实现第二个一百年奋斗目标，实现农业农村现代化、城乡融合发展和“三农”的可持续发展，二者紧扣“三农”工作和“两个一百年”奋斗目标。因此，既不能将脱贫攻坚与乡村振兴混为一谈，也不能将脱贫攻坚与乡村振兴割裂开来，而是要在脱贫攻坚决胜阶段，将保质保量与保稳保固相结合，坚决不能掉以轻心，下足绣花功夫。在乡村振兴战略的实施过程中，仍要以巩固脱贫成效、提高小康成色和实现农业农村现代化为出发点和落脚点，将脱贫攻坚作为一项特殊任务，贯穿于乡村振兴全过程。总体来看，脱贫攻坚与乡村振兴都统一于做好“三农”工作，破解农村发展困局，二者的协调发展实质上是“三农”工作目标的衔接过渡，也是“两个一百年”奋斗目标交汇过渡的战略选择和必然要求。

二、短期脱贫与长期振兴协调发展的理论逻辑

从理论维度来看，脱贫攻坚与乡村振兴是辩证统一的。前者为后者的出现夯实基底，后者是对前者的优化和提升。脱贫攻坚与乡村振兴既有共同的理论渊源，又有理论创新的迫切需要。首先，脱贫攻坚与乡村振兴具有共同的理论渊源。我国是农业大国，农村人口占多数，农村又是我国发展中的一大短板。纵观历史，“三农”工作一直是我国的重中之重。同时，“三农”工作也体现着马克思主义理论与中国具体实际相结合的发展轨迹。马克思、恩格斯曾在《资本论》一书中指出，农业是国民经济的基础，是人类从事其他实践活动的先决条件，并创立了农业发展理论、城乡发展理论、农民的主体性理论等“三农”理论。中国共产党始终将马克思主义理论的普遍原理同我国具体实际情况相结合，创立了一套具有中国特色的社会主义理论体系，走出一条具有中国特色的社会主义发展道路。在“三农”工作方面，中国共产党积极运用和发展马克思主义理论体系的“三农”理论，从我国实际出发，

创造性地提出了精准扶贫、脱贫攻坚和乡村振兴战略、城乡融合发展、农业供给侧结构性改革、土地三权分置等一系列政策体系。如脱贫攻坚与乡村振兴都是坚持以人民为中心的根本立场，强调充分发挥贫困户、农民的主体作用，不断缩小城乡之间的发展差距，统筹城乡融合发展，加大力度为农业发展创造条件等，都与马克思主义理论体系中的“三农”理论相契合。由此看，脱贫攻坚与乡村振兴具有共同的理论渊源。这些政策体系为我国减贫事业和“三农”的可持续发展提供了行之有效的行动方案，也为丰富我国“三农”理论做出了重大贡献。其次，脱贫攻坚与乡村振兴的协调发展是治理理论创新的迫切需要。减贫工作和乡村治理是一项复杂的系统工程，具有全面性、长期性和艰巨性。因此，治理理论也要随着形势和问题的变化而不断发展和创新。现阶段的脱贫攻坚工作仅能基本消除现行标准下的绝对贫困，为乡村治理输送新鲜血液，带动内源发展。但是，事物总是变化发展的，21 世纪 20 年代后期除了要巩固脱贫成果，还会面临许多新问题，如绝对贫困问题、基层治理乱象、农民主体性缺失、农村社会组织发展畸形等。这些新问题既是对原有治理体系的冲击，也为理论体系的发展和创新提供了机遇和空间。脱贫攻坚的治理体系是在决胜全面建成小康社会和打赢脱贫攻坚战的语境下产生和运用的，在新时代和新问题面前，完全照搬原有的治理体系去破解新问题是不充分的，容易造成“水土不服”现象，出现治理失灵。在脱贫攻坚与乡村振兴的交汇期，必须充分汲取脱贫攻坚治理体系的精华，针对脱贫攻坚与乡村振兴在政策对象、辐射范围、贫困瞄准等方面的差异性，从整体统筹的角度完善顶层设计，形成整体协调、统筹推进，实现脱贫攻坚与乡村振兴的有机衔接、协调发展，使二者在交汇期顺利过渡，而不是脱离脱贫攻坚去实施乡村振兴，或脱离乡村振兴去决胜脱贫攻坚。

三、短期脱贫与长期振兴协调发展的现实逻辑

贫困是一种一直存在的社会状态，即使脱贫攻坚如期完成，贫困也不会被彻底消除。只会将我国的减贫事业推到新阶段。此外，脱贫攻坚只是一个完成阶段性目标的阶段性任务，后续仍面临一系列工作，如巩固脱贫成果、破解脱贫的后续困局。做好“三农”工作不是一蹴而就的，而是一个具有长期性的系统工程。随着形势的不断变化，“三农”工作又会面临新的现实难题，乡村振兴战略应势而生。因此，脱贫攻坚与乡村振兴的协调发展是巩固

脱贫成果，建立脱贫长效机制，推动“三农”可持续发展的现实需求。首先，巩固脱贫成果和剩余难关的必然选择。当前，脱贫攻坚已经进入决胜期。一些条件相对较好的地区已经实现脱贫摘帽，但由于脱贫攻坚政策举措具有特惠性、超常规性、福利性等特征，一部分的脱贫主要是政策兜底保障性脱贫，脱贫的水平不高、较为脆弱，一旦遭遇自然灾害、疾病残疾、市场风险等事故，返贫风险较大。条件恶劣的地区成为“硬骨头”，脱贫难度较大，脱贫任务艰巨。因此，处于脱贫攻坚与乡村振兴交汇期的今天需要通过脱贫攻坚与乡村振兴的协调发展，为巩固脱贫成果、攻克贫困难关提供新一轮的动力和保障。其次，乡村之间的差距拉大。由于脱贫攻坚政策举措的特惠性，作用对象聚焦贫困地区的贫困人口。相对于非贫困地区，资源更多向贫困地区倾斜，落后面貌和生计条件不断改善，发展起色明显好转，而非贫困地区的发展机会和空间较小，甚至出现“贫困地区发展起来了，非贫困地区发展倒退了”的现象。特别是在一些西部欠发达地区，贫困村与非贫困村的生存条件和发展情况相差不大，在资源集聚贫困地区的情况下，非贫困地区很容易沦为真正的贫困地区。这就加剧了贫困村与非贫困村之间的矛盾，对于区域可持续发展和农村社会稳定十分不利。此外，已脱贫地区逐渐开始部署乡村振兴战略规划，针对产业发展、生态保护、文化建设、人才培育、乡村治理等方面进行尝试性探索。但是，尚未脱贫的贫困地区还停留在脱贫攻坚阶段，缺乏对乡村振兴的有效部署和具体实践。乡村振兴战略实施的时间差在一定程度上会造成已脱贫地区与非脱贫地区的发展差距不断拉大，出现乡村之间的发展不平衡不充分问题。因此，必须将脱贫攻坚与乡村振兴有机衔接、协调发展。对于已脱贫地区，建立相关政策体系，推动乡村振兴的实施；对于未脱贫地区，要加大脱贫力度，厘清短期目标与长远发展的关系，在脱贫攻坚的基础上推进乡村振兴战略的启动。最后，相对贫困和边缘贫困凸显。随着脱贫攻坚的不断深入，绝对贫困基本消除，但边缘贫困群体逐渐陷入福利体系和政策保障的“悬崖效应”，发展机会和空间不断萎缩，非常容易陷入贫困，成为贫困户的一分子。由于脱贫攻坚重点关注贫困人口的“两不愁、三保障”，主要解决贫困人口的生产生活问题，相对贫困问题也会逐步显露。因此，必须推进脱贫攻坚与乡村振兴的协调发展，使政策体系由特惠性、福利性向普惠性和发展性转变，作用对象由建档立卡贫困户向全体农民转变，政策关注由绝对贫困向相对贫困和边缘贫困转变。

综合上述分析，短期脱贫与长期振兴协调发展既存在一定的内涵特征，又具有一定的内在逻辑。从内涵特征来看，脱贫攻坚与乡村振兴存在一致性、互涵性和差异性关系，二者的协调发展则具有继起性、拓展性和创新性。脱贫攻坚与乡村振兴的协调发展不是漫无目的的简单拼凑和叠加，而是要在产业发展、生态保护、体制机制、基层治理、公共服务供给等方面统筹推进、协调发展。具体来说是产业扶贫与产业振兴相协调、生态扶贫与生态振兴相协调、顶层设计的特惠性与普惠性相协调、党建扶贫与组织振兴相协调、社会兜底保障扶贫与公共服务供给均等化相协调。从内在逻辑来看，一是历史逻辑，脱贫攻坚与乡村振兴是为“两个一百年”奋斗目标服务的，二者的交汇期也是“两个一百年”奋斗目标的历史过渡期。因此，脱贫攻坚与乡村振兴协调发展是推动“两个一百年”奋斗目标顺利过渡的战略选择。二是理论逻辑，脱贫攻坚与乡村振兴既有共同的理论渊源，体现着马克思主义理论与中国具体实践相结合的发展轨迹，与马克思主义理论体系中的“三农”理论相契合。现阶段，老问题与新问题并存，原有的治理体系难以对其进行破解，必须对治理体系进行创新和发展。因此，二者协调发展又是理论创新的迫切需要。三是现实逻辑，处在脱贫攻坚与乡村振兴的交汇期，需要攻克剩余难关和巩固脱贫成果，加上乡村之间的发展差距不断拉大，相对贫困和边缘贫困凸显，二者的协调发展成为现阶段的必然选择和现实需要。

第五章

桂滇边境深度贫困地区短期脱贫与长期振兴多元主体研究

第一节　农村基层党组织

2017年，党的十九大提出了乡村振兴战略，确立了“产业兴旺、生态宜居、乡风文明、治理有效、生活富裕”的总要求，绘就了新时代乡村发展的新蓝图。2018年“两会”期间，习近平总书记对乡村振兴工作又做了重要指示，提出了乡村振兴应该包括产业振兴、人才振兴、文化振兴、生态振兴、组织振兴五个方面的全面振兴。农村基层党组织是乡村振兴战略的最终落实者和实践者，农村基层党组织在乡村振兴工作中起着政治领导、经济引领、文化引领、社会服务等重要作用，因而在乡村振兴工作的推进中也起着决定性的作用。所以，农村基层党组织的全面振兴，是引导其他各方面振兴的前提和保障，实现了组织振兴才能够更好、更有效地促进产业、人才、文化、生态等各方面的发展和振兴，从而促进乡村振兴的全面发展。因此，本书通过对边境地区推进乡村振兴的思考，探索农村基层党组织在边境地区推进乡村振兴中作用发挥的问题与对策，为乡村振兴在边境地区的推进提供一定的参考和借鉴。

基层党组织是党的农村工作的主要力量，是党中央的各项决策的执行者，因而是乡村振兴战略的最终落实者和实践者。农村基层党组织在乡村振兴工作中起着政治领导、经济引领、文化引领、社会服务等作用，因此基层党组织要能够积极作为，勇于进行自我革新和不断调整完善，实现基层党组织的全面振兴，对标“产业兴旺、生态宜居、乡风文明、治理有效、生活富裕”

的总要求，切实发挥好自身作用，全面打造乡村发展新格局，切实推动乡村产业、人才、文化、生态和组织的全面振兴。

一、农村基层党组织的重要作用

（一）政治领导作用

《党章》明确了基层党组织的政治领导作用，规定了“党的基层组织是党在社会基层组织中的战斗堡垒，是党的全部工作和战斗力的基础”。因此，农村地区基层党组织在农村工作中发挥着绝对的政治领导作用，推动农村地区社会主义政治的建设和发展。农村党支部作为基层组织，承担着“直接教育党员、管理党员、监督党员和组织群众、宣传群众、凝聚群众、服务群众”的职责，要规划乡村振兴的具体实施计划和步骤，又要凝聚群众力量，带动农民主动参与乡村振兴建设。

（二）经济引领作用

经济基础薄弱是乡村地区普遍存在的基本情况，制约着乡村振兴工作的推进，因而引领经济发展是边境地区基层党组织义不容辞的责任。一是要切实发挥作用引领边境乡村产业发展。用发展的眼光看待产业发展，不断推进现代化农业体系建设，引进农产品生产、加工、销售等产业，拓宽农民收入途径，有效推进乡村产业的科学合理发展，努力提高农民收入，切实增强农民获得感。二是农村地区基层党组织要能够服务好乡村经济的发展，通过各种途径招商引资，想方设法发展农村集体产业，推动农村农业集体经济发展，也要强化服务意识，为农村产业的落地、发展提供优质服务和良好的环境。三是发挥基层党员的模范引领作用。农村党员干部在乡村振兴中，要能够积极主动地融入乡村振兴战略中，带领村民加入乡村振兴战略中，不断推进乡村精神文明建设。

（三）文化引领作用

优秀的文化具有持续的引领力量，能够塑造和规范制约人们的行为。农村地区要注重教育和宣传的作用，让农民认识到乡村振兴的战略前景和宏伟蓝图，凝聚起广大农民对乡村振兴的共同愿景，要积极宣扬乡村振兴的战略推进安排，让农民了解、接受并主动参与到乡村振兴的建设中。同时，也要发挥优秀乡村文化资源的引领功能。整合优秀乡村文化资源，弘扬优秀的传统乡村文化，营造新时代文明乡风。

（四）社会服务作用

农村地区基层党组织由于各方面的制约，对乡村社会的服务在质量和水平上还有所欠缺。在乡村振兴过程中，边境农村基层党组织要切实发挥社会服务的作用，努力提升服务的质量和水平。农村地区基层党组织要对农村社会事务进行管理，确保乡村振兴有序推进，还要积极地做好村民服务的工作，推动乡村公共服务的发展，始终将全心全意为村民服务作为一切工作的出发点和落脚点，切实服务好广大村民，强化村民对村庄的归属感。一方面，服务的内容要更加广泛化，以满足新时代村民日益多样化的服务需求。当前，在精准扶贫政策的推动下，经过多年的发展，农村地区脱贫摘帽地区的数量每年都有所增加，村民的物质财富有所提升，生活水平得到了改善，与此同时村民对精神文化生活的需求也进一步提升。因此，基层党组织要充分发挥其在社会治理中的作用，推动乡村垃圾、河流、土地等污染的治理，营造清洁的乡村环境。另一方面，提升服务水平，积极引入传统优秀艺术表演、优秀民间文化舞台文化新形式，满足村民对精神文明的需求。

二、农村基层党组织现存主要问题

（一）党员素质有待加强

随着青年人外出打工、经商、求学人数的增加，农村留下的大多数是妇女、老人、儿童，这种人口结构直接影响着农村人口的总体素质和农村党组织的发展，致使农村党员结构面临老龄化和断层的状况，党组织建设情况堪忧。

（二）基层组织服务能力不足

农村地区基层党组织一方面需要带动乡村产业发展，另一方面需要切实服务群众。乡村振兴是一项惠民工程，目的在增强农民的获得感和幸福感，让农民共享新时代社会经济发展的成果。而农民的幸福感除了来自经济水平的提高，物质财富的增加外，对精神文明的需求也与日俱增。

（三）基层组织威望不足

在农村地区，很多基层党组织服务意识不够，没有很好地解决群众问题，群众需要解决的问题没有得到很好地解决，导致基层组织在群众中没有威望、影响力不够。此外，非正式组织，往往在乡村范围内有着深远的影响，影响着基层党组织的权威，因而基层党组织在制定各项决策时会受到影响。

三、农村基层组织优化策略

（一）明晰基层组织的权利边界

基层党组织、村委会二者关系的不明确而衍生出的种种问题，其根本是缺乏制度的约束。在解决这一问题上，应该以明晰基层组织的权利边界为导向，强化立法以及指导。一是要对基层组织的权力范围做出明确规定。在乡村振兴过程中，应以党组织为领导核心，这是由我国的具体国情决定的，基层党组织应该在法律上和实际操作上都处于领导核心的地位，不容动摇。应该明确规定村民委员会履行自治权力，但必须接受所在村党支部的领导，从制度上强调党的领导地位。二是要强化基层权力监督制约机制建设。基层党支部坚持民主集中制，要强化民主参与，也要形成权力的监督和制约机制，在乡村振兴的推进中要注重对基层组织的权力进行监督，使权力在“阳光下”运行，增强权力运行的透明度。三是要强化对基层组织工作的指导机制。

（二）强化农村基层党组织建设

农村地区党组织建设存在的威望不足、凝聚力和号召力不够的状况，制约了其作用的发挥，因此必须强化基层党组织的建设。一是要合理设置边境地区乡村党支部。边境地区要“按照有利于加强党的领导、有利于开展党的组织生活、有利于党员教育管理监督、有利于密切联系群众的原则”，科学合理设置党支部，在行政村要合理设置党支部或党小组。二是要选好基层党支部书记，配强班子成员。可以吸收致富能手加入党组织，让致富能手融入党支部建设，充分发挥致富能手带动乡村经济发展的作用，带动乡村产业发展。同时，也要注重吸纳青年大学生、乡村医生积极投入支部建设，充分发挥他们丰富的科学文化知识和先进的医疗保健知识，带动乡村文明的发展。三是要加大对支部负责人、支委的培训力度。支部负责人、支委不仅要熟悉乡村党的基层工作事务，还要能够服务地区社会经济发展、服务地区人民，能够引领村民积极参与乡村振兴建设，凝聚起广大农民的力量，确保基层党组织能够发挥领导核心的作用，有效推进乡村振兴在边境地区的开展。通过业务培训和思想政治培训，提升基层党支部总体战斗力，强化其把握经济发展、引领乡村生态文明发展和精神文明建设的能力。四是要积极贯彻“三会一课”制度，创新开展组织生活会。边境地区基层党支部日常工作具有临时性、琐碎性的特点，太多的日常事务导致组织生活会流于形式，因此必须将组织生活会与工作重心融合，发展党内民主，推动乡村事务决策的科学化、民主化水平。

（三）以基层党建带动农村经济发展

由于地处偏远、交通不便、产业落后等原因，经济的滞后已成为很多农村地区的共性，经济欠发达是农村地区社会发展的最大制约因素。因此，边境地区要实现乡村振兴，必然要以发展社会经济为前提。乡村经济的发展依赖于乡村产业的振兴，因此要积极培育农村产业。所以，党组织要统筹乡村产业振兴科学规划，依托党建发展带动产业振兴。边境地区基层党组织要积极发挥党组织的作用，深入分析本地自然禀赋、产业优势、制约瓶颈，结合销售前景、群众意愿等情况积极做好乡村产业发展规划，不断发展以当地农产品为主的特色产业，积极走特色产业发展的产业振兴道路。一是可以探索将支部建在产业上，以党的威望吸引资本投资，以党建的引领带动产业的发展。二是要充分发挥农村党组织对集体经济的引领作用，激发农村集体经济发展的活力。三是探索建设村级党群服务中心，服务农村经济发展。要把服务地方经济发展作为党群工作常态，认真听取群众对经济发展的意见建议，认真帮助群众解决问题，特别是注重解决在农村产业发展方面的问题，吸引更多的农民和商人参与到产业振兴的建设中，团结一致，形成合力，共同助力乡村振兴。

（四）坚持依法有序推进乡村振兴

推进乡村治理法制化、营造乡风文明的乡村环境氛围，是乡村振兴的重要基础。一是要引导村民参与制定村规民约。传统的族规等乡村伦理思想目前已经基本上没有存在空间，因此制定区域性的自治条例对于维护边境地区乡村和谐稳定具有积极的意义。要积极引导村民参与村规民约的制定，发挥村民的主人翁作用，制定适合本地方情况的自治条例。二是基层党组织需要依法领导乡村开展自治工作，坚持以人为本，依法开展乡村治理的各项活动，依法推进乡村振兴的全面发展。此外，由于边境地区位置的偏僻性，针对农民群众对法制不甚了解的现状，也要积极开展普法宣传工作，积极宣传以法治村的思想，让农民群众知法、守法、用法，营造和谐、有序的乡村环境，切实增强农民的法律观念和法治意识，让农民群众能够真正发自内心尊崇法律，并将法治意识内化为自己的一种修养、一种自觉的行动，形成法治为先、依法办事的农村社会氛围，为实现乡村振兴创造良好的法治环境，确保边境地区长治久安，为乡村振兴的有序推进创造良好的社会环境。

农村基层党组织在推进乡村振兴的过程中起着政治领导、经济和文化引领、社会服务等作用，是乡村工作的领导核心，是乡村振兴工作战略的落实者和推进者。在乡村振兴中需要处理好其与村委会的关系，要不断强化自身建设，坚持以基层党建带动农村经济发展，坚持依法有序推进乡村振兴工作的全面开展。

第二节　社会组织

党的十八大以来，社会组织得到空前的发展，其治理地位也得到进一步的提高，逐渐成为社会和乡村治理的参与主体。政府也越来越意识到：要真正实现对乡村公共需求满足的多元化，凭借传统乡村治理中以政府作为唯一主体的治理模式是行不通的。因此，积极吸纳社会组织参与治理事务，实现政府与社会组织共同治理的效益最大化，是实现乡村治理振兴的一条全新道路。

当今社会公共关系，由公众、传播以及社会组织三大要素构成，其中社会组织是公共关系的主体，在构成要素中具有主导性质。社会组织产生的内核动力主要来源于社会功能群体的出现，以及社会在运作过程中群体正式化日益加大的倾向。在奥古斯特·孔德看来：社会组织是“共同的社会契合”，对于人类社会的协调和相关活动的构成具有不容忽视的能动意义。

在当前社会，社会组织是同相关政府机关单位分离的，二者相互独立，不存在任何附属关系。同时，社会组织在其运营的过程中能够凭借其自身承担起对社会公共服务的独立责任，可按实际情况和具体社会需求建立相应的公民机构以供社会服务之用，其本质上是在法律规范范围之内开展具有非政府性、非营利性和公益性的社会服务组织。当前农村的基层社会组织主要是由民间公众发起、由当地基层群众自主参与的，根据不同的社会需求和目的，主要从事经济、卫生、教育和文化等不同活动。从组织的职能和组织活动范围上看，社会组织的具体指向有政治、乡村经济、社会服务以及社会公益四大方面，涵盖了目前乡村治理与振兴思路的主要方向。

一、社会组织参与乡村治理现状与困境

在政府和基层的双向努力之下，社会组织对基层事务的参与模式在各地的乡村治理实践中已经得到了不同程度的完善，其内部的管理运营也日趋成熟。随着社会组织在群众中公信力的增强及其治理成效的日趋可观，越来越多的志愿民众和专业服务人员参与到组织的治理工作中，在提高社会组织的工作效率的同时，也使其对事务处理的专业能力得到质的提升。

社会组织在乡村治理中的客观作用得到了不断提升，在治理实践中，其功能性和协调性也得到了很好的展现。乡村是融合了自然、社会与经济三大方面的地域综合体，既具有社会发展的最原始形态，也拥有生产理念的现代特征，因而我国处在社会主义初级阶段的存在形态在很大程度上同农村的当下形态直接挂钩，这也决定了我国当前的主要矛盾在农村的表现最为突出。社会组织对乡村矛盾的调解有着不可忽视的能动作用，在一定意义上很好地承担起了政府对乡村社会稳定维护的职能。社会组织在实际治理运作中，能够最大限度地去感知基层民众的基本需求和矛盾根源，同居民进行面对面、心连心式的沟通，潜移默化地将民众矛盾直接在基层中化解。社会组织参与乡村治理面临以下困境：

（一）制度供给不足的困境

制度的完善成熟，是乡村社会组织得以充分发挥治理能动性和实现健康长远发展的基石。尽管社会组织在乡村治理的参与中取得了一定的成就，但仍存在因为相关制度供给不足而导致发展的瓶颈。主要表现在法律制度与监管制度两个方面：

第一，法律制度。对于当前的农村村民来说，农村社会组织在农村发展深入的合法性问题并没有得到其在内容和形式上的完善和统一，因而早期法案对村民赋予的自由结社的权利并未真正地实现。法律制度当前在对乡村管理的具体措施上仍存在着严重的滞后和缺位的问题，其最为突出的表现在具体的管理措施上。造成大多数管理现状中出现的措施上混乱的源头，都在相关法律、法规性质定位模糊，内容和形式不明确上，这使得在乡村的管理过程中缺乏对财务、运作和监督的评判标准和评价体系。体制缺乏对社会组织的准入标准的界定，不仅会使参与治理的社会组织鱼龙混杂，致使其在总体上缺乏社会的信任资本，还会使其中的优秀组织无法获得真正的政策优惠，对其后续的运作和发展极为不利。

第二，监管体制。对基层社会组织的监管由登记部门和相关业务的主管机构联合进行的，这种双重监管模式不仅会增加社会组织申请成立的业务成本，还因其双向审核的相互独立会进一步增加组织获得注册许可的难度。很多组织的牵头人在组织成立之处都难免会在高门槛和条件过硬之上“栽跟头”，甚至望而却步，严重打击了基层社会组织涌现并参与治理的积极性。这往往是由盲目追求城市与乡村之间的制度平等造成的，其在根本上忽视了城市与农村在构成和体系上的差异。因此，在当前的城市和农村的管理中，片面淡化二者之间的各方面差异，并采取“一刀切”的方式追求二者的监管平等是不可取的。尊重差异，并在此前提之下开展成为对城乡监管结构的二元化构建，是使乡村基层社会组织合法化成本降低、使其以一种更为积极的主人翁姿态参与到乡村治理中的关键。

（二）组织自身资源储备与调用的困境

第一，资金困境。资金是社会组织得以生存和实现后续发展的基本要素，也是基层社会组织在运作中所面临的最大难题。一方面我国发展中国家的国际地位仍没有发生改变，当今现存的社会组织基数庞大，总体上政府为社会组织所拨冗的经费只有很少的一部分，在很多情况下仅仅只够抵消组织的基本运作成本。对于中西部地区的农村而言，其大部分仍在贫困的红线上苦心经营，参与基层社会的群众大多面临着经济困难的问题，因而对组织的资金捐献没有实际操作的可能性。

第二，人才缺乏困境。专业人才的缺乏是目前基层组织在深入发展中避不开的一大难题。人力资源的充足与否是对组织的统筹管理体系化和管理秩序创新办法造成影响的最直接因素。当今的基层组织往往是由农民构成并参与运营的，远远达不到组织壮大对专业文化水平和法律知识储备的要求。在组织实际参与治理的过程中，经常出现理性和专业偏差，使治理问题得不到最优解，增加治理的成本。除此以外，由于组织和管理成员普遍文化水平较低，其在对于眼前既得利益和长久持续利益之间的评价态度往往不够理性和客观，在经济意识上的缺失会使其在高薪高素质人才和低薪低水平人才之间举棋不定，短时间内无法完成对组织血液的更新，阻碍组织从“量”到“质”的发展。

（三）组织与调用能力不足

组织在乡村治理中展现的独立性和自主性是衡量一个组织治理水平的标准，在组织能力不足和人员调用能力疲乏的情况下，组织的运行效率与运作健康往往难以得到保证。当前的社会组织普遍都面临着组织管理混乱的情况，在具体实践中往往缺乏相应的运行秩序，使得对人员和资源的管理和组织日趋粗放，缺乏科学性。除此之外，民主决策的机制和组织内部的监管都缺乏成体系的制度保障，使得各个部门与机构之间职权难分，相互之间的牵制力不足。另外，在治理实践中，社会组织还存在对政府依附性过度的现象，自身参与治理的独立性缺乏内部支撑，这种现象使社会组织在参与事务处理时容易出现行政化的倾向。

二、社会组织参与乡村治理

（一）解决乡村的资金困境，促进本地核心产业的发展

解决融资问题，借助社会组织力量。融资问题是乡村社会经济组织发展受限的重要原因。中小微企业和大企业相比有着天然的劣势，“嫌贫爱富”的资金自然难以走进中小微企业，对于这一难题，日渐兴起的社会融资力量例如网商银行等在一定程度上缓解了中小企业的融资压力，为企业发展提供了金融支持。另外，要促进大企业组织发展乡村企业和对其进行投资，乡村地区廉价劳动力和广袤的用地相比中心城市而言更有优势。代加工、制造成为当前大企业争取更大市场竞争力的核心方向，同时也是中小企业存活的有利因素。因此，要鼓励大企业向乡村地区的加工转移，是企业组织参与乡村治

理规划的一种方式，对于大企业自身发展和乡村经济发展都具有重大意义。

（二）加强教育培训投入，着重发展软实力

提高乡村教育水平，运用高校组织人才力量。乡村治理的困境之一是教育人才稀缺，教育水平落后。乡村教师的稀缺、学校配置落后使得寒门子弟在教育上与城市孩子相差甚大，这在一定程度上加剧了乡村人员流向大城市的趋向。只有发展乡村教育，提高教育水平，才能留住乡村人口，减缓城市人口和乡村人口比例失调状况。仅仅将输送教育人才寄望于国家政策无疑是杯水车薪，近年出现很多高校自发组织的支教活动，在一定程度上缓解了乡村教育人才稀缺问题。因此，要重视对高校这一社会组织资源的利用。针对乡村经济发展落后的情况，社会组织要鼓励人才主动下放到乡村地区，企业主动调动、发展、传授经验给乡村企业，减缓人员流失问题，添加乡村人才储备，在经验、人才分享中助力乡村经济转型发展。

（三）加大对居民的政策优惠力度

首先，加大乡村居民补贴力度，吸引人员回流。由于教育落后、交通闭塞、工作岗位稀缺等问题使得乡村居住人口流失越发严重，因此加大居民的政策补贴力度在一定程度上能够减缓流失速度。其次，要完善民生建设，建设美丽乡村。完善民生建设、改善乡村环境对居民居住有着重要意义。农村在大多数人记忆中的固定印象就是脏、乱、差，因此近年来建设美丽乡村才能掀起一阵狂潮。建设美丽乡村对于居民居住环境是跨越式进步，加大投资水利、公路等方面建设不仅有利于发展乡村旅游业，对于人员回流也有一定的吸引力。通过政策的扶持和提升基础设施服务水平助力乡村社会的振兴发展。

（四）以创新的视角放眼全局，寻找治理新出路

组织维护乡村绿色环境，与时代潮流接轨，扩大社会组织影响力。近些年来，对于绿色、健康、环保等概念的宣传使得更多人愿意亲近大自然，这也给乡村农产品发展带来了极大的契机。但同时随着许多加工业工厂转移到乡村，给乡村带来了极大的环境破坏。乡村环保监控较弱，让不法分子有机可乘。因此，在乡村治理发展中，社会组织力量应该协助政府监管维护乡村生态问题。既要发展乡村，又不能破坏乡村生态。对于乡镇一级职能转变与

村级自治存在脱节问题，要开放群众自治权利，抓好基层治理问题，建好基层党组织平台，打破层级和部门壁垒，增强群众参与热情，真正做到县乡直达惠民生。要挖掘治理人才，活跃社会组织力量。一个好的领导人对于一片地区的发展起着引领作用，每个地区因为历史和地域问题，治理方案都不相同。需要领导人因地制宜制订方案，并且在原有发展上进行创新改革，激活当地发展潜力，活跃民众，经济效益才能提高。优秀的治理人才能够激活群众内部力量，共同做到治理乡村。

三、农村民间组织参与乡村治理

农村民间组织属于社会组织的重要组成部分，非营利组织之一，也是乡村治理的主体之一，其自身的参与能力、发展水平、社会影响力是在乡村治理中能否充分发挥有效作用的关键。当前，我国正在推进乡村振兴，在广大农村地区利益多元化和偏远地区纷繁复杂的情况下，我们要积极鼓励和动员社会各种力量共同参与乡村振兴。乡村振兴的战略目标是推动农业全面升级、农村全面进步和农民全面发展，实现农村社会由传统到现代的重大转型。

（一）农村民间组织对乡村振兴的作用

首先，有利于提高边境地区村民文化素养。农村人民文化素质的高低是决定乡村治理能否顺利进行的关键。只有不断提高农村人民的文化素质，乡村治理才能有效开展。提高农村人民的文化素养，充分利用民间组织对农村的组织能力和引导能力，加大对人力资源的开发投入力度，留住农村优秀知识分子，逐步完善各项教育基础设施。通过农村民间组织与政府之间的沟通，加强农村人民的文化素质教育，如在村里开展政治理论的学习和社会相关知识的培训，普及国家的政策和法律法规，加强对村民的政治思想观念、团体合作意识等宣传教育，并通过民间组织增强农民法制观念，使农村人民的文化素质在民间组织优秀知识分子的教育影响下不断提高，边境地区的少数民族之间团结友爱。民间组织在开展各种文化活动过程中，对农村各年龄阶层的村民进行科学文化知识的科普和教育，重点培养优秀的村民队伍，在带领村民学习文化知识，提高人文素养的同时，将先进发达的技术带到民间，使村民走向致富的道路。

其次，有利于推动边境地区的生态治理，促进经济发展。乡村振兴过程中要注重生态环境的治理，以良好的生态环境促进经济发展。在边境地区乡村实施生态环境治理。农村民间组织要帮助村民理解和认识新发展理念，筑牢国家战略的思想，坚持绿色发展，让村民在生活中不断增强环保意识。民间组织应积极培养村民环保意识，全面科普环保知识，对每家每户实行的垃圾分类、垃圾回收等环保措施进行监督和管理，自觉保护和爱护好生态环境，不能以牺牲环境为代价发展乡村经济。号召村民正确使用山林土地，避免村民过度使用公共资源，从而造成资源枯竭，对生态环境造成危害。农村民间组织的建设是加快转变农村发展的方式之一。可以利用当地自然资源的优势，保持并充分发扬少数民族边境地区乡村的良好传统，在凝聚乡村治理共识的同时，推进乡村环境的美化和建设。结合少数民族的习俗和传统文化，民间组织可以协助村民个体户，开设有当地特色的餐馆和民宿，共同发展旅游业，从而推动当地经济发展。民间组织与村民的合作，不仅给村民增加了经济收入，更多的是增强了村民的获得感和幸福感。

最后，有利于推进边境地区社会治理与民主政治建设。我国广大农村地区多元而又复杂，各种条件都较为艰苦，乡村社会风气散漫，村民民主意识不强，除受到外界社会组织的资助外，农村民间组织对边境地区的社会治理与民主政治建设的作用尤为重要。农村民间组织一般是在村民中挑选有文化素养的党员、干部等知识分子，组建并培育的当地民间组织，因为只有当地人民更了解自己的家乡和地区，其力量不可小觑。农村民间组织有协调村民矛盾、维护村民利益、实现村民共同目标等基本功能，对乡村的不良风气有监督作用，有利于边境地区乡村的社会治理与建设。此外，农村民间组织可引导和调动当地村民日益增强的民主意识，提高边境地区村民的政治素养，在有地方性特色的广西少数民族边境地区，乡村民间组织可以发扬民族传统的民主治理，加强民主建设，传承和发展乡约民规，保证村民享有相应的民主权利。与此同时，乡村民间组织可以采取宣传手段，对村民进行民主宣传，强化村民的民主观念，提高村民的公民意识、权利意识、参与意识，从而营造出多层次主体参与的现代乡村治理文化氛围。农村民间组织是乡村建设的重要社会力量，通过各种有效的措施提高村民参与乡村治理活动的自觉性，与当地村民携手共同构建乡村治理体系。

（二）农村民间组织参与乡村振兴存在的问题

一是农村民间组织的类别不明确。农村民间组织通常没有具体的类别划分，界限的不明确在边境地区特殊情况的解决上会导致一些问题和阻碍。在较为贫穷的情况下，一些山区交通不便，乡村基础设施落后，人力财力物力有限，存在基础设施建设、村民的医疗、养老等公共服务的问题未能得到全面完善和解决；针对村里文化水平较低、法律意识不强的村民，农村民间组织对村民进行的科普和教育可能存在疏漏；在边境地区乡村的经济发展方面，农村民间组织在带领村民走向致富道路的同时，缺少更为规范化和专业化的民间组织团体。此外，在少数民族的聚集地，农村民间组织在保护少数民族传统风俗文化和发扬当地的特色民族风俗文化的同时，对少数民族的宗族活动和传统节日也应该做到充分的组织与管理。由于农村民间组织的成员文化水平和业务能力的不一致，对以上不同的情况不能具体解决，在一定程度上延缓了边境地区乡村的各项发展。

二是农村民间组织发育不足。农村民间组织属于非盈利的社会组织，其主要是由广大农民个体自发组织建立起来的。而成员素质的高低，是否有足够的能力与信心，将会直接影响到农村民间组织的发育和发展。如果组织成员的文化素养和组织能力较强，那么该组织在农村发展壮大的可能性就较高；相反，若组织成员素养不高，能力不足，对相应的法律知识欠缺，遇到问题打退堂鼓，那么该民间组织的发育一定会存在缺陷。然而，边境地区乡村是全国最为贫困和落后的乡村之一，村里的知识分子原本就比较少，而大城市的繁荣促使他们更愿意前往城市发展，所以造成农村民间组织的知识分子成员十分有限。此外，政府对农村民间组织的重视不够也是导致组织发育不足的重要原因。相对于其他地区的乡村，国家和政府对边境地区的乡村关注程度要低，在人力资源分配、资金分拨等方面不够，缺乏受过专业教育培训的专职人员，对现有的组织成员没有资金上的支持，农村民间组织的发育很难成熟，组织的发展更为困难。

三是部分村民对民间组织的合作意识不强。由于边境地区乡村大多处于大山深处，地理位置不佳导致农村发展落后，村民生活条件贫困又艰苦，农村主要劳动力的青壮年纷纷前往城市打工，年轻知识分子更是走向大城市发展，留下的大多是妇女、儿童以及老人。常年生活在农村是导致他们思想顽固的主要原因，对新鲜事物接触较少，接受程度不高。当他们遇到问题时，总是倾向于找当地政府部门，他们对农村民间组织的认识模糊不清，不确定农村民间组织能发挥什么作用，能否解决他们遇到的问题，并对于农村民间组织对农村发展的作用持有怀疑态度，甚至认为农村民间组织是骗人的非法组织。他们对民间组织的行为表示不信任，还有一个重要原因是部分村民对参与公共治理的热情不高，不积极参与配合农村民间组织的工作，一些村民甚至宁愿安于现状也不接受民间组织的帮助，村民与农村民间组织合作意识的不足会阻碍边境地区乡村振兴与乡村发展。

（三）提升农村民间组织效能的对策与建议

在完善农村民间组织参与边境地区乡村振兴的对策中，我们要坚持围绕习近平总书记关于乡村治理体系和治理能力现代化的重要论述去实施，更好地激发农村民间组织参与乡村治理的热情、提高其参与乡村治理的能力。首先，我国应该加强非营利性社会组织的相关制度建设，制定并完善农村民间组织的特殊政策，尽快出台农村民间组织法，让农村民间组织从组织成立到深入农村，从初步运营到全面发展，从农村管理到乡村治理都在法律法规的范围内进行。其次，建立各级政府部门和农村民间组织之间良好关系，做到相互信任、互帮互助，政府部门应加强对农村民间组织工作的支持与监督，消除和避免二者之间的隔阂和误解。最后，边境地区乡村应引进相关人才，鼓励人才回流，加强农村民间组织人才培养，选拔出一批不仅热爱农村事业，而且有文化、有技术、有管理能力的人才充实到各农村民间组织中，开办各种形式的培训班，加大农村民间组织的宣传力度，让广大农民更深入地了解民间组织，感受民间组织的力量，信任并支持民间组织的发展。农村民间组织要实现可持续发展，就必须完善内部管理、加强内部自身建设，在乡村治理中发挥出积极的作用。

第三节　新乡贤

“乡贤”一词盛于明清。“士大夫居乡者为绅”，退隐乡里的为官者成为乡贤阶层的主要构成部分，重构了乡村经济与社会秩序。鸦片战争后，乡贤群体盛极而衰。一方面是清末统治阶级的腐朽无能，另一方面是外国列强的侵略，乡村社会备受冲击，大多数乡绅退隐政治舞台。改革开放后，农村社会结构几度发生变动，尤其户籍制度改革，允许城乡人口自由流动之后，农村很多青壮年“能人”转移到城镇，导致农村急剧衰落。当新型城镇化和乡村振兴重新“救赎”乡村时，“乡贤”成为更多有识之士的热切期盼。“新乡贤”就是广袤农村的深情呼唤。

新乡贤是以乡情乡愁为纽带、热心故乡公益事业而被当地民众认同的复合型精英群体。近年来，浙江、广东等东部沿海经济发达地区和中西部资源丰富地区德才兼备的乡村精英和反哺乡村的各界乡贤开始出现，但“模范式”乡贤多、“参与式”乡贤少，且普遍存在重视“官乡贤”“富乡贤”，忽视“文乡贤”“德乡贤”的现象，新乡贤群体面临着结构不均、地域不匀等突出问题。

一、新乡贤参与乡村治理的驱动力与阻滞力

乡贤作为传统的乡村治理的核心主体之一，曾扮演着十分重要的角色，如今，在乡村振兴大的战略背景下，正确引导乡贤回归，对乡村治理具有极大的促进作用。在此过程中，乡贤将受到来自主观与客观两方面的驱动力与阻滞力的影响，如图 5－1 所示。

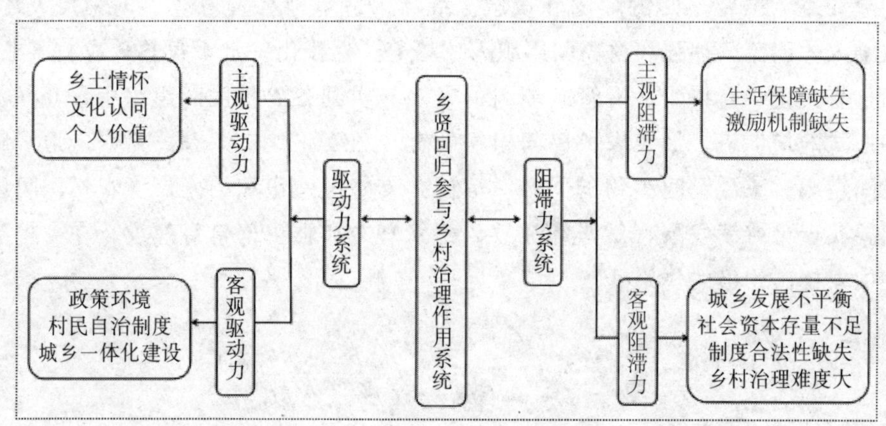

图 5－1　乡贤回归参与乡村治理的驱动力与阻滞力

（一）主观驱动力

第一，乡土情怀是乡贤回归的联结纽带。何谓乡土情怀？乡土情怀内涵乡土与情怀两层意蕴，指的是对家乡或故土的热爱之情，它是一种建设家乡、服务农村的内在动力。著名的社会学家费孝通先生在《乡土中国》中指出，“中国农村社会是乡土性的”。由此，乡土情怀的产生源于两个维度：一是村

落共同体的集体记忆。家宗祠堂是村落的核心，村落往往成为联结家族血脉、传承族群文化的重要载体，是远隔千山万水的中华儿女寻根问祖的归属地和精神栖息地。新乡贤中的大部分人虽然身在外地，但他们与家乡之间的情感血脉纽带始终是无法割断的。这种血脉来源、集体记忆成为乡贤回归参与乡村治理的内生动力来源。二是新乡贤桑梓情谊和报本反始精神的传统。“一方水土养育一方人”，我国传统文化历来强调“受恩施报、得功思源”，新乡贤作为或仕或学或商成功人士，对家乡的发展天然富有报本反始的义务与责任。

第二，文化认同是乡贤回归的必要条件。文化认同是个人或集体加强彼此同一感以凝聚成拥有共同文化内涵的群体的标志。乡贤回归参与乡村治理与其对家乡的文化认同密不可分。文化认同主要包括三个层次：第一层次是承认特定文化形态的存在价值；第二层次是接受特定文化形态并愿意与其产生同一性；第三层次也是文化认同的最高层次就是融入。乡村的特定文化形态包括方言习惯、文化传统和风俗习惯、乡土社会价值规范。按照所处地域划分，新乡贤分为在场乡贤和不在场乡贤两种类型。对于在场乡贤而言，乡村的方言习惯、价值规范、文化传统和风俗习惯是其生产生活的基础，对乡村文化具有高度融入性和认同感；对于不在场乡贤而言，文化认同是其在城市与农村场域间歇性来回转换的动力。文化认同作为乡村地域的根和魂，天然地起着凝聚区域力量的作用。乡贤回归是对家乡的一种认同，也是对家族、乡土和国家的认同。

第三，个人价值实现是乡贤回归的行动伦理。按照经济学的观点，利益是人类社会发展的根本动力和前提因素，具有自我实现的功能。从主观层面来说，乡贤回归与实现个人价值具有强耦合性。个人价值具有多样性特征，乡贤回归内蕴三个层次的个人价值实现：一是经济利益实现。当前国家针对乡村人才振兴制定和出台了诸多支持政策，乡贤回归可以利用政府的政策资源和自身的经济、社会网络资源在家乡实现创业就业。二是政治利益实现。乡贤回归参与乡村治理，对村级事务进行组织和管理，能够实现其政治利益。三是社会利益实现。对于新乡贤而言，新乡贤组织是一个富有荣誉性质的自治组织，能够入选其中尤其是担任一定的职务，是他们提高个人地位乃至家族地位并证明自己存在的价值和意义的方式。

（二）客观驱动力

第一，政策环境为新乡贤参与乡村治理提供了有力支撑。乡贤回归既得到了国家顶层的设计，也得到了最高层的工作安排和部署。无论是《十三五规划纲要（草案)》，还是2015—2018年的“中央一号文件”，抑或是党的十九大报告，都明确提出要创新“乡贤文化”、发挥“新乡贤”在乡村治理中的作用。各级地方政府也积极响应号召，将“新乡贤”作为乡村振兴的“领头雁”，大力开展“乡贤回归”工程，陆续成立乡贤理事会、乡贤参事会等各类新乡贤社会组织。国家以及各级地方政府的政策支持为乡贤回归提供了有力支撑：一是肯定了新乡贤在乡村治理中的“桥梁”“智库”“榜样”作用。二是明确了新乡贤的角色定位，为新乡贤参与乡村治理提供了依据。三是财政支持、税收优惠等手段为乡贤回归提供了开放空间和运转平台。毋庸置疑，政策获得越便利、政府服务越好，越能引导乡贤回归参与乡村治理。国家政策方面的一系列支持，是掀起乡贤回归浪潮的根本所在。

第二，村民自治制度为新乡贤参与乡村治理提供了政治条件。村民自治制度强化了利益机制而弱化了权力机制在农村社会运行和社会控制中的作用，昭示着农村社会从传统的权力本位管理向权利本位治理过渡，在一定程度上改变了农民—集体、农民—国家之间的关系，农民是乡村治理实质意义上的主体。因此，村民自治制度的运行为乡贤回归参与乡村治理提供了政治条件：一是延伸了政治空间。村庄政治、经济和社会事务由村庄自治，不是由自上而下的国家权力垄断，这为乡贤回归参与乡村治理延伸了政治空间。二是拓宽了政治职能渠道。新乡贤参与乡村治理，或以社会组织形态参与、或以个人身份嵌入，主要是通过自身道德情操为村民树立精神典范和通过提议参谋方式为乡村治理服务。而从村民自治制度下的政党层面看，政党为新乡贤参与乡村治理提供了另一渠道，部分新乡贤可以作为政党成员，或者依托政党参与乡村治理，发挥其政治职能。三是增强了政治互动。随着村民自治制度逐步发展，村委会、村民监督委员会等村民自治组织的功能不断完善，村民政治素质不断提高，都为乡贤回归嵌入乡村治理的过程增强了治理主体间的政治互动。

第三，城乡一体化建设为新乡贤参与乡村治理提供了物质条件。城乡一体化是相对于工业化和城市化进程中出现的城乡分割二元结构而言的。随着我国城镇化进程不断加快，全国城镇化水平总体呈现不断提高的态势，城乡差距不断缩小，城乡共同发展的格局正在形成。城乡一体化建设为乡贤回归提供了两方面的物质条件：一方面，城乡一体化建设为新乡贤发展农村经济提供了交换市场。市场的进入，能将农村中的资源存量进行等价交换与开发，为新乡贤的投资提供了空间。另一方面，城乡一体化建设下农村基础设施条件大为改善，农村基础设施建设关系到农村生产生活条件的改善。为农村提供比较完备的基础设施，可以更高程度地吸引新乡贤在农村生活。

（三）主观阻滞力

第一，生活保障缺失下乡贤回流动力不足。乡贤回归不能仅靠精神上的乡土情怀，也需要物质上的生活保障，其中住房保障和医疗保障是必不可少的刚性需求。乡贤回归，其内在蕴含逻辑是“在场—离场—返场”（见图5－2），乡贤生于农村或长于农村，大部分仍属于村集体组织成员，拥有宅基地，可以解决住房保障问题，但也有部分新乡贤迁出户口，已经没有农村户籍，其宅基地早已收归集体，生活住房保障缺失导致其回流动力不足。另外，城乡一体化的目标仍与现实存在较大差距，城镇医保和农村医保还未统一衔接，新乡贤的人员结构多数是退休官员和教师，其年岁已高且子女不方便时常陪伴左右，一旦出现重大疾病，难以在农村就医。住房保障和医疗保障等生活保障的供给和完善程度与新乡贤回归的积极性成正相关，生活保障缺失导致乡贤回归动力不足。

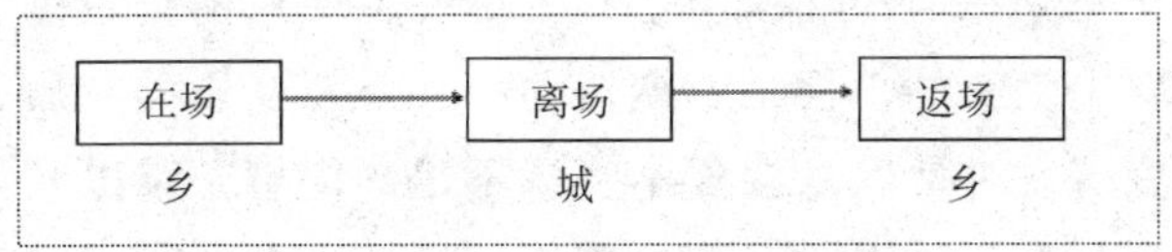

图5－2　乡贤回归的路径逻辑

第二，激励机制缺失下乡贤参与积极性低。乡贤回归属于乡村人才振兴，要让人才“回得来、留得住”，激励机制的保障不可或缺。正如马斯洛需求层次理论所论证的，人有尊重需求和自我实现需求。但新乡贤属于乡村治理的新生力量，激励机尚未健全。其激励机制的缺失主要表现在：首先，缺少工作激励机制。乡贤理事会、乡贤参事会等乡贤组织对乡贤参与乡村治理没有明确规定工作的原则、工作的评价和考核标准。其次，缺少目标激励机制，致其在乡村治理过程中动力不足。最后，缺少考核激励机制。没有源于基层干部和广大村民对于工作效果的激励和认可，不能满足人的尊重需求和自我实现需求。由于乡村治理工作中新乡贤激励机制的缺失，新乡贤在工作中缺少激情、动力和创造精神，致使乡村发展和乡村振兴缺少动力、激情和后劲。

（四）客观阻滞力

第一，城乡发展不平衡导致乡贤认同感降低。习近平总书记在党的十八届三中全会上强调，“改革开放以来，我国农村面貌发生了翻天覆地的变化，但是城乡二元结构没有根本改变，城乡发展差距不断拉大趋势没有根本扭转。城乡发展不平衡不协调，是我国经济社会发展存在的突出矛盾”。相对于城市来说，农村的产业发展、要素市场单一，基础设施、公共服务落后，就业机会、人力资本报酬低下，导致农村“能人”单向外流寻求更高的物质资本和生活质量。乡村人才的大量流失导致乡村人口空心化严重，并由此引发乡村产业空心化和乡村文化空心化。对于新乡贤来说，多重空心化下的乡村早已不是儿时的家园风光，在个人利益不断放大而共同利益不断减少的态势下，新乡贤的乡土文化认同感降低。

第二，社会资本存量不足导致乡贤参与困难。今天的中国农村，是封闭性与开放性并存的场域。生活压力增大、社会流动性增强和农村生活空间属性的压缩使得农村公共生活缺失，农民之间、农民与村“两委”、农民与乡镇政府、农民与社会组织之间的社会信任发展缓慢。农民参与能力和渠道不足，政治效能感低，建立在信任和参与基础上的社会交往网络范围较小。虽然大部分新乡贤是本土生长的，但是长期流动在外是新乡贤的特质，乡贤回归参与乡村治理面临着农村社区社会资本存量不足的困境，难以获得社会信任和社会资源。此外，受政治文化和传统制度惯性的影响，村党支部书记主导的治理模式仍旧是我国目前乡村治理中的一种基本模式，在这种强行政、强治理的治理格局下，新乡贤服务渠道单一，难以嵌入稀薄的社区治理网络中。

第三，制度不全导致乡贤治村合法性缺失。合法性反映的是某一主体被法律、行政、社会认可的价值。新乡贤参与乡村治理的合法性可以分为政治合法性、行政合法性和法律合法性，其中法律合法性是基础和关键。政治合法性表明国家对新乡贤参与乡村治理的总体态度；行政合法性体现行政部门对新乡贤参与乡村治理的认可与扶持；法律合法性是指新乡贤参与乡村治理有明确的法律、法规和规章等保障，强调新乡贤的产生、存在、发展符合法律的基本规定。目前，乡贤回归以社会组织群体或个体形式参与乡村治理，从国家出台的一系列重要政策以及各级地方政府具体实施情况来看，乡贤回归参与乡村治理具有了政治合法性和行政合法性，但我国并没有出台明确的法律、法规和规章等规范性文件以保障新乡贤参与乡村治理的合法性和合理性。合法性身份的缺失不利于新乡贤服务的供给。

第四，农村社会分化下乡村治理难度大。随着经济体制转型和社会结构转型向纵深推进，特别是社会变革的不断深化和社会开放的不断扩大，目前绝大部分农村，青壮年和乡村精英“规模外流”，乡村社会中留守的主要是老人、妇女和儿童。伴随中国农民流动以前所未有的态势急剧发展，农村社会异质性增强，社会成员的阶层分化也进一步加剧，利益主体多元化、利益关系复杂化、利益矛盾明显化造成了公共管理过程复杂化以及乡村治理难度扩大化。此外，乡村文化失调也屡见不鲜，乡村社会普遍存在低俗文化渗入、愚风昧俗泛滥、陈规陋习留存、邻里关系紧张等难题。因此，社会分化下乡村治理秩序整合的难度大大增加。

二、新乡贤参与乡村治理的路径

（一）扩大驱动机制的牵引力

目前，在内外驱动系统的牵引力作用下，乡贤回归形成了一股热潮。在具体实践过程中，乡贤回归参与乡村治理形成了以浙江省德清县为代表的乡贤参事会参与模式、广东省清远市为代表的乡贤理事会参与模式以及湖南省永兴县黄村为代表的非正式组织参与模式，在重塑乡村道德规范、强化村民自治形态、提升资源凝聚与扩散、维持秩序良性运行等方面发挥了重要作用。但囿于多重因素制约，乡贤回归仍面临驱动不足问题，因此要推进乡贤回归有效参与乡村治理，就要继续扩大驱动机制的牵引力。

第一，强化乡愁情结、情感归属的牵引力。可以通过重要传统佳节向在外乡贤表达问候，因时制宜举办乡贤联谊活动，积极推进“情感乡贤”。

第二，强化家乡共同体和乡土文化认同感的牵引力。将家乡经济社会发展状况通过推文、图片、视频等方式呈现给在场乡贤和不在场乡贤，邀请乡贤为家乡发展出谋划策。

第三，拓宽新乡贤实现个人价值的空间。树立以人为本的理念，充分衡量和尊重新乡贤的个人价值，容许新乡贤投资应有的盈利空间，并对优秀先进事迹进行表彰宣传，实现新乡贤个人价值与农村公共价值的良性补充与循坏。

第四，优化政策环境的驱动力。加快各地基层政府完善乡贤回归政策支持，为乡贤回归提供细化优良的政策环境。

（二）减小阻滞机制的压力

第一，加快城乡一体化建设，缩小城乡差距。当下乡村人才“回不来、留不住”的根本原因在于城乡二元经济结构下的城乡发展不平衡，城市与农村之间在产业发展、市场开放程度、基本公共服务供给等方面存在较大差距。城乡二元经济结构是农村贫困和落后的重要原因，它以牺牲农村和农民为代价，以致农村长期得不到应有的投入，“三农”问题突出，乡村治理难度增大。因此，要让新乡贤“回得来、留得住、干得好”，必须破除城乡二元经济结构，加快城乡一体化建设，实现城乡协调、产业互补、市场沟通、信息联通、社会福利和发展机会的均等化，为新乡贤参与乡村治理提供发展空间、搭建平台和营造良好环境。只有乡村协调发展，城乡差距缩小，乡贤回归的内在动力才能转化为实际行动。

第二，完善生活保障，便利新乡贤。乡贤回归不能仅靠乡愁情结、情感归属等精神驱动，完善的安居保障、便利的福利应用也是乡贤回归付诸实践的重要考量因素。但当前的难题是如何保障外乡贤回归之后的安居和福利？笔者认为可以从以下三个方面出发：一是仍有旧宅基地的，政府给予部分修缮补贴支持新乡贤修葺安居房屋；二是对于在农村没有宅基地的新乡贤，可以提供公共场所作为生活住房和活动场所；三是鼓励村民发展“屋租经济”，将闲置的房屋出租给新乡贤，并由政府给予一定额度的补贴。另外，政府要促进城镇医疗和农村医疗等社会保障体系衔接，开通乡贤办理就医绿色通道，为解决新乡贤看病难、报销难问题提供便利。

第三，健全激励机制，提高乡贤参与积极性。在现代国家总体框架下，政府治理作为一种由中心向边缘扩散的力量，必须发挥它应有的作用，而乡村社会自治作为一种由边缘向中心汇聚的力量，也应积极地参与到治理行动中。新乡贤作为返场人才力量，应该积极参与到乡村治理实践中。为此，要健全激励机制，提高乡贤参与积极性。一是健全工作激励机制。对于新乡贤尤其是政治型乡贤的工作制度要建立健全和创新完善，实现工作的规范化和科学化。二是健全目标激励机制。统筹乡村治理的整体目标与新乡贤的个人目标整合，提高新乡贤的成就感与参与热情。三是健全考核激励机制，根据实际情况，以阶段化的量化指标对新乡贤的工作性质、工作内容及工作成效等方面进行考核绩效评估。四是加强新乡贤典型事迹的宣传，并授予一定的政治地位和社会声誉，激发新乡贤服务乡村治理的内在动力。

第四，完善制度合法性，扩充乡贤参与空间。正如阿伦特的判断，在脱域后的私人领域，所有人类活动都必须依赖于“共在共生”的事实，而对于公共领域来说更是如此。乡村治理是一项复杂的系统工程，单靠政府权力控制或是村民离散自治无法完成，需要在“多元合作”和“共生共在”的维度上寻求变革答案。新乡贤作为乡村治理的人才供给，是政府权力与村民权利之间的桥梁与纽带，因此要提高乡贤参与乡村治理的话语权。提高话语权的基础是加强相关立法，保障乡贤回归参与乡村治理的合法地位和权益的实现。把新乡贤及其载体乡贤组织的建立和发展纳入国家的法律、法规制度保障体系之中，并对其内容、地位、作用和活动方式等方面权限给予明确的规定。

三、道德型乡贤参与乡村治理

要深入推进道德型乡贤治村，先必须思考道德型乡贤的概念逻辑问题。概念逻辑的问题主要有：道德型乡贤的内涵界定，即道德型乡贤是什么？道德型乡贤治村的逻辑起点问题，即为什么必须推进道德型乡贤治村？道德型乡贤治村的逻辑条件问题，即道德型乡贤在什么样的背景下才可能实现治村？

（一）道德型乡贤的内涵界定

目前学术界对于乡贤群体的分化还未展开较多讨论，仍以“乡贤回归”“新乡贤”“乡村精英”等类化名词统称。乡村振兴是政治、经济、文化、生活等方面的全方位振兴，固然需要不同类型的乡贤依据自身资源和优势在乡村全方位振兴中发挥不同作用。浙江社会科学院研究员莫艳清认为，依据乡村振兴的实际需要，当代乡贤可以划分为知识型乡贤、财资型乡贤和道德型乡贤三类。其中，道德型乡贤具备高尚道德与强烈社会责任感，积极践行社会主义核心价值观的一类乡贤群体，他们以身作则着实为村民群众办实事，解难题，化矛盾，凝聚群众观念意识，修复乡村文化，重拾乡村文化自信。在具体实践过程中，许多地方普遍存在重视“官乡贤”“富乡贤”，忽视“文乡贤”“德乡贤”的现象，但乡村振兴，表面上看是乡村这一载体的外形结构发生变化，基础设施日趋现代化，但深层底蕴是乡村的主体（农民）的振兴，而农民的振兴，意识的凝聚、观念的重塑显得尤为重要。只有农民的意识形态紧跟时代潮流，强化了内生动力，才能真正实现乡村振兴。因此，道德型乡贤的助推与引领具有不可或缺的重要作用。

（二）道德型乡贤治村的逻辑起点

乡风文明是衡量乡村振兴实现程度的标杆，民风淳朴、思想健康、环境整洁、社会安定是评判乡风文明的重要指标。我国乡村社会正处于转型时期，随着城乡壁垒逐渐被打破，现代文明和封建传统相互碰撞，乡村的文化、生活和社会结构等均受到现代化的冲击。正如费孝通先生曾言，“从乡土社会进入现代社会的过程中，我们在乡土社会中所养成的生活方式处处产生了流弊”。因此，低俗文化、陈规陋习、愚风昧俗等不文明现象的盛行是道德型乡贤治村的逻辑起点。

第一，低俗文化渗入。由于农民文化生活贫乏，精神慰藉渠道窄，农村的文化娱乐生活是被遗忘的一片天地。近年来，随着城镇化的发展，农村受城市流行的影响，先进文化、低俗文化等多元文化均纷纷涌入乡村。据报道，各种低俗表演在广大农村地区呈现泛滥的趋势，其中农村庙会、农村红白喜事等活动操持的歌舞表演以艳舞等低俗文化形式出现尤为突出，此外，还有近年来饱受诟病的农村低俗闹婚行为。内容与形式低俗的文化在农村地区盛行：一是源于乡村娱乐生活供给与需求不平衡，农民群众的价值观念出现偏差。二是因为文化监管部门缺位，对其监管较为松懈，甚至在一些地方出现长时间监管空白。这不仅扰乱淳朴民风，使得农村文化日渐式微，变得低级和恶趣味，更阻碍了优秀乡村文化传承与保护。因此，迫切需要消解农民在文化上的“饥不择食”，建设健康文明乡村。

第二，陈规陋习留存。文明乡风包含了内在的精神美以及外在的环境美，良好的生活习惯和行为规范是美丽新农村建设的安全保障，干净整洁的居住环境是农村现代化的重要指标。但在现实的农村中，依然留存着较多陈规陋习，而且有越演越烈趋势。具体表现在：一是乡风民风日趋利益化。在一些农村，大操大办之风盛行，把办“红白喜事”变成争面子、比阔气、要场面的“竞技场”，以及借子女升学、参军、生子、乔迁、祝寿之机设宴请客收受钱财，这些功利化的陈规陋习不仅令很多农民不堪重负，甚至一度陷入“贫困陷阱”。二是不良的生活习惯污染人居环境。如粪土、垃圾物的随意堆放，占用村镇街道，污水乱泼等现象依旧普遍存在。三是不良的文化生活充斥乡村。城乡差距衍生了“候鸟”农民工，很多中青年习惯了热闹繁华的城市生活，在过年这类重大节假日回到娱乐文化单调的农村时就会产生不适应感，于是打牌赌博等不良文化生活往往充斥乡村。这些陈规陋习的留存不仅影响农民的生活质量，同时也影响着村容村貌。

第三，愚风昧俗泛滥。乡村与城市不同，乡村社会的封闭性是乡村社会愚风昧俗依然泛滥的重要原因之一。乡村社会受超自然现象和古代仪式的信仰等封建思想影响较大，甚至使村民受害。如：海南一农民通过封建迷信活动求医治病、请神驱鬼，最终致亲人死亡；河南安阳市的两农民迷信驱除鬼怪，怀疑好友被鬼怪附体，竟将好友活活打死。同时，结婚或重大节假日等也有昧俗流行乡村。如此祈福不一定能够见效，但造成价值观的偏差，与我们今天提倡文明、健康、科学的生活方式格格不入却是不争的事实，更与新农村建设背道而驰。

第四，邻里关系紧张。促进农村邻里关系的和谐，是构建和谐社会主义新农村的应有之义。俗话说："远亲不如近邻"，良好的邻里关系不仅能在生产生活和人的社会化方面起到促进作用，而且也有利于邻里之间的情感沟通和社会控制。然而，时代的变化却使农村传统邻里关系出现了不和谐的现象，甚至造成了严重的社会事件。如：河北隆尧县东良乡周村两邻里因琐事纠纷双方言语不和发生争吵，犯罪嫌疑人武某用铁棒灭门邻居一家四口，成为轰动一时的危机事件；安徽泾县两邻里因一棵树引发纠纷，一邻居协商不成举刀砍人获缓刑 1 年。其实，由农村邻里纠纷引发犯罪，甚至是刑事犯罪的案件不在少数，这些惨痛的案例不仅给个人、家庭和社会造成了严重危害，同时也阻碍了和谐社会风气的营造和社会主义新农村的建设。《荀子·乐论》有言："乐者，圣人之所乐也，而可以善民心，其感人深，故先王导之以礼乐而民和睦。"使邻里关系趋向和谐，需要合理地引导和调解，而这离不开道德型乡贤崇德向善的引导。

（三）道德型乡贤治村的逻辑条件

道德型乡贤作为一支新型主体，参与乡村振兴是需要条件支撑的。农村作为乡村振兴的场域而空间又相对封闭，因此推进道德型乡贤治村，需要展现乡村场域的开放性，让道德型乡贤能够参与治村；需要提供全国性以及地方性政策支持，保障道德型乡贤愿意治村；需要体现道德型乡贤参与治村的自主性，真正实现"参与治村"而不是"被参与治村"。

第一，国家层面：相关配套政策的保障性。乡村振兴是全面建成小康社会以及社会主义现代化建设体系的重要组成部分，农村健康发展离不开国家的政策支持。道德型乡贤是顺应时代发展的客观规律和农村的实际需要而发展起来的一支服务农村建设的新型主体，而新型主体概念上的界定、职责上的厘定、出入农村场域的划定等都需要国家政策的扶持。国家支持分为可量化支持和不可量化支持两类，其中可量化支持指国家提供资金支持、财政补贴等物质化基础满足道德型乡贤治村所必需的资金支出与一定的收入，解决道德型乡贤治村“资金短缺”困境；不可量化支持是指政策文件自上而下的通达性，从战略层面上使道德型乡贤获得地位认可和参与乡村治理的许可。国家政策支持能够增强道德型乡贤治村的导向作用，为道德型乡贤治村保驾护航。

第二，空间层面：乡村场域的开放性。中国国土的辽阔性与乡村的分散性决定了中国农村具有一定的封闭性。中国农村的封闭性体现在三个方面。一是进出农村场域的封闭性。农村多处竖立着“闲人莫进”的告示，阻断了外界的“干扰”，单凭道德型乡贤这一身份暂且不能随意走进村落与农户。二是人际关系的封闭性。农村多为血缘与情感关系意识形态相维系的地域，在处理问题时，仍然依赖于宗族势力与血缘关系来解决，对于外来人员具有较强的疑虑与防范意识。三是权力行使的封闭性。中国逐级划定的行政区划束缚了跨行政区划的流动，村委会自治制度形同虚设，村委会实质上是乡政府的一个派出机构。

要实现道德型乡贤参与乡村振兴，就必须从农村这一场域客体出发，在城乡一体化发展的潮流中，打破原有的封闭性，展现现代文明的开放性。乡村场域的开放性是道德型乡贤治村的先决条件，只有农村场域具备开放性，才能为道德型乡贤提供走进村落与农民的机会。

第三，个人层面：道德型乡贤参与乡村治理的自主性。自主性是从个人层面分析道德型乡贤治村的逻辑条件。自主性，即脱离被动的意志而主动为之，具有较强的责任感，是衡量道德型乡贤治村的关键要素，也是评判“有为”与“无为”的重要指标。道德型乡贤治村的自主性是一个多要素的结构，即与公众基础、技术专长、农村治理知识、策略知识四个方面的要素紧密相关，这也意味着，道德型乡贤治村的自主性是建立在信任与能力互构的基础上的。在面对形势复杂的农村现实问题，道德型乡贤要主动运用自身能力与资源集聚，成功地在现有制度环境中，寻求治村自主性不断拓展的空间，从而实现将道德型乡贤治村在自上而下的官僚制度的时空背景下，嵌合于乡村治理格局中。

（四）道德型乡贤治村的价值维度

道德型乡贤治理乡村，从理论层面而言就是进行价值重构，这种价值重构包含价值目标、价值尺度以及价值取向的重构。在价值目标层面，道德型乡贤治理乡村是要建立和谐的“个人—社会”关系；在价值尺度层面，是要树立“文明、法治与科学”的农村现代化衡量标准；在价值取向层面，是要强调修复乡村文化，实现乡村文化的可持续发展、民权的可持续改善和农村社会的可持续稳定。

第一，道德型乡贤治村的价值目标。马克思指出：“社会和个人这两个概念是彻底地互相关联的，社会是个人的基本存在方式，个人是社会的重要组成部分，个人只有在社会的整体性中才能昭示出自己的存在和全部意义。”农民作为农村场域中的重要主体，也是社会发展的重要力量，其意识形态、变化特征都是社会发展的内在考量。中国自古以来就强调“人伦和谐、天人协调”的传统思想。因此，道德型乡贤进行乡村治理，表面上是调解农村矛盾、进行乡土文化修复，实际是统一个人与社会的主流价值，解决农民主体的思想、价值与社会的主流价值观之间的冲突，从而实现和谐的“农民—社会—国家”三位一体共在共生的存在关系。如果背离了这一目标，将农民个体与社会割裂开来，那么乡村治理的有效性基础也将岌岌可危。

第二，道德型乡贤治村的价值尺度。要推进道德型乡贤治村实现文化振兴，需要解决一个问题，即文化振兴的标准是什么？基于农村文化现状与道德型乡贤治村的价值目标的统一考量，文化振兴的价值尺度应该包括农村治理的文明化、法治化和科学化。

在相对封闭的农村场域，能否建立乡风文明的体系是最重要的尺度标准。乡风文明的原则体现在农民价值观念的形塑、整体素质的提高、农村文明程度的提升。长期以来，陈规陋习、愚风昧俗和低俗文化侵占着农村、麻痹着农民，严重制约了乡村全面振兴。因此，当前农村必须推进文明的生活方式，树立文明的意识形态、修复乡土文化，涵养乡风文明，实现农村由“愚昧落后支配”向“文明科学支配”的关键性转换。

乡村文化振兴是否契合法治化国家建设的要求，是道德型乡贤治村的第二个检验标准。遵守法治的原则是法治社会文明程度最重要的体现。在当前，血缘关系与情感关系相联结的农村熟人网络，人治意识浓厚，法治意识不彰。人治体现在原为村民自治的村委会，实则派生成乡政府的一个虚拟机构，权力至上使得自治形同虚设。在现实的农村中，农民依赖于宗族势力、家庭关系和个人武力解决所有问题，法制观念不强。因此，道德型乡贤治村应大力弘扬法治意识，实现农村由“关系型支配”“武力型支配”向“法理型支配”的关键性转换。

科学化是道德型乡贤治村实现文化振兴的应有之义。如果“文明化”“法治化”解决的是乡村秩序标准，那么“科学化”解决的是意识形态的标准。科学化的乡村文化，是契合新时代发展潮流的主流价值形态，革除了落后的思想观念，摒弃了愚昧的风化习俗，能为乡村注入强大的精神动力。

第三，道德型乡贤治村的价值取向。道德型乡贤治村的进程中会面临诸多价值取向问题，这种价值取向体现为价值选择，主要表现为乡村文化修复上是“留存”还是“舍弃”；基层民主上是“自治”还是“乡治”；稳定问题上“维稳”还是“维权”。

乡村文化是传统文化生活的家园，是乡民在农业生产与生活实践中逐步发展起来的道德情感、社会心理、风俗习惯、是非标准、行为方式等，是乡民生活的主要组成部分。应该承认，在乡村文化里是精华与糟粕混杂的，但是一种文化或文化现象是精华还是糟粕在不同的时期可能会有不同的评判依据。因此，道德型乡贤治村的过程中如何判别乡村文化的精华与糟粕，哪些留存、哪些舍弃？这些都是现实面临的必答题。诚然，新时代背景下，与时代潮流相违背、阻碍了社会的生存与发展的乡村文化就该舍弃，契合新时代精神，促进社会进步的文化就该认真发掘与保护。

我国的科层制系统支撑着整个国家的运转，国家意志是通过科层制自上而下贯彻的。自 1987 年开始全国农村实行村民自治，但同时农村又是国家行政权力的末梢系统，因此道德型乡贤治村的过程中是维护村民自治权利，还是作为国家行政权力的加强剂，这也是面临的现实选择。在乡村振兴的倡导下，村民自治的回归与重塑是当下乡村治理的重要任务。因此，道德型乡贤治村过程中应防止乡村异化成乡政府的派出机构，助力村民自治。随着农村日新月异的变化和经济的持续发展，各种矛盾纠纷日益增多，已经成为影响农村社会和谐稳定不可忽视的重要因素。要实现农村社会的稳定，道德型乡贤治村的过程，需要在“维稳”与“维权”之间做出恰当的选择，在工作方式上不能只强调“维稳”指标，采用“遣送”“帮教”“围堵”等笨拙做法，追求“零上访”，应该从辩证思维出发，通过替农民“维权”达到“维稳”，在动态中实现平衡。

（五）道德型乡贤治村的实践向度

第一，推进公序良俗形成。在当今利益多元化、价值多元化环境的晕染下，公序良俗原则的构建与实施面临着价值观念、文化理念等多方面的影响。新时代“公序良俗”的协调推进，应从价值观念入手，促使农民群众形成“公序良俗”的思想共识。首先，推动新时代价值观融入农民的日常生活，遏制恶风陋俗、革除陈规陋习、抵制低俗文化，建立“公序良俗”，引导农民形成正确的价值观念。其次，增进文化认同。把握中华优秀传统文化，对其中蕴含的传统美德、人文精神、思想理念等基本价值观通过群众喜闻乐见的形式融入德育、知识教育过程中，从而将公序良俗扎根文化沃土之中，夯实根基。最后，以德治和法治为依托。公序良俗的协调推进与道德自觉之间具有天然的内在关联，而法律又是道德的最低标准，因此以德治为依托才能促使“公序良俗”成为真正能够规范人、约束人的法律原则。道德型乡贤治村过程中，要以德治为依托，发挥道德型乡贤的文化道德力量教化乡民，积极构建良好的家风、文明的乡风、淳朴的民风；以法治为依托，树立权威，引导村民识法、守法，切实规范和约束农民行为。

第二，激发农民的内生动力。内因是变化的根据，外因是变化的条件。道德型乡贤治村充当的是“中介者”“联结者”的角色，激发农民向往美好生活、建设乡村的内生动力，最终的目标还是回归到农民身上。要激发农民的内生动力：一是需要唤醒农民的角色意识、自主意识，要让广大农民对本土乡村有责任感，这离不开主体意识的培育与教化。二是不断地释放农民群众的主体性，充分使用村民自治有效载体，引导村民直接参与乡村治理、建设与管护的整个过程，实现“引导农民—相信农民—依靠农民”的良性循环。三是积极为农民群众提供表达利益诉求的多元化渠道，培养农民群众的话语表达意识，着力解决农村新老问题，推进新农村建设。

第四节　乡村地方人才

党的十九大报告提出，中国特色社会主义进入新时代。步入新时代，无论是发达的东部、沿海、平原，还是落后的西部、内地、山区，乡村都在发生着重大而深刻的变化，贫困人口逐年大幅减少、农村集体产权制度改革、传统农业向现代农业转型升级……不可忽略的是，农村仍是全面建成小康社会最大的短板，而补齐乡村发展短板的制胜法宝就是人才建设。因此，党的十九大报告提出实施乡村振兴战略，强调农业农村人才是强农兴农的根本，要把人力资本开发放在首要位置，实现乡村人才振兴。

米格代尔指出，研究偏远的农村是理解国家中心的逻辑起点。改革开放40多年来，我国的经济社会转型都纵横交错地触及农村，因此以农村社区作为研究对象日益成为学术界的重点和焦点。乡村人才属于乡村人力资源范畴，目前学术界关于乡村人才的研究主要集中在三个方面：一是乡村人才与乡村人力资源的关系研究，如付翠莲认为，按照农村人力资源的性质和结构划分，人力资源可分为人口资源、劳动力资源、人才资源三类，乡村人才与乡村人力资源属于内含关系。二是乡村人才的类型对象界定，如段端磊将农村人才归为具备一定知识或技能的农村实用人才，张远照按照乡村治理逻辑将乡村人才分为科技人才、信息人才、规划人才、医学人才、教育人才、旅游人才、文化宣传人才、优秀党员八类。三是乡村人才的成长成才与教育培训，如李永辉从“三乡”视域下以乡愁、乡情、乡土建立情感与道路的双重机制作为人才精准引入与培育的路径方式，姚鹏等基于制度建设与完善的政策层面提出了乡村人才的培养机制。

已有文献多从宏观视角展开研究，对微观治理单元研究的甚少，一定程度上制约了理论解释力。由于长期以来的二元经济体制和政策倾斜，城乡之间发展的不平衡日益严重，再加上城镇化进程加快、农村地区公共服务均等化阻滞、农村劳动力大规模转移、农村出现人口负外部性，使得农村的治理主体、治理对象、治理环境都面临一系列的特殊性。边境农村地区是集边境地区、民族地区和贫困地区等多种问题于一体的地区，由于经济贫困、交通不便，人力资源非农化、向城市转移尤为突出。本书以国家级贫困村KZ村为例，试图在深刻揭示人才振兴的困境表现、分析其问题的基础上，提出相应的路径选择。

一、乡村振兴背景下人才振兴的价值意蕴

（一）人才振兴，是全面建成小康社会的客观要求

从整个国家的战略高度看，实施乡村人才振兴是全面建成小康社会的客

观要求。习近平总书记曾指出，“小康不小康，关键看老乡”，农村地区要实现脱贫致富，关键在于发挥农民人力资源的主体作用。但是在城乡二元经济结构下，农村空心化、农业边缘化、农民老龄化问题严峻，这在民族贫困地区尤为突出，究其根源在于乡村人才的净流出造成乡村人力资源的短缺。如果不能及时地解决这个问题，将会拖累全面建成小康社会目标的实现。可见，农村地区的发展是我国全面建成小康社会目标的关键，事关全局。因此，通过人才振兴，发挥人才的导向、动力、提升作用，使农村地区实现跨越式发展，是我国实现全面建成小康社会目标的客观要求。

（二）人才振兴，是推动乡村全面振兴的有力保障

要推动乡村产业、人才、文化、生态、组织的全方位振兴，人才振兴是关键和重要支撑。乡村振兴，发展是第一要务，人才是第一资源，人才的数量和质量直接关乎乡村振兴的成效。

没有人、人才、人气，乡村振兴就无从谈起，只能是一句空话。“工以才成，业以才广”。乡村振兴的关键是靠人才，靠人才的智力支撑、引领创新、引擎驱动。有了人才，乡村的产业发展、文化传承与保护、生态保护、组织建设等各项工作才能有序地高效推进，乡村全面振兴的目标才有可能得以实现。

（三）人才振兴，是实现农业现代化的最终决定力量

首先，专业化、社会化、市场化和科技化是农业现代化的发展方向，这种农业经营方式的创新对农业人才提出了更高的要求。在农业产业化过程中，无论是专业化还是科技化，都急需要会农村经营管理、农业科技、农村电商、环境治理的复合型农业人才。其次，人才振兴是农业产业结构调整的需要。农业产业结构的调整，要求结构单一的低产型传统农业向多元化的高产高效型的现代农业转变，这也意味着农业经营主体要从低效率的体力型向高效率的智力型转变。因此，在此过程中，人才振兴是必然要求。

二、乡村地方人才回归的现实困境

（一）劳动力转移下的农村人口空心化

农村劳动力转移是指从事劳动的产业转换过程，即农村劳动力由主要从

事农业活动转向主要从事非农业活动的过程或结果。在城乡二元发展模式下，城市快速发展对农村人才施加显性的外拉作用，同时由于乡村经济欠发达、交通不便、信息闭塞对人才外流施加隐性的推力作用，致使农村劳动力转移经历了从“不离土不离乡”到“离土不离乡”再到“离土又离乡”三个重要过程，其中大部分劳动力转移处于第二个过程，只有少部分人过渡到了第三个过程，形成了空间与户籍对农村的双脱离，进一步造成了乡村人才流失的代际传递。

劳动力转移下农村人口空心化加剧了乡村人力资源流失，导致乡村振兴主体缺位。乡村振兴能否告捷，人是关键因素，尤其是村民。因为扶贫第一书记、帮扶联系人有固定的服务期限，乡村要通过治理实现全面振兴关键要依托村民主体。村民既是乡村振兴的直接受益者，又是乡村振兴的主力军。只有发挥村民的主体作用，才能充分满足乡村人才振兴的现实需要。

（二）人才整体文化素质不高

随着经济社会的快速发展，我国农村劳动力的文化素质有了一定程度的提高，但是初中和初中以下学历的劳动力仍占多数，呈现整体文化素质不高的特征。因经济、公共服务设施发展滞后，居民家庭劳动力文化程度普遍较低。由于自身文化素质不高以及长期受到小农经济的影响，农村劳动者对现代农业的经营和管理知识缺乏，基本上属于体力型农民和经验型农民，农村内生性人才较少。农村基层干部是党和国家各项方针政策在农村的坚实贯彻者和实施者，是全面建成小康社会的农村组织者和实践者。从现实来看，农村基层干部为推进农村经济发展和社会稳定发挥了十分重要的作用，但当前农村社会结构变动加快，社会利益格局发生了深刻变化，村干部中知识层次较低、整体素质不高问题日益突出。

（三）农村人才结构不优

根据农村需求的层次性划分，农村人才结构主要由人才的性别结构、年龄结构、智能结构、专业结构等亚结构构成。由于传统农村“去乡村化”现象日益严重，农村人才结构出现“纺锤型”结构错位，管理、技术、专业人才严重匮乏，以传统农民居多。

三、乡村地方人才振兴的出路

（一）推进农业农村现代化，缩小城乡收入差距

城乡二元经济结构是农村贫困和落后的重要原因，它以牺牲农村和农民为代价，以致农村长期得不到应有的投入，“三农”问题突出。因此，在当下积极推进乡村振兴战略的宏观背景下，要有效解决乡村人才供需矛盾，就必须由外而内的统筹制度协调，从服务供给与平台建设为人力资源的回流创造条件，从而实现乡村人才“回得来、扎得下”的导向目标，乡村形成人才、资源、产业汇聚的良性循环。

首先，要从完善农村的基础设施出发，积极推进城乡公共服务均等化，实现要素的双向流动，积极实施农村人居环境三年整治行动和“厕所革命”，提升乡村居民生活的品质化、生态化，从而为人才返乡创业解决后顾之忧。其次，多元化发展特色产业。产业是人才依附的根本，产业发展会对人才产生强大的“虹吸效应”，只有产业发展了，才能吸引和留住人才。最后，注重平台建设，健全完善农民工返乡就业创业优惠政策，从硬件与软件配备方面为人才返乡创业奠定资金、技术等物质资源基础，为人才投身乡村建设提供行业发展平台，使其在乡村能够找到与城市同等的工作机会与发展前景。

（二）搭建发展平台，优化乡村创新创业环境

乡村振兴的核心在产业，产业发展的核心在人才。人才作用发挥的核心在产才融合互促，搭建产业与人才融合发展平台。在产业发展上具有独特的资源禀赋，要促进产业发展，关键在于将资源禀赋转化成资本禀赋，而转化的过程离不开人才这一核心要素，而人才发挥作用需要发展平台的建设。因此，要积极搭建人才发展平台，培育和开发支柱产业、优势产业、特色产业，加快传统优势产业转型升级，促进文化旅游、生物制药、“互联网+”等新兴产业发展，推动一二三产业深度融合，提升人才承载能力，优化人才发展环境。产业发展平台的建设对于大部分乡村人才回归具有较强的吸引力，除此之外，政治发展平台也具有一定的吸引力，尤其是对于学历水平较高的青年、财资盈余的企业家、退休的社会精英而言。因此，要搭建乡村人才发展的政治平台，对于有意愿、有能力、有干劲、符合条件的人才要积极培养和吸纳

到村“两委”队伍中，以此优化村“两委”成员的年龄结构、知识结构、能力结构、专业结构。

（三）培育新型职业农民，提高农村人口素质

农村人力资源能力的高低和农村发展的快慢，主要取决于人力资本投资和积累。在面临人才净流失的问题时，要从根本上改变人才短缺的困境，就必须加大对农村人力资本投资力度，积极发挥本土人才的“造血”功能，将输血与造血共同作为人才振兴的有效手段。舒尔茨在《改造传统农业》中指出：“改善穷人福利的决定性生产要素不是空间、能源和耕地，而是人口质量的改善和知识的增进。”因此培养人才，根本要依靠教育。由于传统的乡土人才一直处于农村的自身环境之中，很难为乡村的建设精准发力，因此从培育新型农业经营主体入手，通过学校教育、函授、培训、农业技术推广、组织传播等实施途径加大对本土人才的职业技能教育，使农村教育形成“成职普”“农教科”相结合的完整的立体网络结构和良性的运行机制，从而实现农村人力资源的转型——体能型向技能型转变，为乡村产业发展塑造新型“绿领”人才。

（四）建立人才激励及引进机制，提升乡村治理水平

人才激励对于农村治理具有导向、优化、提升、稳定作用。基层村干部和新乡贤基本上都是体制外的农村实用管理人才，长期以来，由于政府的认知、管理和财力有限，对这部分农村实用人才的激励机制不健全，重精神激励轻物质激励、重短期奖励轻长效激励，导致乡村治理水平长期在低线徘徊。因此，要加强对乡贤及基层村干部的培训与激励，推行柔性人才政策，建立以绩效为主体、以贡献为标准的利益分配机制，从政策机制上对人才的工资、福利、职位等进行全过程的长效激励。另外，要用好用足大学生村官、西部志愿者等既有渠道，积极打通智力、技术和管理人才下乡通道，鼓励中高等院校毕业生、退伍军人、科技工作者返乡就业创业，为边境民族地区的长期振兴注入新鲜血液。

第五节　新型职业农民

人力资本要素是经济社会发展的重要支撑。农民作为劳动力供给的主要

来源，在经济结构转型、产业结构升级、农业结构优化等方面具有重要作用。“各国农业对经济增长作用的巨大差别主要取决于农民能力的差别，其次才是物质资本的差别。”

当前，我国正处于经济社会加速转型期，农民素质偏低是制约我国农业转型升级的瓶颈。培育“有文化、懂技术、会经营”的新型职业农民，提高农民整体素质既是实现现代农业发展的客观需要，也是推进乡村振兴战略的关键，更是农民通过自身成长以适应新时代发展的内在要求。党的十八大以来，党中央提出了要培育新型职业农民，创新农业生产经营方式，把培育新型职业农民作为推进农业建设的核心手段。农业农村部提出了到2020年实现新型职业农民队伍总量超过2000万人的目标，但从官方统计数据及学者的研究表明，目前我国新型职业农民培育仍存在较大差距。据农业农村部发布的《2017年全国新型职业农民发展报告》显示，2017年全国新型职业农民超过1500万人，但仅占农业生产经营人员总量的4.78%，此外，获得国家职业资格证书的新型职业农民仅有7.5%，获得农民技术人员职称认定的仅占15.5%，享受到规模经营补贴的只有11.1%。

如何增强农民参与教育培育的动力，提高其积极性？如何提高新型职业农民培育的效果？如何发挥新型职业农民培育的功能？本书以赋权增能为切入点，对我国新型职业农民培育存在的问题进行剖析，并尝试提出改进策略，以期推动新型职业农民培育的可持续发展。

一、赋权增能：新型职业农民培育的理论框架

赋权增能（Empowerment），发端于社会学社会工作学科，由美国著名社会学家Solomon于1976年在《黑人增权：受压迫社区中的社会工作》中提出。他认为，黑人长期全面的无权导致其遭受残酷的非人格压迫，要打破种族歧视的局面，社会工作应致力于增强黑人民族的权力与自我效能。Solomon从实践的角度论证了赋权增能的重要性，但没明确论述赋权增能的概念。对于赋权增能的内涵，Rappaport指出“所谓赋权增能是指无权、弱权、失权的弱势群体通过持续的充实运用外界资源的权利，获得掌控资源和改善生存境况的能力，实现‘人在场景’的适应性平衡”，且强调这是一个“减少无权感”的动态的、跨层次的改变过程。这一概念得到了学界的广泛认可，Rappaport也被称为“赋权增能”之父。我国学者徐丽娟认为，从过程的变化来

看，赋权增能包含三种要素，即权利与机会的获取、能力的增加以及自我效能感的提升，三种要素的形成是相互叠加、层层递进的螺旋上升过程。其中，权利与机会的获取强调了“权能的客观存在”，自我效能感的提升关注了“案主的主观性感知”。总之，赋权增能的实践意蕴旨在通过行动者参与权力和参与技能的提升，建构行动者的个体主体性，从而增强其控制、支配自己生活的能力和信心。

赋权增能由“赋权”与“增能”两个部分组成，二者是互相依赖、互相匹配、互相统一的关系，具有很强的后现代建设性导向。其中，“赋权”是手段、前提与条件，强调原有权利中心的下放；“增能”是落脚点与物化体现，旨在相关群体专业知能的提升。从单向度的方向和内容来看，“赋权”是自上而下的，更关注的是结果公平，内含制度赋权、管理赋权和环境赋权三个维度。制度是指导、预测和强制个人及社会活动的带有法令性质的规定，制度赋权主要强调要建立和完善政策体制，给予弱势群体强有力的制度保障；管理赋权指的是组织机构或团体的管理机制，覆盖其从无到有、从小到大的孵化、成长、成熟阶段；环境赋权在于形塑多元主体共建共治共享的社会支持体系，为相关群体创造有利的发展环境。“增能”与“赋权”相对，是自下而上的，更关注的是机会公平，包括内在增能和外在增能两个方面。内在增能主要是强调相关群体的内生性发展，包括意识形态的形塑、知识结构的优化、专业技能的提升等方面；外在增能则强调外部力量的推动和促进作用。赋权与增能相互依存，缺一不可，二者相统一才能真正促进弱势群体的自主发展和可持续增能。

赋权增能与新型职业农民培育的适切性。从 20 世纪 90 年代开始，赋权增能理论逐渐由种族斗争方向发展为社会学、教育学、管理学等学科的新兴理论，并且重点落在了多类社会弱势群体的服务的提供上，即成为帮助个人、家庭、团体提升自身能力的重要框架，被广泛应用于各发展领域。岳天明认为，赋权增能是促进“受暴女性”社会工作救助模式转型的关键；高帅以太行山连片特困地区为例，从增能视角切入探讨农户贫困脆弱性缓解及可持续生计形成；张志胜认为，赋权与增能是新生代农民工“半城镇化”到“再城镇化”的路径选择；王义以赋权增能解析社会组织成长路径的逻辑。此外，以教育管理学为视角，关于赋权增能的已有研究主要集中于乡村教师队伍建设、残疾儿童康复、高校创新创业教育、老年教育等方面，在职业教育，尤其是对农民这一弱势群体的职业教育的研究较少。

从新型职业农民培育的对象特征与发展目标来看，赋权增能理论与新型职业农民培育具有内核一致性。因为，长期以来，我国农民地位呈现出全面性弱势的特点，无论是横向与其他群体比较，还是纵向的时间维度演进，农民在何种分层标准、各个时期之中均属于弱势，农民边缘化明显。要改变农民的弱势地位，除了统筹城乡经济发展，改变城乡二元结构等外部措施外，还需要提高农民内部发展的动力。教育是改变农民落后思维方式和价值观念、提高农民文化程度和素质的一种根本的内在方式，由此，新型职业农民培育本质是一个增强农民自我概念，强化农民自我形象，提高农民内生力量、消除其弱势地位的一种有效方式。农民对教育的参与本质上就是赋权增能行为，农民受教育的过程就是通过教育增加教育权利，提升人力资本的过程。本书从制度赋权、管理赋权、环境赋权、内在增能和外在增能五个维度分别分析新型职业农民培育存在的问题并提出完善路径（见图5-3）。

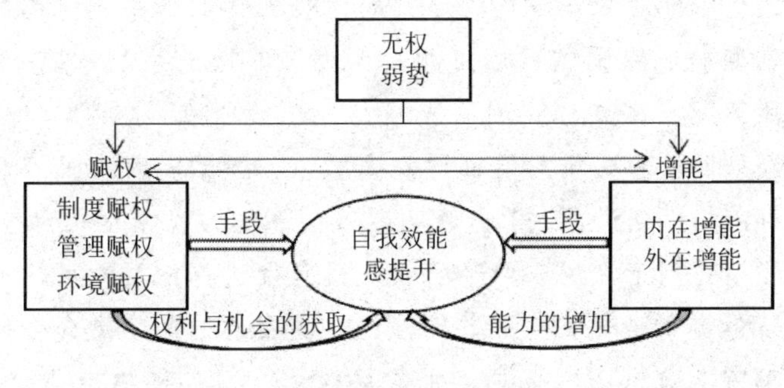

图5-3 赋权增能结构

二、新型职业农民培育的价值取向[①]

从满足主体需要的直接性与间接性来看，培育新型职业农民主要有两种价值取向：第一种是直接满足农民需求的内在价值，强调教育培训对农民的发展的作用，以农民的完善为价值诉求，即为"人本论"；第二种是间接满足

① 2012年"中央一号文件"在"大力培训农村实用人才"部分首次提出要大力培育新型职业农民；2013年，农业部办公厅发布《关于新型职业农民培育试点工作的指导意见》，强调新型职业农民是构成新型农业经营主体的重要组成部分，是发展现代农业的重要力量；2016年"中央一号文件"提出"把新型职业农民培养成建设现代农业的主导力量"。这些重要文件均强调新型职业农民培育的必要性。

农民个体发展需求，以达到教育的外在目的，表现为对社会经济、政治等功能的发挥，即为“工具论”。

（一）人本价值取向：农民素质提升与收入提高的内生性发展

第一，新型职业农民培育能提高农民素质。新型职业农民培育的人本价值主要表现在提升农民整体素质。农民素质是指农民在社会实践活动中呈现出来的各种属性与特性，一般可分为身体素质、文化素质、科技素质、经营管理素质、思想道德素质、法律素质、心理素质等。以农民群体为培养对象开展类型丰富、层次多样、形式多元的农业理论与实践教育活动，能让农民在一定程度上掌握现代农业种养殖技能、农技操作技能等科学技术知识和生产技能；同时，也能提高农民的组织能力、管理能力和创新能力，如对有限的人力资源、土地资源和资本资源等农业资源进行优化整合的能力、融合并利用互联网进行农产品营销的能力、判断市场变化规律掌握市场行情的能力等。因此，新型职业农民教育培育能直接提高农民的文化素质、科技素质、经营管理素质等属性素质。

第二，新型职业农民培育能促进农民增收。新型职业农民培育在提高农民素质和生存能力的条件下，其外在主要效益表现为农民收入的增加。因此，新型职业农民培育对于农民农业经营收入具有促进作用，而且这个促进作用是经过中间桥梁进行消化、生成并转换的，主要通过两个中介生成表现：一是通过农民整体文化素质的提高增加农民收入。正如道格拉斯·诺思所言，知识存量的增加一直是人类福利增加的基本源泉。农民通过定期、周期式的理论教育和实践培训获取农业领域的新理论、新品种、新技术、新方法，通过知识存量的增加并实践运用，进而增加农民收入。第二，提高了农民自身的增收能力。在新型职业农民培育工程中，农民通过限期培训，获得政府部门的官方资格认证，升级为生产管理型、专业技术型、信息服务型的新型职业农民。农民农业生产技能的提高，并将之推广且实践于农业生产中以提高农业劳动生产率，进而增加农业经营收入；管理能力的提升，能有效降低农业生产经营过程中的组织成本和管理成本。通过“开源”与“节流”双向结合，提高效益。

（二）工具价值取向：农业现代化与新型农业经营主体结构优化

第一，新型职业农民培育是推动农业现代化建设的有力抓手。农业现代化的关键是农民现代化，而农民现代化的本质要求是农民职业化。新型职业农民推进农业现代化的工具价值主要表现在三个方面：一是有利于破解“谁来种地”的主体困境。随着工业化、城镇化经济的发展，大量农民持续向外转移，农业劳动力萎缩化、弱质化、老龄化问题突出，难以适应现代农业发展需求。而新型职业农民是传统农民由“身份”向“职业”转变的新生代农民群体，具有“全职务农”的基本特征，能够有效保障农业的长期发展。二是有利于促进农业科技的推广与运作。新型职业农民是文化农民、技能农民、市场农民，掌握较高的科学种养技术和先进的农业生产经营管理技术，让农业生产维持机械化运作而不是劳动力的简单相加，加快了农业现代技术在农村的推广与应用。三是有利于推进农业产业化经营、规模化生产、社会化服务。经济学经典的劳动与交换理论认为，规模经营可以节约大量“交易成本”，农业产业化、规模化经营组织方式是现代农业发展的必然要求。新型职业农民“懂科技、会经营、成组织”，能够有效地利用国家支持政策促进多形式的适度规模经营发展，提高农业经营效益。

第二，培育新型职业农民能促进新型农业经营主体的结构优化。新型职业农民并非单个个体，而是包括农业龙头企业、专业大户、农民专业合作社等新型农业经营主体在内的多元主体组成的群体。由此可知，新型职业农民与新型农业经营主体之间存在子集关系与耦合关系。其中，“子集关系”指新型农业经营主体范围更广，种类更多，包含新型职业农民这一类型农民；“耦合关系”即指二者在发展过程中相互促进、共同发展。新型职业农民培育是带动新型农业经营主体发展的主力军，新型农业经营主体是新型职业农民发挥作用的载体。具体从新型农业经营主体发展的存量与增量上看，培育新型职业农民一方面可以优化存量，通过有计划、有组织的教育培训，能提升农业经营主体的科技创新能力、经营管理能力、市场营销能力等，进而优化已有新型农业经营主体的知识结构、文化结构和技术结构；另一方面可以显性地增加新型农业经营主体的数量。新型职业农民培育通过吸纳高校毕业生、返乡创业者、传统农民等潜在职业农民转化身份，成为现在的以农业生产经营为专门职业的职业农民，他们扩大生产经营规模或者创办农业企业，也成为新型农业经营主体的一部分。

三、赋权增能的异化：新型职业农民培育的实践偏差

第一，制度赋权缺位导致农民教育发展动力不足。与其他产业相比，农

业是高风险弱质产业，对于职业农民而言，政府的政策扶持和职业保障制度是其成长发展的重要动力。研究发现，我国对新型职业农民的扶持发展和补贴方面，普遍缺乏有效的配套政策支持。从城乡二元体制看，城镇职工教育培训享有国家制度性法律保障，《中华人民共和国劳动法》《中华人民共和国职业教育法》对城镇职工教育的经费来源和培训方式等做了明确规定，而对农民接受职业教育尚未形成明晰的制度保障机制，新型职业农民培训全过程的综合法律体系尚未建立，农民仍没有享受到与城镇职工教育培训的同等待遇。此外，新型职业农民培育经费的使用和效用评价也缺乏完善的法律衡量工具。制度赋权的缺位会影响农民参与的积极性，对新型职业农民培育的发育后劲产生一定的抑制作用。

第二，管理赋权脱节导致培育对象瞄准偏差。主体对象的选择是新型职业农民培育的关键，因为，“人”的问题，始终是核心问题，影响着事物发展的全过程。从新型职业农民培育对象的遴选看，新型职业农民培育培训对象瞄准有偏差，普遍存在高龄老化、文化素质低、男性占比低的“一高两低”现象。第三次全国农业普查数据显示，2017 年，我国农业生产经营人员受教育程度在初中及以下的占比为 91.8%，年龄 55 岁及以上的占比为 33.6%。[①] 马力（2018）对江苏省苏南、苏中、苏北 3 市 756 位职业农民开展调查，结果表明初中文化以下程度的约占 95.2%，平均年龄为 58.6 岁，中青年中也以妇女为主。黄祖辉等人调查了浙江、湖南、四川和安徽 4 省 16 个新型职业农民培育试点的 495 位新型职业农民培育对象，结果显示新型职业农民培育对象平均年龄为 46.8 岁，45—55 岁所占比例为 75%。同时，本课题组于 2019 年 6—7 月及 2020 年 7—8 月先后分两次深入到桂东南 C 县[②]开展新型职业农民调查研究，对已参加新型职业农民培育工程的 1022 位农民的调查结果表明：从年龄结构来看，参加培训的农民学员的平均年龄是 48.6 岁，其中，41—50 岁的占比为 33.6%，51—60 岁的比例是 40.51%，31—40 岁的为 14.9%，20—30 岁的仅占 8.5%，参训农民年龄主要集中在 45—60 岁，偏向于中老年，老龄化现象突出；从教育结构来看，参加培训的农民中，受教育

① 2017 年，农业部办公厅印发《“十三五”全国新型职业农民培育发展规划》，提出到 2020 年新型职业农民队伍数量要达到 2000 万人的指标。

② C 县是桂东南地区典型的农业大县，农村人口比例高达 96%。农业产业结构仍保持着水稻、粉蕉种植和生猪、肉鸡养殖等传统类型。C 县把新型职业农民培育作为推动传统农业大县向现代农业强县跨越的战略任务来抓，2017—2019 年共培育培训新型职业农民 1022 名。本书数据由实地调查过程中当地部门提供并整理。

程度为小学的比例是18.2%，为初中的占比高达68.9%，为高中的比例是9.2%，具有中专、大专及本科学历的农民所占比重最低，仅为3.7%，农民的文化程度集中于初中及以下水平，低学历化严重；从性别比例来看，培训对象女性占比为66%，男性占比为34%，性别比例失衡，呈现农业女性化特征。

从全国农业普查数据和学者对东、中、西部地区部分省份的调查研究数据来看，虽然关于新型职业农民培育对象瞄准偏差的调研数据略有偏差，但普遍存在老龄化、低学历化和女性化现象已是不争的事实。年龄、学历等要素会直接影响个人对新知识的理解程度和接受程度，年龄越高、学历越低，理解力和接受力就越低，进而影响教育培训效果。因此，新型职业农民培育对象应向中青年、高学历、高素质、有一定产业规模的农民群体倾斜，而不是“胡子眉毛一把抓”，为了完成上级任务指标让所有农业劳动力参与了事。

第三，环境赋权薄弱致使农民主体性缺失。新型职业农民培育属于社会公共服务，基于政府的职能定位，决定了当前我国新型职业农民培育模式属于典型的政府供给导向模式，政府发挥着主导作用。从教育培训体系看，实行的是“四级一点”制，即中央、省、市、县四级建制农广校和乡村教学点五级办学体系，涉农高校、科研院所、农业龙头企业、职教集团和农民合作社参与新型职业农民教育培训比例较小。从政府决策看，这种“自上而下”的单向任务下达的方式，强调任务驱动与指标完成，由上级部门的指令决定，而非由参与对象的实际需求决定。这种以政府行政主导作为主要管理手段的模式，环境赋权薄弱，往往难以适应和照顾农民的现实需求。作为供给接受者的农民，能够参与政策制定与监督的机会有限，对其教育培育的需求结构、类型、层次与意见难以向决策层传递，较难反馈并体现在新型职业农民教育培育实施中。农民积极参政议政的意愿与潜能未被激发，农民在农业生产中积累的知识、技能与经验未得到充分尊重，对涉及自身利益的新型职业农民教育培育决策和管理的意见未被充分听取，其主体性价值和主观能动性未能得到充分彰显和发挥，这在很大程度上影响农民参训的兴趣与积极性。

（一）内在增能意愿不强，身份职业化转型困难

内生动力的激发来自农民主动性意识和行为的双重自主性觉醒。在实地调查中，我们发现，农民的内在增能意愿较弱，主要表现在：一是新型职业农民的主人翁意识淡薄。农民是农业农村发展的根本主体和基础性力量，政府、第三方组织机构和社会力量等利益相关者属于外部力量，相对于农民来

说，是客体。但在新型职业农民培育的整个流程中，农民主体性均被置于组织之外，其主人翁意识难以被确立起来，“要我培训”完全覆盖“我要培训”。二是农民职业认同不强。农业尤其是传统农业，相对于工业和服务业而言，生产水平低、剩余少、积累慢；在社会分层中，农民也均处于分层结构的末端。农民对职业农民的价值、意义、能从中获得多少经济效益没有真正认识和充分了解，使得农民对农业职业期待不高。三是创新实践能力不足。从培训后的生产实践上看，由于短期培训的知识理论化，经营管理创新实际操作又充满着种种挑战和变数，加之农民思想的相对保守性和自给自足的小农经济惯性，在风险未知的新知识尝试与自己在农业生产中积累的技能与经验相互交织、对撞之后，他们更会依赖于自身已有的、明确的体系运作方式。在认知不足、定位模糊、实践不强的相互作用下，农民职业身份转化困难。

（二）外在增能效率不高，专业化程度偏低

新型职业农民教育培训是实现农民现代化成长的重要途径。但透视当前的培训体系发现，培训项目针对性不强、覆盖面不广、工种开展不平衡、教育培训供给总量不足、供给不均衡等现象突出。由于农民教育具有农业产业的地域性和季节性特点，单一的政府行为缺乏市场的有效反馈，加之政府在新型职业农民培育的运行中，更多是以完成上级指令去开展的，导致农民教育培训项目的动态调整机制不健全。在实际运行中，新型职业农民教育培训大多集中在冬春农闲季节，且培训时间和时长零散性、突击性和短暂性特征明显，在夏秋管理季节里，技术管理培训缺失，使得培训工作不连贯，应用转化率低，影响了培训效果。此外，从教育基础条件上看，专业专职教师结构不优、总量不足、知识体系老旧，实践指导力不强，培训教材建设也相对滞后。这些教育培训体系中的缺陷会造成新型职业农民外在增能获取中的效率不高，专业化程度偏低。

四、赋权增能的回归：新型职业农民培育长效机制构建

（一）制度赋权：完善制度保障机制，提高新型职业农民培育的保障性

国外发达国家如法国、美国、澳大利亚等在重视农业从业人员的培训过

程中，不仅制定了相对完整的农民教育培训体系，还通过法律法规、相关制度支持农民提高自身的综合素质和科技文化水平，例如法国的《农业教育指导法案》、美国的《帕金斯职业教育法案》，让农民在很大比例上达到了比较高的高等职业教育，从而保证了农业生产的高水平和高效益。因此，为确保我国新型职业农民队伍发展壮大，先需要从宏观视角出发，完善相应的制度保障机制。一方面，要加强新型职业农民培育法制建设，在吸收借鉴国外发达国家职业农民教育立法的基础上，出台与《中华人民共和国职业教育法》相配套的《新型职业农民教育培育条例》，构建完备的法律法规体系、资格认证体系、扶持培养体系和质量监督体系，把新型职业农民培育工作纳入制度化、规范化、标准化新阶段。另一方面，要加快完善法律规定的政策，明确促进新型职业农民规模化生产经营政策、金融税收优惠政策和社会保障政策等，提高新型职业农民培育的保障性。

（二）管理赋权：完善教育遴选机制，明确培育对象的选择

新型职业农民是“职业农民”与“新型农民”的有机结合，相对于传统农业劳动力而言，在主体身份、整体素质、知识技能等方面具有“新型性”和“职业性”；全职务农、高素质、高收入、社会尊重，是新型职业农民的基本特征和条件。除此之外，其还应该是市场主体，并对农村现代化发展具有较强的社会责任感。综合以上专业学者对新型职业农民的界定，可以认为，专业大户、城市回流农民、农村留守劳动力、农业院校学生四类主体是新型职业农民的来源。其中，专业大户属于准新型职业农民，其余三者属于潜在新型职业农民。值得注意的是，要区分好新型职业农民与农村劳动力、农村剩余劳动力、兼业农民的关系。农村劳动力是一个范畴概念，一种社会结构；农村剩余劳动力是技术、资源和市场共同作用下的超过农业需求的农业劳动力；兼业农民是短期间歇性城乡来回流动的以农为主、工商为辅或以工商为主、农业为辅的农民，其生计模式为农业 + 副业，渠道增加，而不仅仅只依靠土地。新型职业农民与农村劳动力、农村剩余劳动力、兼业农民是既有联系，又有所区别的。联系在于他们之间可以角色转换，区别在于资格认定条件不同。新型职业农民培育关乎乡村振兴、农业农村现代化的推进，因此要根据现代农业发展要求，完善教育遴选机制，按照设定指标选拔合适数量的农民作为教育培育对象。

（三）环境赋权：创新协调联动机制，更新教育管理观念

新型职业农民培育关键是促进农民主体能力的发展，宽松、自由的教育管理环境最有利于农民的成长与发展，因此需要确立内生引导型和服务型农民教育管理理念。内生引导型教育管理理念的生成，需要政府重视民主意识和平等观念的养成，自觉从“家长”角色向“守夜人”角色转换，在政策制定、规划设计、决策部署等方面广泛吸纳农民意见，从而保障农民主体参与能力发展的权利；同时，创新农民的主体作用，为农民自治和民主管理创造一个良好的外部环境。服务型教育管理理念的本质是农民参与，这就要求政府“以农民为本”，树立服务观念，实现从管理型向服务型教育管理理念转变。为此，需要建立科学的政府服务效能评估指标体系和评估程序，通过科学测评，以农民对教育培育质量效能的评价作为政府服务效能的主要依据，由此促进政府服务效能的不断提高。

（四）外在增能：匹配需求响应机制，提升农民专业能力

提高新型职业农民培育效果与可持续性的关键是关照到农民的内在需求，建立起能够回应农民需求的培训供给机制，从而使得供给与需求之间匹配、均衡。对于科学的供需平衡机制的构建，首先，建立农民需要获取机制，基于农民个体因素和产业发展因素，精准区分不同特征农民群体，了解农民对培训的内容、类型、层次、方式、途径、时间、地点等的期望与要求。其次，建立需求导向供给决策机制，树立“自上而下、以需定供”的决策理念，扩大农民参与决策和管理的渠道，确保在政府服务新型职业农民培育的各方面、各环节均有规范化的农民参与途径。最后，建立监督反馈机制，监督反馈机制是匹配需求响应有效推行的重要手段，通过决策机构、培训机构和农民三者之间的协调沟通、信息共享，从根本上解决政府与农民需求不对称的问题。

（五）内在增能：健全激励机制，强化农民职业认同

培育新型职业农民，提高农民整体素质，只有在内在增能方面健全激励机制，强化农民职业认同，才能提升农民教育培训的热情与能力。一是健全认知激励机制，帮助农民明确自身发展定位。在教育过程中，培训教师要使用指导性、鼓励性的语言和平等的互动方式，影响农民对自我和现代农业的

认识，基于自我素质和现代农业要求差距的认知，增强自我学习的意识，让“不得不学”变为“我要学”。同时，积极利用现代媒体，大力宣传新型职业农民的理念、政策、意义和价值，提高新型职业农民的知名度和认知度。二是完善技能激励机制，教授农民从事现代农业的技能。具体到专业设置上，按照主导产业类型和国家职业认定标准，建立“公共基础课＋实用技术课＋专业拓展课”新型职业农民培育课程体系，重点培养农民过硬的专业知识与技能。三是健全实践激励机制，提供机会关怀并支持农民发展。成人教育规律和农民心理、行为特点决定了农民教育的显著特点是重实训、重参与。因此，在新型职业农民培育过程中要做到理论知识传授与农事实践的均衡，甚至是农事实践重于理论知识传授。可以开展参与式农民教育培育，多安排参训农民到实践教学基地、农业科技示范园区考察、见习、实践，在田间地头解决农业生产中的实际问题。

新型职业农民培育是一项复杂的系统工程，其不仅是理论教学的单向输出，还应包括培育对象的接收与实践，这是一个从理念、技术、制度等全面革新的动态过程。因此，在社会主义现代化进程中，新型职业农民的教育培育需要外在赋权导入与内在增能提升并重，在制度赋权上构建制度保障机制，提高新型职业农民培育的保障性，在管理赋权上完善教育遴选机制，明确培育对象的选择，在环境赋权上创新协调联动机制，树立内生引导型和服务型农民教育管理理念，在外在增能上匹配需求响应机制，提升农民专业能力，在内在增能上健全激励机制，强化农民职业认同（见图5－4）。只有构建新型职业农民培育的长效机制，让外在赋权与内在增能共同发挥作用，从新型职业农民的数量增长向质量提升转变，才能顺利实现农业经营转型升级与农业发展现代化。

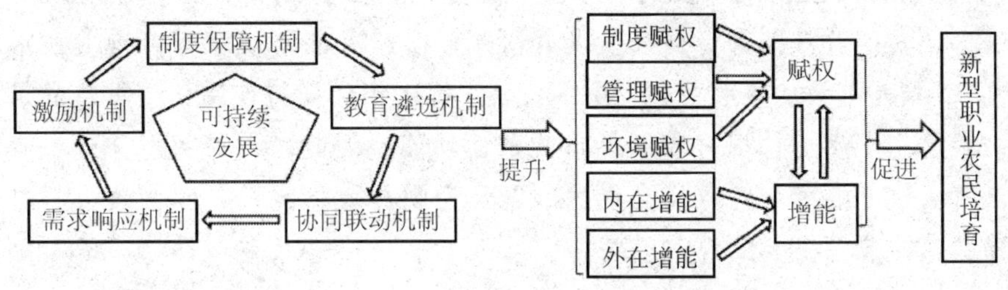

图5－4　新型职业农民培育长效机制构建机理

第六节　农业职业经理人

在全面建成小康社会阶段，我国的社会生产力水平在总体上已有显著提高，而当前更加突出的问题在于发展中的不平衡不充分，在农村则表现为农业和农民发展的不平衡不充分。在推动乡村发展治理上，人才作为第一资源，起着关键性的作用。农业职业经理人作为新型职业农民的代表，他们懂专业、懂技术、懂市场、懂法律，其在促进农业生产经营、巩固脱贫攻坚成果、推动农业现代化发展方面的重要性日益凸显。

实现农村贫困人口脱贫攻坚，农业发展是关键。随着农业现代化和新型城镇化进程的推进，农村土地流转速度不断加快，农业产业化、规模化、企业化水平不断提高，家庭农场和农民合作社不断涌现，迫切需要一批善经营、懂管理、会技术的现代农业复合型人才。2017 年，随着农业部发展规划的提出，新型职业农民的培育上升为国家战略。2018 年，“中央一号文件”确定的乡村振兴战略目标任务中明确指出，要培养一批农业职业经理人、经纪人，为实现乡村振兴战略夯实人才基础。农业职业经理人，是依托农业合作社、农业企业等，运用现代经营管理理念和先进实用技术，专业从事规模化、集约化农业生产经营的新型职业农民，在构建现代农业产业体系、生产体系和经营体系中发挥重要的组织作用和带头作用。

当前，我国已全面建成小康社会，但这绝不代表我国农村贫困就此终结，而是意味着我国将进入解决相对贫困问题的时期。构建脱贫攻坚成果巩固长效机制则成为党和政府面临的重大挑战。2017 年年初，习近平总书记指出“要因地制宜探索精准扶贫的有效路子，多给贫困群众培育可持续发展的产业，多给贫困群众培育可持续发展的机制，多给贫困群众培育可持续致富的动力”，指明了政府在脱贫过程中不仅要发挥引领和扶持作用，更重要的是挖掘农民的内生潜力，提升农民的自我造血功能。因此，本书通过分析农业职业经理人制度的可行性以及存在的问题，为脱贫攻坚成果巩固长效机制建言献策，具有非常重大的现实意义。

一、农业职业经理人制度的可行性分析

（一）理论上的可靠性

在中国古代社会，就出现了“职业经理人”阶层，如“掌柜”“买办”等。真正意义上的职业经理人，起源于美国。当时，包括铁路业在内的绝大多数企业都属于家族企业，其在创办之初，以家族血缘关系为基础的管理发挥着积极的作用。然而，随着市场经济的完善和民营家族企业的发展壮大，家族式管理的“重血缘，轻能力”“内外有别”“独断专行”等思想作风严重阻碍了家族企业的发展，甚至扰乱了市场经济的秩序，破坏了社会生活的稳定。因此，企业家们开始重新审视企业的管理模式，重新思考合理的管理方式，先是聘请专业人才担任企业的管理者，也就是所谓的企业职业经理人。他们受雇于董事长、股东，运用自身掌握的企业经理管理知识以及丰富的管理实践经验，为企业提供经营管理服务，同时发挥自身综合领导能力，协调企业各部门工作，为企业的有效运作以及资产的保值增值承担责任，形成了企业职业经理人制度。这不仅实现了企业所有权和经营权的分离，促进了家族企业向现代企业的转变，还加快了世界经济的发展步伐，为全球经济做出了巨大的贡献，典型的代表如杜邦、福特公司等，已发展成为世界五百强企业。农业职业经理人制度借鉴企业职业经理人制度的先进经验与做法，由此可知，农业职业经理人制度在理论上是切实可行的。

（二）实践上的可行性

2007 年，我国开始农业职业经理人培训试点工作，黑龙江省和安徽省作为第一批试点省份，完成了农业职业经理人的资质评价工作。随着乡村振兴战略的提出以及精准扶贫战略的实施，作为农业人才重要组成部分的农业职业经理人，日益受到政府以及社会公众的广泛关注。2012 年 9 月，四川省成都市发布文件，正式启动农业职业经理人的培训工作。2014 年，崇州市率先推出“农业职业经理人 + 新型职业农民”双培训模式，随后又出现金堂县的“点 + 面”模式和蒲江县的“院校培养”模式；在学历教育方面，2016 年成都农业科技职业学院首创了农业职业经理人（学徒制）试点班。经过几年的探索，成都市培养了一大批农业职业经理人，在农业职业经理人制度的建设

上走在了全国各地的前沿。与此同时，各地也开始了农业职业经理人队伍的建设。2015—2019 年，吉林省、湖北省、河南省、广西壮族自治区、陕西省等先后开设农业职业经理人培训班，2016 年四川省政府联合成都 6 所院校共同组建成都农业职业经理人学院；2019 年，广西壮族自治区农业农村厅和南宁师范大学联合共建广西农业经理人学院。农业职业经理人培训模式的形成、培训班的开设以及专门农业经理人学院的建立，不仅为农村农业培育大批复合型人才，而且有效推动了农业规模化经营，降低了农业生产经营的风险，促进了农民增收。实践证明，农业职业经理人制度是切实可行的。

二、农业职业经理人制度的问题分析

（一）培训机制不健全

随着农业现代化进程的不断加快以及国家乡村振兴政策陆续出台，全国范围内多个省市已开展农业职业经理人培训，为脱贫攻坚和乡村振兴夯实人才基础。但是，就目前情况来看，农业职业经理人培训机制依旧面临着许多问题和挑战。

第一，培训内容缺乏针对性。从目前的试点实践来看，农业职业经理人培训对象主要从农业生产经营管理者、种养能手以及大中专毕业生、农业领域创业兴业的返乡农民、城镇下乡人员、复原专业军人和熟悉农业生产经营管理的人员中产生。从整体来看，培养对象大多为技术人员出身，知识文化水平高低不一，经济实力差异悬殊，且大都处于不同的农业经营领域，从事着不同的生产技术工作，如种植业、养殖业、渔业、畜牧业等，培训需求往往差异较大，因此在为期一周的培训期里（包括现场参观学习），难以针对其需求开展系统性、针对性的培训。

第二，培训方式过分倚重室内课堂。农业职业经理人的培训工作主要是由区域内的大中专职业院校、实训基地和企业集团等机构承担。其中，职业院校拥有先进的教学设备、前沿的文化知识以及优质的师资力量，因此其在农业职业经理人的培养中承担了更多的责任，但是这也意味着，农业职业经理人的培训方式过分倚重室内课堂，注重理论知识和基础技能的传授，忽略了实际操作技能的培养，重理论而轻实践。比如，在 2019 年广西农业职业经理人培训班 7 天的学习中，理论知识学习时间为 6 天半，包括涉农法律基础、农业经理人公关礼仪、农业经理人素质能力提升等，而实训基地现场教学时间仅为半天。这与现代农业所要求的既需要理论知识又需要实践锻炼的新型职业农民相差甚远。

（二）政策扶持不到位

强有力的扶持政策不仅有助于加快农业职业经理人的培育进程、聚集优秀人才，也有助于推动中国特色社会主义制度更加完善，提高国家治理体系和治理能力现代化水平，向社会主义现代化国家稳步迈进。受地区政治、经济、文化发展不同的影响，目前各地针对农业职业经理人制度的扶持政策有所不同，虽然在法律、金融、科技、社保等方面均有扶持，但由于条件苛刻、程序复杂、扶持力度小，使得符合政策要求的受扶人数不多，符合政策的人数少，没有形成规模效应和系统完整的扶持机制，在很大程度上挫伤了农业职业经理人的积极性。

第一，法律。法律是制度得以有效运行的必要保障和根本依据。农业职业经理人制度尚处于探索阶段，其管理主要由各地依据本地区农业发展实际情况自行安排，在法律制度的保障上没有上升到国家层面，对于农业职业经理人申请资格、程序、培训时间、考核方式、证书等级认定以及后续的管理服务，没有具体的法律法规或管理条例对其明确规定，都是各地参照试点地区做法，然后根据自身实际情况加以制定，缺乏标准化与规范化。比如，在农业职业经理人等级认定和证书颁发上，黑龙江省由市县农委、农垦总局负责，而四川省则由地市农发局负责，这既不符合现代制度体系标准化和规范化的特点，也不能体现新型农业经营体系下农业职业经理人这一现代新型职业的优势，更不能充分满足农业现代化发展的需要。

第二，金融。农业生产经营的规模化和集约化，不仅需要合格的农业职业经理人在管理理念和实用技术上发挥领头人的作用，还需要政府在资本和资源上充当扶持者的角色。在农业生产经营过程中，农业职业经理人最缺的是资金和信息。一方面，农业职业经理人的资金需求目前还无法得到有效满足。一是农村金融机构少，大部分金融机构主要是一些传统的支柱银行，如农村信用社、储蓄银行等，而涉农银行如农业银行、农业发展银行在乡村基本不设立，在一定程度上削弱了农业发展的后备力量；二是相关的金融产品和政策尚未出台，使得农业职业经理人在融资上会遇到瓶颈，比如农业贷款要求高、程序复杂，大部分农业职业经理人无法及时享受抵押贷款、小额贷款以及贴息贷款等优惠，限制了农业生产规模的扩大以及农业生产项目的创新，严重的会直接导致其丧失发展良机。另一方面，农业职业经理人在信息的获取上也不够及时、全面。农业职业经理人由于自身文化教育水平比较低、远离城镇地区，对金融政策、推荐就业、市场行情、未来发展走势等方面的信息难以及时、全面的获取，无法有效进行生产的规划和建设，从而不能实现利益最大化。

第三，科技。与科研院校进行合作是培养农业职业经理人的主要途径之一，通过借助其完善的设备、优质的师资、先进的技术等资源，对农业职业经理人的知识技术能力进行综合培育。但是现实中，农业职业经理人在培训结束后就返回所在农村从事农业生产，很少积极主动与科研院校进行反馈沟通，科研院校也缺乏对农业职业经理人的后续培训和跟踪回访，使得双方之间缺乏真正的互动交流，难以进行深入合作，科技成果的需求与供给尚未得到满足，无法形成一个良性互动循环格局。除此之外，农业成果的转化也没有一个很好的技术平台予以支持，使得农业职业经理人仅依靠传统的形式实现其产品价值。

第四，社保。社会保障是以国家或政府为主体，依据法律，通过国民收入的再分配，对公民在暂时或永久丧失劳动能力以及由于各种原因而导致生活困难时给予物质帮助，以保障其基本生活的制度。然而，在农业职业经理人制度运行过程中，没有形成完整的社会保障体系。首先，农业职业经理人作为农业产业的组织者和领头人，扮演着农业“首席执行官”（CEO）的角色，但在实际中，并没有具体的“三险一金”或类似的社会保障制度对农业职业经理人的权益进行保障，而且尽管目前已经出台了一些补贴政策，但在具体的贯彻实施过程中往往受制于各种主客观因素而无法完全落实。其次，我国在农业保险以及农业保险补贴方面缺乏完整系统的相关法律法规，同时也缺少与之相配套的专业的农业保险补贴机构，使得农业保险补贴范围过窄、方式过于简单，一旦农业职业经理人在农业生产过程中遇到市场价格变化、气候灾害、瘟疫发生等情况，就无法及时获得有效的风险补贴，渡过难关，再加上如果农业职业经理人本身资金实力弱，这种打击对其往往是比较致命的，最终导致他们破产。

三、农民参与内生动力不足

2019 年 4 月，人力资源和社会保障部正式发布 13 个新职业，其中之一就是农业经理人，这不仅意味着农业经理人正式成为国家认定的新职业，更反映了国家未来的重大发展领域。但是，对于大部分农民来说，农业经理人依旧是新生事物，对农业经理人的运行仍旧陌生，这就导致农民参与农业职业经理人制度建设的积极性不高，内生动力不足，可以从以下几个方面进行分析：

（一）小农思想根深蒂固，缺乏主动脱贫致富意识

中华五千年的农耕文化，孕育了勤劳朴实的中国农民，但也使得小富即安、缺乏自律、宗派亲族的小农思想根深蒂固。由于文化素质偏低，大部分人主体意识不强，保守谨慎，缺乏市场意识和创新意识，对新生事物接受能力差，对致富信心不足，尤其是一些贫困户，更是缺乏主动脱贫致富的意识，“等靠要”思想浓厚，不主动进行农业生产实践，不积极响应国家政策方针。对农业职业经理人的培养、管理和后续的服务，大部分农民都是抱着观望的态度，没有真正地从内心去接受、认可，更不用说内化成为行动，比如在农业职业经理人培养上，有的农民是迫于行政要求，有的农民是为了获得一定的培训补贴，盲目进入培训环节，这不仅无法实现理想的培训效果，反而造成教育资源的浪费。

（二）农业职业经理人示范带动不足，农民参与积极性不高

农民参与农业职业经理人制度建设内生动力不足，除了自身主观因素外，客观上已经培育出的农业职业经理人在示范带动上也没有发挥很好的作用，使得农民不能从现有的农业职业经理人的成功中汲取到发展经验，无法感受到农业经理人制度带来的实实在在的好处，在一定程度上降低了农民参与的积极性。如，农业职业经理人 A 自身是一名从事水产业养殖的农户，其对从事林果业经营的农民 B 无法形成示范和带动作用，因而就不能吸引农民 B 加入农业职业经理人制度中去。

四、农业职业经理人制度的实施路径

巩固脱贫攻坚成果，关键还是要筑牢农业产业发展基础，提升农民自我造血功能。农业职业经理人制度作为巩固脱贫攻坚成果长效机制，在遵循经理人制度原则的同时，更要满足乡村振兴治理有效的要求，不断探索新途径。

（一）健全培训培养机制

第一，制订合理的培训方案，提高培训内容的针对性。农业依托地形、气候、环境等要素得以生产发展，不同的地区拥有不同的自然条件，不同自然条件下所从事的农业生产各不相同，因此对农业职业经理人的培训内容也应有所不同，应制订符合地方特色产业的农业职业经理人培训规划和方案，精准瞄准，创新采用“过滤分层法”精准区分农业职业经理人，提高培训的针对性和有效性。首先，在确定培训对象后，负责学院要深入一线进行调研，了解新型农村经济主体和农业从业者面临的困境和问题，了解农业职业经理人培养对象的经营产业、教育程度、经济实力、兴趣爱好等，在此基础上合理分析培训人的培训需求；其次，将培养对象按照其特征和需求做专业化、精细化划分，分类标准可分为经营产业（养殖业、种植业等）、文化程度（高中或中专、本科等）、经济实力（年收入等）、需求层次（高中低）等；最后，将统一学习和分类要求相结合，既统一安排必修内容，又按照划分内容进行分组讨论，这样不仅可以提高培训效率，也可以提高培训效率，同时有利于促进经理人对培训内容的掌握。

第二，打造室外课堂，营造培训活力氛围。传统的室内课堂采用“请进来”的方式，聘请专业名师、龙头企业家、种养能手等讲授理论知识与基础技能，使学员们对农业职业经理人的认识更加系统化、专业化。但是新型的农业职业经理人仅仅掌握理论知识和基础技能是远远不够的，还需要具备对生产技术的实践能力和对市场商业的敏锐洞察能力，而这仅在学校室内课堂是不足以培养和锻炼的，因此需要打造室外课堂，营造培训活力氛围。一是搭建网络教学平台。一方面，国家可以依托中国智慧农业数字化学习资源中心，联合高校、实训基地等优秀培训机构，共同开发国家精品课程，同时录制上传微课（Microlecture）、慕课（MOOC）等，打造网络课堂，使优秀教学资源远程共享；另一方面，省市可以依托网络平台，为学员建立微信群、QQ群等，通过专家、教授、企业家以及领导与各学员的在线互动，实现一对一、一对多、多对一的在线辅导。二是组织学员参观走访学习。组织学员到知名企业、专业合作社以及国内优秀示范基地参观考察，开阔视野，增长见识，同时，还要鼓励学员之间相互走访参观，交流彼此的心得与经验，分享彼此的优势资源，在提高经验能力的同时，还能为合作发展创造条件。三是为学员提供实践锻炼机会。可以与当地合作社和企业进行合作，组织学员到合作社和企业内挂职锻炼，学习先进的管理模式和实践经验。

（二）完善政策支持

第一，建立健全法律法规制度。巩固脱贫攻坚成果，构建脱贫长效机制，需要全面建立健全农业职业经理人相关法律法规。当前，农业职业经理人制度法律化进程缓慢，全国没有统一的标准和规范，缺少制度化方面的保障。因此，必须制定法律，用立法的形式保障农业职业经理人制度的推广和实施。一方面，修订和完善《中华人民共和国农业法》，增加农业职业经理人的相关条款，以法律法规的形式保障农业职业经理人制度的有效实施。另一方面，借鉴国外农业合作社关于职业经理人立法的先进经验，针对国内具体实际情况，制定《农业职业经理人管理条例》，明确其培训内容、考核方式、运行规则以及后续的管理服务，使农业职业经理人制度规范化、常态化。

第二，加大金融扶持。实施农业职业经理人制度，巩固脱贫攻坚成果，资金保障是关键。因此，在加大财政资金对农业职业经理人帮扶力度的同时，必须建立金融支持农业职业经理人发展的长效机制，满足农业职业经理人的资金需求。一方面，扩大金融机构在农村的覆盖率，加快涉农银行在乡镇的建设和运营，同时，引导和鼓励商业银行助农支农，将支持农业产业化发展作为信贷工作的重要内容，并将此项内容纳入考核，及时满足农业职业经理人的资金需求。另一方面，创新金融信贷产品，结合地区农业发展情况，针对农业职业经理人的需求，推出短期、低息金融产品，同时精简贷款手续、延长还款周期，注重相关金融产品和支持政策的融合性与连续性，使农业职业经理人能够及时、长期地享受各种金融优惠政策，既有利于发挥金融促进农业经济发展的政策导向作用，又有助于支持农业职业经理人的创业创新。

第三，增加科学技术投入。“科学技术是第一生产力”，推动社会不断变革、不断进步。作为农业大国，在农业的生产发展上，要坚持以科技促农业，增加对农业的科技投入。一方面，建立农业职业经理人专项资金，对其与高等院校、科研院所联合共建的项目和研究基地，以及共同研发、推广和应用新技术、新品种、新机具等农业科技成果，对此予以优先资助和立项支持，同时要进一步加强对科技成果的专利保护，激发农业职业经理人创新创造农业成果的主动性与积极性。另一方面，建立农业成果转化平台，创新成果转化方式，探索运用“互联网+农业”“院校+农户”“企业+农户+市场”等方式，拓展农产品的开发和销售渠道，延伸农产品产业链，增加农产品的产业附加值，进而达到为农民增收的目标。

第四，出台社保支持政策。作为农业产业的组织者和领头人，农业职业经理人带来的不仅仅是经济效益，更带来了巨大的社会效益，如加快了农民的分工分业分化。这对于巩固脱贫攻坚成果，实现乡村振兴具有重要的意义。因此，必须进一步出台农业职业经理人的社会保障支持政策，巩固其权益，维护其利益。一是督促合作社完善“三险一金”制度，鼓励符合城镇职工养老保险条件的农业职业经理人以个人身份参加城镇职工养老保险、医疗保险和失业保险，并在全面贯彻个人缴付部分政府补贴政策的同时扩大政府补贴比率，减轻农业职业经理人的经济压力。二是加快农业保险补贴立法，详细制定农业合作社农业保险补贴的实施细则，如补贴范围、标准、形式等，加大农业保险补贴力度，尤其是风险补贴力度，确保农业职业经理人农业生产的稳定性和可持续性。

（三）增强农民内生动力

第一，加强思想教育，培养主动脱贫致富意识。针对当下农民思想落后，脱贫致富意愿不强的情况，政府要加大对农民思想意识的培养和教育工作。首先，应强化农民的主体意识。要通过思想教育工作让农民意识到自己是脱贫致富、实现乡村振兴的主体，发挥农民的主体作用，从根本上扭转农民不愿意参与乡村振兴的局面。其次，应增强农民的认同感、责任感和共同感。要通过多带动农村参与脱贫致富的实践，在实践中激发农民内在的积极性，给予农民一定的自主权，促使农民进行自我管理和自我发展，激发农民的内生动力。此外，还要注重对农民的培养工作。既要强化农民的思想意识，培养农民的主体责任感，也要加大对农民专业素质的培训和提升。新时代下，实现农村的现代化发展，意味着农业生产活动也要实现现代化，这就需要农民掌握新型的生产技术和管理方法。农业职业经理人制度在运行的过程中，应该更加注重提升农民的现代化生产技能。

第二，发挥好农业职业经理人的示范效应。发挥好农业职业经理人的示范效应应该做好三个方面的努力。一是切实做大、做好一批农业职业经理人范例，树立好典型例子，发挥榜样作用。这就要求在先期进行农业职业经理人培养时，挑选好具有代表性的、实用性的、见效快的行业，确保这些典型人员能够广泛吸引农民的注意力。二是做好宣传工作。“酒香也怕巷子深”，如果不能做好宣传工作，那么农业职业经理人的存在和推广就无从谈起，普通农民获取外界信息的渠道很窄，因此必须重视宣传工作。三是要做好奖励工作。通过对取得良好实践效果、具有良好示范作用的农业职业经理人进行奖励，既可以在物质上对农民参与农业职业经理人制度形成激励作用，更能深层次激发农民自身参与农业职业经理人制度的积极性和创造性。

综上，农业职业经理人制度作为巩固脱贫攻坚成果、构建遏制返贫长效机制的探索，必然要经过长期的实践和检验，以及不断依据事实情况的变化进行修正和完善。党和政府要践行“守望田园不辱使命”的历史担当，以实现伟大复兴中国梦为引领，以乡村振兴战略为基本依托，不断探索新思路新理念，不断出台新战略新政策，确保人民安居乐业、社会安定有序，建设更高水平的平安中国。

第六章

桂滇边境深度贫困地区短期脱贫与长期振兴案例研究

第一节　龙州县脱贫攻坚与基层治理案例

一、龙州县脱贫攻坚的成效、特色与启示

（一）龙州县脱贫攻坚取得的成效

自脱贫攻坚战打响以来，龙州县结合贫困程度深、脱贫人口基数大、贫困面大的具体县情，深入贯彻脱贫攻坚政策执行工作，以深度贫困村屯为脱贫重点，以帮扶措施精准到村到屯到户为标准，对症下药、因地制宜、精准施策，集合各方人力、物力、财力，坚决打赢脱贫攻坚战。2017 年，龙州县贫困人口从 2015 年的 50828 人降至 37554 人，贫困发生率降为 1.88%，低于 3%，且比 2015 年下降了 27.04 个百分点，成为广西 33 个扶贫开发工作重点县中第一个脱贫摘帽的县。

龙州县深入贯彻习近平总书记扶贫开发重要战略思想，以十九大精神和全国“两会”精神为精神养分，以乡村振兴为发展契机，持续巩固脱贫成果。在脱贫过程中，龙州县解放思想、大胆创新，彰显出了脱贫攻坚工作的亮点。

第一，创新“易地搬迁 +”模式，依托边贸扶贫措施，在边民互市点建设边贸新城及配套扶贫车间、便民市场、医疗卫生所、学校等基础设施，吸

引贫困户搬到边贸新城，以实现驻边固疆的目的。第二，以“第一书记产业联盟”抓党建促扶贫模式，发挥第一书记产业扶贫核心作用，打造“第一书记产业联盟”特色品牌。第三，以党建促扶贫推进易地搬迁，把队伍、就业、经费作为三大保障，把思想转变、组织筹备、公正选举作为三大关键，在安置点多、居住量大、条件成熟的安置点设置责任、领导、工作三大体系。第四，创新生态扶贫模式，依托龙州县自身的自然禀赋，实施景区创A、乡村旅游、“观鸟经济”等生态旅游系列工程。第五，创新健康扶贫模式，进行健康扶贫疾病分类救治工作模式，并且为贫困户看病治疗开通绿色通道，解决“看病难”问题，阻断因病返贫。

（二）龙州县脱贫攻坚的政策执行特色

1. 脱贫政策本身。脱贫政策无论是在制定之初，还是实施之时，都获得社会各界高度认可、支持，拥有各方资金资源支持。既完善精准又符合县情的脱贫政策是龙州县得以率先脱贫摘帽的关键因素之一。龙州县在落实国家及自治区的脱贫政策时，充分考虑具体县情，多方考量，制订出既满足龙州县持续发展的整体要求，又符合贫困群众脱贫致富要求的行动计划，脱贫行动计划具备了可行性、可操作性。脱贫政策符合龙州县贫困现状，也针对龙州县的生态效益、社会效益、文化效益全面考量，政策具有较强针对性。同时，脱贫政策在导向上，表现为在执行过程中对执行参与因素进行全面把控，始终坚持政策执行朝着精准有效的方向不变。

同时，具备科学、系统、合理的脱贫政策后，还需规范的管理制度，以确保政策执行的正常运行秩序。龙州县创新网格化管理模式，组建由第一书记带头，驻村工作队员、村干部、屯长为成员的网格化管理小组，负责对屯内贫困户、非贫困户进行细微管理，这不仅促进了“马甲队伍”真蹲实驻、真帮实促，而且提高了脱贫政策执行的精准度。实行领导驻村夜访制度、半月汇报会制度、每日夕会制度及每周例会制度，压紧落实各级主体责任，保证随时有问题随时解决。以上级领导为核心，以目标责任为导向，以检查监督为手段，三者互相作用、相互影响，协同推进政策全面、系统、有效地执行。

2. 执行部门及人员。脱贫政策终归是由执行部门及人员执行的，政策发布后需要配齐执行部门和必要的执行人员。执行部门与执行人员的沟通协调也不可或缺。执行部门在脱贫政策的执行、评估和监控等环节发挥着积极的能动作用。表现为：龙州县对投入机制的明确，明确了国家脱贫资金、基础设施、教育等方面的投入；瞄准脱贫机制，各个乡镇、村屯的扶贫计划措施一一对应，严格执行；根据实际情况实时调整执行部门，与就业、工业、企业部门等协同合作、集体行动，共享成功脱贫经验，齐头并进；执行部门与相关执行人员沟通协调，避免了执行过程中的随意性、象征性。同时，龙州县的领导班子遵循统一指挥、统一领导的原则，以防多头领导、政出多门而造成的执行混乱。

执行人员是政策执行的主力，要顺利执行脱贫政策，必须配齐配强执行人员，执行人员的素质、能力会对政策执行效果产生影响。首先，采取“照片上墙、马甲上身”办法，亮明身份，消除障碍，主动融入基层，拉近党群、干群关系，以提高群众满意度为前提，做到办实事解民忧。其次，开展了教育培训、作风建设后，打造出一支敢于担当、实事求是、作风优良、勤政廉明的“马甲书记”队伍。同时，把群众满意指数、幸福指数作为执行标准，紧紧围绕脱贫目标，大力弘扬龙州起义精神和红八军精神，发挥脚踏实地、吃苦耐劳、勤政为民的优良作风，以饱满的精神面貌全力推进精准帮扶工作。最后，健全正向激励机制和严肃督查问责并举，在表彰奖励的同时，也严盯、严查脱贫政策执行中的腐败行为和懒散作风。龙州县的脱贫政策执行取得良好效果，得益于这一批批奋斗于一线的执行人员，他们在执行中发挥了主力军作用。

3. 贫困群众。贫困问题能否顺利解决，脱贫目标能否实现，贫困群众知晓、接受、认同、遵从脱贫政策的程度是决定政策执行效果的主要因素。一般而言，贫困群众对于脱贫政策的认同程度深，政策则执行效果好；反之，则效果差。龙州县紧抓思想转变，以发挥扶心扶智作用为前提，消除贫困群众思想贫困、精神贫困，通过开展励志电视夜校活动，教育贫困群众摒弃“等靠要”思想，激发脱贫致富的内生动力；持续开展系统的文化理论教育，对贫困群众陈旧落后的思想观念进行洗礼，使其从理论层面对摆脱贫困具有更深刻的认识和感受；同时，驻村干部带头宣传帮扶政策，通过短信、板报和标语等多种宣传方式，对扶贫成就、脱贫致富典型案例进行宣传，营造脱贫攻坚氛围，坚定群众信心，增强了贫困群众对脱贫政策的知晓度、认可度和认同感，从而取得了良好的政策执行效果。

4. 政策执行环境。制定政策和实施政策时，必须考虑政策执行环境，执行环境对政策执行具有能动作用。因此，政策环境将影响政策执行。脱贫政策是依据一定的环境制定的，脱离脱贫政策赖以生存的外部环境，政策执行将难以为继。党中央、国务院开展实施的精准脱贫政策对贫困程度深的龙州县来说无疑是一个摆脱贫困的契机。

一方面，龙州县从县党委、政府到乡镇再到村屯对脱贫政策进行层层落实、一以贯之，形成了党委领导、政府执行、基层实施的“自上而下”的政治结构模式，为脱贫政策执行奠定良好的政治执行环境，从而使脱贫政策得以有效贯彻实施。具体表现为：充分发挥县党委、政府“一线指挥部”的能动作用，全面落实党政“一把手”脱贫攻坚第一责任人责任和“五级书记”帮扶责任；成立县级扶贫开发领导小组和脱贫攻坚指挥部，夯实龙州县脱贫攻坚上层力量；压紧压实县、乡、村屯及对接帮扶单位等各级帮扶责任，层层签订《脱贫攻坚责任状》，确保帮扶责任到岗到个人和保证脱贫政策层层落实、层层见效。另一方面，实施稳边兴民的帮扶措施和挖掘龙州县少数民族特色文化以促进民族团结。对边民给予更多关注，实施有利于边民生产生活的帮扶措施，在实现兴边富民的同时，可以稳定边境村屯的社会秩序，而稳定的边境秩序反过来又有利于脱贫政策的执行；龙州县是一个少数民族聚居地，少数民族人口众多，各少数民族间的团结稳定程度影响着脱贫政策有效实施；优秀独特的民族文化既可以拉近人与人之间的距离，还可以一定程度上促进民族团结，而民族团结不仅可以改善各民族关系、促进民族友爱和谐，而且能融洽社会关系、稳定社会秩序，龙州县民族团结的独特优势，是脱贫政策顺利实施的秘密武器，是脱贫摘帽的有利法宝。同时，在产业扶贫、教育扶贫、公共服务扶贫等方面取得了斐然成绩，给脱贫政策执行带来了经济、文化、社会等方面的良好环境条件，促进政策执行进一步深入。

（三）龙州县脱贫攻坚的政策执行启示

龙州县认真执行国家脱贫政策，不断提高执行能力，并结合自身脱贫现状，打破思维定式，积极研究、探索符合县情的政策执行方向，走具有龙州特色的脱贫政策执行之路。另外，在完成脱贫任务后，统筹谋划，做好脱贫攻坚与乡村振兴的有机衔接，争创新时代龙州乡村振兴新局面。

党的十九大报告部署，到2020年要打赢脱贫攻坚战，如期实现全面脱贫，到2050年实现乡村全面振兴，也就是完成短期脱贫与长期振兴的任务。2017年，龙州县完成了短期脱贫摘帽任务，但长期振兴目标仍需继续努力。2020年是脱贫攻坚与乡村振兴的交汇年，如何在交汇年做好从脱贫攻坚过渡到乡村振兴和如何从脱贫攻坚成功迈向乡村振兴道路是龙州县完成脱贫任务后面临的新挑战。同时，由于龙州县脱贫时间短，距离达到乡村振兴“产业兴旺、生态宜居、治理有效、乡风文明”的总要求仍有一定差距，仅靠单一的政策机制显然不够。完成长期振兴这一艰巨任务，脱贫有效是根本，治理创新是关键。脱贫有效：促使脱贫攻坚与乡村振兴有机衔接，以脱贫成果为乡村振兴基石，依托乡村振兴战略持续巩固脱贫成效，实现脱贫攻坚与乡村振兴“同频共振”。治理创新：构建短期脱贫与长期振兴目标融合的治理共同体，建设成为党委领导，政府、社区、社会组织、市场组织、群众等多元主体共同参与的治理共同体。总体来说，是将脱贫攻坚进程、乡村振兴战略、多元治理共同体构建有机融合，制定持续性政策，以治理共同体构建助推乡村振兴。

二、龙州县的基层政协协商民主与基层治理

人民政协在推进基层治理现代化中发挥了不可替代的重要作用。基层治理多元参与诉求与政协角色认同一致性、基层治理运行机制与政协功能发挥相适应、基层治理价值目标与政协服务效能同向化是政协与基层治理互动的内在机理。近年来，广西边境地区龙州县政协积极探索政协协商民主参与基层治理的实践，在推动当地经济社会发展和提升治理水平等方面取得了明显成效。

人民政协成立 70 多年来，人民政协制度不断完善和发展。当前，人民政协作为协商民主的重要渠道和专门协商机构，在我国政治生活中发挥着越来越重要的作用。基层治理是整个社会治理的核心，“治国安邦，重点在基层、难点在乡村、支点在社会”。人民政协作为国家治理体系的重要组成部分，随着协商民主向基层延伸，各地方政协积极探索政协协商民主深入基层的方式，以提升基层治理能力和水平。案例结合广西边境地区龙州县政协协商民主与基层治理互动的实践，从理论上分析基层政协协商民主与基层治理互动的内在机理，以期为发展人民政协协商民主提供理论借鉴。

（一）人民政协之于基层治理现代化的价值意蕴

1. 人民政协推动基层治理主体的发育。人民政协内蕴协商民主、参政议政、民主监督的多种形式、多种空间推动基层治理主体的发育。首先，政协

的协商民主、参政议政功能能激发公民的社会责任意识。政协作为协商民主的重要渠道，能促使公民在参与集体事务时自觉承担起维护公共利益的责任，超越个体的利益认知，代表某个群体表达利益诉求。各参与主体在相互沟通、交流、理解、妥协中达成共识，而协商作出的决策，是作为一个社会共同体的最终决策。因而，政协协商沟通过程不仅培养了公民的共同体意识，而且激发了公民的社会责任意识。其次，政协协商民主、参政议政功能可以培育公民的公共理性。公共理性是公民具有的理性能力和道德能力，是公民参与协商必须具备的一项基本素质，它要求协商参与主体超越个人利益思考问题，寻找有利于实现公共利益的最佳方案，从而有效避免协商过程中可能产生的个人利益冲突。最后，政协协商提升公民的民主能力，为基层治理现代化培养合格公民。政协协商通过有序地组织专题协商、对口协商、界别协商、提案办理协商，增强其基层组织有序工作的活力，努力拓展协商民主形式，进一步提升其参政的能力和水平，这无疑有助于合格公民的培育。

2. 人民政协有助于提升基层治理的有效性。一是人民政协的协商民主功能有助于提升协商主体的参与能力。人民政协由中国共产党和各民主党派、无党派民主人士、各人民团体、各界爱国人士对国家大政方针和群众生活的重要问题进行政治协商，推行权力向社会回归，让社会主体充分参与公共事务的讨论，能提高社会公众的参与能力。二是人民政协有助于提升决策执行力。在协商过程中各协商主体通过表达、沟通和论证，不仅达成了对公共利益的理解，而且明确了各自在公共事务中所应承担的责任，这种协商中明确的责任边界和协商中产生的责任意识毫无疑问地提升了各主体的执行力。经讨论得出的决策更容易执行下去还有另外一个原因，那就是经公意讨论的决策占领了道德制高点，从而减少了执行的阻力。

3. 人民政协有助于提升基层治理的协调性。基层治理的现代化有赖于政府、市场和社会三者之间的协调及其内部各要素之间的动态均衡。人民政协通过政治协商、民主监督、参政议政的实际运作，平衡政府、市场和社会三个子系统之间的关系，同时进一步优化系统内部各个组成要素的配置和结构。首先，人民政协参与主体的广泛性提升了基础治理的协调性。政协协商以及基层治理的协商系统使各利益群体、社会各界的利益都能表达出来，这就防止了权力在某些利益集团掌控下而发生的运作偏离。在民主协商过程中，通过一系列讨价还价式的博弈，有助于公共决策的科学化和民主化，实现政治监督。二是人民政协作为专门的协商机构，对当前社会公众广泛关注的社会问题进行积极回应，也有助于提升基层治理的协调性。

（二）基层政协与基层治理互动的内在机理

1. 基层治理多元参与诉求和基层政协角色认同的一致性。新时代实现基层有效治理，就是要把治理重心和治理资源更多地投向社会领域，探索和发展功能化、社会化的治理方式，培育多元化的社会治理主体。党的十八届三中全会指出，人民政协是协商民主的基本形式和专门机构，从战略高度明确了人民政协在协商民主结构中的地位，也明确了基层政协的角色与定位。在基层社会活动中，基层政协担负着决策参谋者、服务供给者、百姓代言人的三重角色。一是决策参谋者角色。人民政协人才荟萃、智力密集，具有鲜明的专业优势，能为党委和政府决策提供决策参考信息和政策选择方案，是实现科学民主决策的重要保障。二是服务供给角色。提供服务是人民政协组织参与基层社会治理的根本出发点和根本落脚点。三是百姓代言人角色。人民政协深入基层调研，广泛集中民智开展政治协商，能够广泛汇集民意。

2. 基层治理运行机制与基层政协功能发挥相适应。党的十九大对基层社会治理的主体结构和运行机制进行了战略高度设计，形成了一种新型运行机制，增强了各治理主体间的双向互动。这种新型运行机制囊括三个子系统，一是内核层运行机制。内核层运行机制是基层社会治理主体的执行机制，包括“政府职能部门、社会组织、居民”三大行为主体，人民政协作为中国人民爱国统一战线的组织机构，属于非权力机关，起着连接政府职能部门与社会群众的纽带作用，是社会主义协商民主最重要的价值载体、组织载体、制度载体和程序载体。二是保障层运行机制。制度完备和法治规范构成了保障层运行机制，这一运行机制发挥着维护社会稳定、营造和谐秩序作用。基层治理主体中的政协善于运用法治思维和法治方式调节社会关系，把社会矛盾和社会问题以建议、提案等形式提交党政部门，从而促使基层社会纳入法制化轨道。三是任务层运行机制。自上而下的任务层运行机制起着指引与推进的作用。基层政协的政治协商、民主监督和参政议政三项职能都是以意见建议的形式呈现的，主要是通过会议、议案、视察调研报告、大会发言、反映社情民意信息等途径反映的，目的是促进决策的科学化和民主化、构建和谐社会。

3. 基层治理价值目标与基层政协服务效能同向化。治理的中心问题是构建秩序。当前，农村空心化、农民原子化、权利边缘化问题较为突出。基层治理的目标是构建有序的良性社会，最终达到基层治理现代化与善治，从而实现公共利益最大化。基层政协作为我国最充分体现协商民主特点和精神的协商机构，其目标同样是“在各种利益关系当中”进行协调，达到基层治理现代化，从而实现基层公共利益最大化。利益关系是人类社会的基本关系，利益矛盾也是社会的基本矛盾。人民政协协商民主主张多元利益的表达、整合和实现，最大限度地吸纳和包容新的利益群体和新的社会阶层的利益诉求。从这个意义上来说，建立以服务效能为导向的政协协商民主，与基层社会治理所追求的“善治”相一致。

（三）基层政协推进基层社会治理的实践

广西边境地区作为边疆地区、民族地区、革命老区和贫困地区，近年来，在党中央的西部开发、兴边富民、精准脱贫、乡村振兴等系列战略政策支持下，各方面都取得了长足进步，尤其是基层治理现代化方面。龙州县于2018年8月率先摘掉国家级贫困县帽子，成为广西33个国家扶贫开发工作重点县中第一个摘帽的县。而龙州县政协借助边境特殊区位和自身资源优势，不断丰富协商民主内容，规范协商民主程序，积极推动协商民主在边境民族地区农村基层的发展，在协商程序的规范性、协商内容的丰富性、协商形式的多样性和协商平台的开放性方面取得了丰硕成果，不仅丰富了基层政协协商民主的理论发展，也推动了基层政协参与基层治理的实践创新。

1. 协商规程和制度安排：公开透明、程序刚性。一是提升协商程序的规范性水平，明确协商主体、协商对象、协商形式、协商内容和协商流程，进一步规范基层政协协商民主的程序和机制，推进政协协商民主制度化、规范化和程序化建设。规范性体现于程序性之中。龙州县政协通过吸收借鉴杭州“三在前、两纳入、三个不”的经验，对协商民主的程序、规范进一步完善，提升了基层治理效率。二是龙州县政协针对立法协商存在部门利益保护倾向、专题协商少、群众互动式协商少、反馈协商意见少等问题，按照“一个原则、四个机制”的基本思路进一步完善立法协商机制，即坚持党领导立法的根本原则，完善人大开展立法协商的主导机制、公众在立法协商中的参与机制、重大利益调查的论证咨询机制、意见采纳运用反馈机制。立法协商机制的完善，确保了政协立法协商的制度到位，使龙州县立法工作更具科学化、民主化、专业化和制度化。

2. 协商内容：因地制宜、谋求创新。近年来，龙州县政协提案数量每年有一百多件，这些提案内容涉及经济社会发展中的突出问题、党委政府关注的重大问题、人民群众反映强烈的热点问题等方方面面，协商的内容包括项目建设、口岸边贸建设、城镇化建设、文旅融合发展、乡村振兴、为民办实事等全县经济社会发展中的热点问题。如，龙州县政协把“实现精准脱贫，促进低收入农户增收”作为政协关注民生的民情监测点，由政协委员入户调研，多次召开座谈会，听取意见，为推动龙州县贫困群众脱贫增收工作建言献策；开展“以保护和开发红色革命历史文化，推进文化旅游名城建设”重点课题调研，召开8次座谈会，形成10篇调研报告，召开专题常委会议协商讨论，重点就“龙州起义、天琴艺术”等特色旅游资源开发建设建言献策，提出了推进文化资源和旅游业深度融合、发挥企业和政府“两个作用”等意见建议，最终相继建成了龙州起义纪念馆、红八军纪念广场等景点，成为全市、全区乃至全国爱国主义和革命传统教育基地，天琴文化艺术也被列入广西第一批非物质文化遗产名录，有效助推了龙州县产业结构的优化。

3. 协商形式：有序参与、平等对话。协商形式的平等与有序性主要体现在两个方面。一是拓宽协商载体，用好话语权。加强与新媒体的联系沟通，充分运用崇左市政协门户网站等政协自身的宣传平台，深入报道政协组织和委员的各项履职活动、履职成果。为顺应互联网时代发展潮流，推进政协工作向网络拓展，龙州县政协通过设立委员会博客、微博，开展网络社情民意调查、网络议政等活动，提高基层政协组织和委员协商议政的社会关注度和影响力。二是积极探索“三动”模式，走进群众生活。以制度建设作为保障，探索建立“互动、联动、走动”的“一对一”委员走访活动，政协委员深入乡镇、企业、社区、农村，让政协工作更具针对性和实效性。据统计，“委员走访”活动开展以来，参加走访的委员有178人次，收集到社情民意61条，帮助解决困难和问题38件，促成组织策划实施活动项目7个，为党政部门了解民意、集中民智发挥了桥梁和纽带作用。

4. 协商平台：全局开放、系统兼容。一是让界别活跃起来。政协由委员组成，委员以界别划分，界别协商是政协组织进行政治协商的一种重要形式。龙州县政协成立委员学习和工作联络委员会，要求每位委员通过谈心谈话、意见征询、情况通报、信息反馈等方式加强同本界别群众的经常性联系，此外还应至少固定联系5名本界别群众，做好联系界别群众的各项工作。二是工作下沉，协商延伸到最基层。乡镇、农村是人民生产生活的中心，是各种利益关系的交汇点。政协组织通过协商民主平台，深入基层、深入群众，积极介入基层社会治理工作。三是从“单边”到“多边”，建立协商议政新平台。龙州县政协每年举办重点提案办理协商会议，一改“文来文往”的单边交流，建立了“四方”对话程序，由政协委员、媒体记者、政府相关部门人员、市民代表共同参加。这种多边的协商议政，拓展了以民主促民生的渠道，提高了建言议政的针对性，使参政议政更具时效。四是建立委员网上工作室，开辟服务群众直通车。政协委员运用网络实施民主监督，通过开设“微博评论”“委员介绍”“履职动态”“网友留言”“社情民意”“建议登选”等特色栏目，使得委员网上工作室在运行中发挥着“民声信箱”“发声媒体”“沟通桥梁”“议政平台”“监督利器”等独特作用，成为委员履职的新助手。网上工作室开辟政协委员立足基层、履职为民的新舞台，是推进协商民主广泛多层制度化发展的有益尝试，为人民政协事业注入了新的生机和活力。

广西边境地区龙州县政协的协商民主实践经验表明，人民政协是社会主义协商民主重要的价值载体、组织载体、制度载体和程序载体，政协协商民主内嵌到基层的社会治理事务中能彰显其重要作用，越是深入基层、连接基层，基层政协协商民主越能得到有效发展。

第二节　凭祥市脱贫攻坚政策执行案例

凭祥市位于广西西南部，是崇左市代管县市，与越南交界，是广西 8 个边境县市之一，边境线长 97 公里。脱贫政策执行成功与否和执行力度是打好脱贫攻坚战的关键性一步。经过几年的脱贫攻坚，凭祥市脱贫成果显著：2015 年精准识别出 10 个贫困村，尚未脱贫 2783 户、10256 人；历经 1 年脱贫攻坚后，2016 年实现 2 个贫困村脱贫，但仍有贫困户 1731 户和贫困人口 7987 人尚未脱贫成功；2017 年脱贫攻坚成绩斐然，脱贫摘帽 4 个贫困村，成功脱贫贫困人口为 1500 人，贫困发生率约 5.8%，离低于贫困发生率 3% 的目标差 2.8 个百分点，脱贫摘帽指日可待。但在脱贫政策执行过程中依然存在不少问题，政策执行进程步履缓慢。面对贫困程度深、贫困点多面广、“硬贫困”和“软贫困”并存的扶贫任务艰巨的市情，凭祥市必须加大脱贫政策执行力度，提高执行机构及执行人员政策执行力，以优化脱贫政策执行过程。因此，如何提升脱贫政策执行实际支持力度和优化政策执行过程以如期实现脱贫摘帽任务，成为当前应该深入探讨的重点。本书采用史密斯政策执行模型对广西凭祥市脱贫政策执行展开调研，探讨广西贫困地区脱贫政策执行情况。

一、史密斯政策执行模型的解构

（一）史密斯政策执行模型的解读

T. 史密斯是最早构建政策执行因素及其模型的学者，其在《政策执行过程》中提出描述了政策执行的模型。史密斯认为，理想化政策、执行机构、目标群体、环境因素都是政策执行过程中涉及的主要因素。通过深入研究史密斯政策执行模型发现，执行人员在政策执行中扮演着重要角色，既是政策落实的推动者，也是执行机构与目标群体联系的沟通者，但史密斯模型没有赋予执行人员重要性，因此本书在史密斯政策执行模型基础上，添加执行人员。

从史密斯政策执行模型可以看出：政策的制定者是中央政府，而执行者是各地方政府；理想化政策引导执行机构及人员的行动方向；政策的制定有特定的目标群体，目标群体对政策的态度和认知最为重要；政策环境是政策执行的外部限制条件，并在一定程度上影响执行机构和目标群体的思想和行为，政策执行的效果也受政策环境的影响。具体而言，当政策颁布之后，政策执行者和目标群体的行为都将受到政策的影响，在权衡执行程度与遵循程度的问题上，都存在着活动空间，或称“张力”，由此可能引发冲突或抗议。因此，需要采取相应的措施，以实现政策目标。如果“张力”得以处理，运作通畅，就会实现某种政策的制度化。

（二）史密斯政策执行模型的解构

研究中根据史密斯提出的四大影响因素，将各因素具体化。理想化政策指脱贫政策，是国家制定的脱贫政策文件，如《关于打赢脱贫攻坚战的决定》《滇桂黔石漠化片区区域发展与脱贫攻坚广西实施规划（2016—2020 年）》等，是政策制定者希望的政策形式；执行机构是政府中负责政策执行的组织或团体，指凭祥市脱贫攻坚指挥部及乡镇扶贫工作部门，执行人员是脱贫攻坚指挥部干部、第一书记及驻村干部等；目标群体指贫困群众，受政策直接影响，对政策能否达到预期目标也有重要影响；环境因素指既直接影响脱贫政策执行效率及质量的相关政治、经济、文化等环境，也间接影响政策产生、执行、发展。

二、贫困地区脱贫政策执行中的问题

（一）政策本身分析

与其他贫困地区不同，凭祥市属于边境贫困地区，在脱贫政策执行方面与其他贫困地区要有所区别。史密斯政策执行模型理论认为，理想政策体系的构建，要把握好政策的合理性和可操作性，使政策执行更加顺利，更加有效。以下将对政策本身进行分析：

1. 脱贫政策体系不够完善。健全的脱贫政策体系应包括精准识别机制和精准管理机制，但在执行过程中出现了一些问题。一方面，贫困户和贫困人口识别不够精准，精准识别机制存在漏洞。贫困户识别仍然存在非贫困户被纳入建档立卡的情况，一定程度上存在优亲厚友、暗箱操作、欺上瞒下等现象，致使精准识别在一定程度上受阻，减缓了脱贫攻坚进度。另一方面，精准管理制度不够健全。主要表现为：部分扶贫开发在项目管理、资金管理方面存在虚报冒用及挪用、挥霍浪费等现象，致使扶贫领域的不正之风蔓延；贫困村、贫困户的退出出现一些问题，比如假脱贫和边脱贫、边返贫的现象较为突出。

脱贫政策体系也涉及产业扶贫、教育扶贫、易地扶贫搬迁、医疗扶贫等多个领域，然而在实际实施过程中，脱贫制度体系仍然存在一些问题，影响脱贫政策的深入执行，主要表现为：产业扶贫政策、易地扶贫搬迁政策与凭祥市的实际情况结合的还不够，还需进一步完善。凭祥市是边境市，因此产业扶贫政策、易地扶贫搬迁政策不一定在作为边境城市的凭祥市适用，应与其他贫困地区有所区别，比如实行产业扶贫应该与边贸结合、易地扶贫搬迁应与守土戍边相结合等政策。

2. 脱贫政策配套机制不够健全。脱贫问题关乎全国人民的根本利益，事关全面建成小康社会目标的实现、关系到人民民生福祉，但是确保脱贫政策有效执行的配套机制不够健全，表现为对脱贫政策执行过程及其相关机构、人员进行监督的政策监督机制不够健全，而政策监督机制的存在是为了脱贫政策得以健康有序的运行，若政策监督机制不够健全势必会影响整个执行过程。在当前脱贫政策执行过程中，不乏一些干部不严格执行脱贫政策的情况，而且部分帮扶干部的实际工作情况表明，政策监督机制的不够健全，易出现“走走过场”“不作为”的形式主义和出现责任“缺位”、权力“越位”现象。

（二）执行机构及其人员分析

任何政策都是通过一定的执行机构与人员得以执行的，缺少执行机构与人员的依托，政策目标只能停留在空想阶段。而执行机构及人员是政策执行活动中最活跃、最能动、最关键的因素，是政策目标实现的重要因素。但是在脱贫政策执行过程中，执行机构及人员依然存在执行困境，具体表现为：

1. 政策认知度偏低。政策认知程度的高低影响执行机构及人员的偏好或态度，执行机构及人员的偏好或态度又反过来影响其政策认知度、政策反应方向和政策反应程度。有的帮扶干部对中央脱贫政策文件和自治区各项政策一知半解，存在“干部不熟”现象，致使脱贫政策执行过程中存在偏离政策目标方向的可能。不同程度的存在帮扶干部对脱贫政策学习不够、政策理解程度不深的情况，致使帮扶效果不明显。解读脱贫政策能力强弱和解读偏差，同样影响帮扶干部的政策认知度，解读能力弱和解读偏差大，政策认知度低，执行效果不明显；反之，则政策执行效果明显。同时，脱贫政策宣传、落实不到位，也制约帮扶干部提高脱贫政策认知度。

2. 受执行机构及人员偏好或态度影响。执行人员的偏好或态度关系到其执行能力发挥和执行行为弹性程度，影响政策执行效果。脱贫政策执行时，由于受到政策偏好或态度不同的影响，帮扶干部实施的帮扶方式、措施有所差异，最后达到的帮扶效果也有较大差异，比如：一些帮扶干部的帮扶方式、措施单一，只是实施简单的物质帮扶，缺少精神方面的扶持，较少注重对贫困群众后续发展产业的帮扶，导致贫困群众陷入“硬贫困”解决了、“软贫困”依然存在的尴尬境地，而且加大返贫可能性；少数帮扶干部只是“走走过场”，下乡帮扶“来也匆匆、去也匆匆”。

3. 执行机构及人员主体责任落实不到位。有权必有责，权责必须匹配。配备了相应的执行机构和人员，必要的主体责任须一一对应、层层落实，这样才可避免权力滥用、保证脱贫政策执行质量。部分帮扶单位存在帮扶责任落实不到位和缺乏责任担当问题，缺乏大局观念，少部分驻村干部把脱贫任务当成额外工作负担，并敷衍塞责、互相推诿扯皮。缺少了主体责任的约束，少数驻村干部工作积极性逐渐下降、心存懈怠心理，使脱贫政策执行力度大打折扣。作风不实也是主体责任落实不到位的另一种表现形式，当前依然存在“住不稳、驻不下、不进户”的作风不实问题，“表格式”扶贫现象不在少数，这严重影响了脱贫政策执行的效率和质量。

4. 政策执行主体相互协调性不高。脱贫政策执行过程是一个动态的过程，执行过程中执行机构与人员相互协调，不是“自上而下”单向命令的过程，而是上下互通的交流、协调过程。执行机构不是简单地执行政策，执行人员不是被动地实施政策，二者在相互协调过程中“起到了”影响脱贫政策有效性的作用。脱贫政策执行主体之间相互协调性低，沟通、交流脱贫经验和问题的情况较少，政策执行效率大大降低，也易出现多头领导、政出多门、指挥混乱的不良局面。执行主体间进行互相协调是为了保持脱贫步调一致、方向一致，但是现实情况却是部分地区主体间互相协调的情况较少，政策执行行动未能协同一致。

5. 执行人员能力、素质有待加强。政策运行系统复杂化、目标群体多元化、执行环境多样化，要求执行人员能力、素质的提高。当前，大部分贫困地区基本上都存在难引进高素质、高学历、能力强人才的问题，尤其缺乏专业技术人才，这一定程度上限制了脱贫工作的深入。扶贫工作队伍普遍出现能力与岗位不匹配的现象，一线扶贫岗位要求人员具备政策理解能力、协调能力、管理经验丰富、创新创业能力，但实际上完全具备相关能力的一线人员相对较少，能力与岗位尚不完全匹配；部分帮扶干部缺少发现致富产业项目的技能，也缺乏带领贫困群众参与扶贫产业项目的魄力。同时，基层人才流失的状况时有发生，由于扶贫和脱贫压力大、条件恶劣、保障机制缺失等因素制约，专业人才引进难和留住难并存。

（三）目标群体分析

一般而言，目标群体对于脱贫政策的态度有认同或不认同两种，而影响目标群体态度的因素却有很多，诸如政策本身合法性、选择性认知、利益衡量、政策认同等，而政策认同感有无和强弱情况、参与机制有无是政策执行顺利与否的重要因素。

1. 政策认同感不强。贫困群众的认同感对于脱贫政策执行成功与否有重要影响。一方面，受教育水平、思想观念的制约，存在贫困群众对脱贫政策不理解和解读困难的情况，比如“等靠要”意识较为严重的贫困群众认为脱贫政策让其失去享受帮扶政策带来利益的权利，争当贫困户，不愿脱贫，也有少数贫困群众认为易地扶贫搬迁政策让其离开世代居住的地方去适应新的环境是难以接受的，他们并不认同易地扶贫搬迁政策。另一方面，脱贫政策宣传、落实程度还不够，打通脱贫政策到户到个人的“最后一公里”任重道远，这极大地限制了贫困群众的政策知晓度，阻碍了脱贫政策执行深入开展。

2. 缺乏参与机制。贫困群众是脱贫政策的目标群体，政策制定和实施都需要考虑贫困群众的情况，而让贫困群众以建言献策方式间接参与到政策制定前后，可使脱贫相关政策更贴近民意、更代表民心。让个人和群体参与脱贫政策执行，形成多元主体良性互动局面，一方面可以培养贫困群众主人翁意识，另一方面可以提升贫困群众政策认同感和增强脱贫致富的积极性、主动性。从现实情况来看，贫困群众参与机制尚处于“缺位”状态，依然运用“自上而下”的脱贫政策执行方式，限制了贫困群众参与积极性和脱贫致富主动性。

（四）执行环境分析

政策执行环境包含经济、政治、社会文化、国际等，其对执行机构的运作、执行人员的执行力和最终的执行效果有直接影响。凭祥市脱贫政策执行情况主要受政治环境、文化环境、经济环境影响。

1. 政治环境。政治环境影响脱贫政策运行系统，关系到脱贫政策的有效贯彻实施。凭祥市处在边境、少数民族聚居地带，边境问题和民族问题交织存在。边境安全稳定和民族团结对脱贫政策执行有重要影响，因为在实施政策时必须考虑该项政策是否会影响边境地区安全稳定，是否影响少数民族团结。居住在边境0—3公里的贫困户与一般贫困户不同，他们的行为活动会影响边境社会秩序，实施脱贫政策过程中需要区别对待，帮扶方式和措施也要有针对性，比如在边境地区要实行边贸扶贫政策、边境0—3公里区域的易地扶贫搬迁实行就地安置方式等。少数民族间会因为利益纷争而引起矛盾，因此在少数民族村落的政策执行工作须慎之又慎，稍有差池就会影响民族团结。

2. 文化环境。社会成员的伦理和心理条件受文化环境制约，一个伦理道德成熟的社会，执行人员具有较高的主体责任意识，贫困群众具有脱贫致富的良好心理素质。当前，文化水平高和社会伦理道德成熟的社会尚未完全形成，执行人员或多或少地存在责任意识不强情况；由于部分贫困乡镇、村屯地理位置偏远，信息交流受阻，贫困群众受教育程度低，社会文化环境依然停留在十几年前或者更久远，“等靠要”思想根深蒂固，脱贫信心严重不足；一些偏远乡镇社会文化水平相对比较落后，未能按照岗位需求配齐配强专业人员，脱贫政策实施、落实艰难。

3. 经济环境。脱贫政策运行系统不可能超越经济环境而单独存在，或者不可能脱离经济环境所提供的物质条件。脱贫政策在制定、实施时需要一定的人力、物力、财力进行支撑，而且脱贫政策执行过程中执行机构或人员不能仅凭主观臆断推行政策实施，必须将当地、当时的经济基础条件、产业发展状况、经济利益分配等因素考虑在内。经济基础薄弱成为限制脱贫政策有效执行的主要因素之一。大部分贫困村缺少耕地、林地等集体用地，集体资产或资源相对较少，同时缺少贫困群众开展自我经营、租赁和承包土地经营、入股分红的条件，村集体经济发展基础薄弱和条件不足，村集体经济发展壮大步履维艰。由于贫困群众一定程度存在“等靠要”思想，同时也由于学历水平不高、文化素质较低、信息交流闭塞等因素制约，部分贫困群众尚未具备发现和寻找增收产业项目和致富门路的能力，劳动技能水平相对不高，在“缺志”和“缺智”两种因素的双重作用下，部分贫困群众发展产业的主动性、积极性较低，从而促使产业发展缓慢。凭祥市产业结构较为单一、产业科技含量较低、产品附加值较低，致使产业发展后劲不足；少部分贫困村尚未形成主导支柱产业，产业带动脱贫的作用有待加强。因此，产业发展对脱贫政策执行的支撑作用不明显。

三、凭祥市脱贫政策执行路径选择

（一）政策文本本身

1. 完善脱贫政策体系。一方面，完善精准识别机制，确保识别精准，在结合扶贫开发建档立卡“回头看”的情况下，按照“一进二看三算四比五议”方法，严格对照识别标准，深入贫困村屯开展入户识别、核实工作。另一方面，完善精准管理制度。加强扶贫项目资金管理，做到资金安排到项目、指出核算到项目，资金跟着项目走，保证扶贫资金专项专用和资金使用效益。与此同时，对照“十一有一低于”和“八有一超”脱贫标准，逐村逐户对贫困村、贫困户退出进行核准，从而使贫困户、贫困村退出成效精准，确保真脱贫、脱真贫。

此外，脱贫政策是国家制定的一项面向全国贫困地区的统筹性、全局性、宏观性政策，其未必完全符合一些特殊贫困地区的实际情况，而且各个贫困地区的贫困状况、致贫原因各不相同，因此必须特殊区域特殊处理。边境贫困地区与内地其他贫困地区的贫困状况不同，脱贫政策体系要实事求是、因地制宜、量体裁衣。产业扶贫政策与边贸扶贫相结合，以凭祥市边关的区位优势，书写“边”的大文章，以边贸扶贫促产业扶贫，易地扶贫搬迁政策也要与边境地区的特殊情况相结合，把易地搬迁与守土戍边结合起来，确保“搬得出、能稳定、能守边”。

2. 健全脱贫政策配套体系中的政策监督机制。在完善政策监督机制的基础上，坚持问题导向的原则，开展扶贫领域的作风问题的专项整治，加强巡查和落实“红黑榜”制度，集中精力解决脱贫工作中的责任落实不到位、工作作风不扎实、权力滥用等问题，确保脱贫工作务实、脱贫结果真实、政策执行过程扎实，让脱贫政策执行真正受到监督，经得起考验。

（二）提高机构效能

任何一项政策执行总是需要一定的人力作为基本支撑，而且配齐配强执行机构及人员是政策执行的首要任务。一方面，健全相关的执行机构。按照脱贫政策目标配备所需的执行机构及部门，执行机构内部要和谐统一、相互协调，执行机构之间要统一指挥、方向一致；同时，机构设置要功能齐全、配套完整，而且机构之间的沟通、协调机制必不可少，以保障执行机构的执行活动科学合理、运作灵活、高效运行。另一方面，配备必要的执行人员。执行系统中根据岗位需求和事件现状配备执行人员，坚持因岗设人、因事设人而不是以人设岗；加强执行人员的职业技能培训、开展外出学习和参观活动，扎实推进执行人员各项能力的稳步提升；关于执行人员，不仅要优化个体素质结构，更要优化群体素质结构，因此要根据脱贫目标配备各类领域的精英，以便群策群力、集思广益；逐步解决人才引进的编制问题，完善人才引进的相应机制、体制，以便吸引更多能人志士、致富精英。

脱贫政策执行系统复杂、过程繁琐，需在统一指挥和相互协调基础上，各级执行机构及不同执行人员协同参与、集体行动。各级执行机构之间管理权限和作用范围有所差异，不同执行人员也会由于知识水平、工作经验、价值观念、问题处理方式等方面的差异表现出不同的执行行为，执行过程中难免会出现机构间政策命令重复、多头领导、执行混乱和执行人员间利益冲突、意见分歧，因此执行机构之间和执行人员之间的统一指挥、相互协调不仅必要而且必需。执行机关之间和执行人员之间的整合是提高脱贫政策执行效率与质量的必要前提。这种整合需要借助统一指挥和相互协调实现，且指挥和协调必须贯穿于脱贫政策执行始终。运用沟通、协商、妥协、说服等协调方式，化解执行机构之间的利益矛盾、缓和执行人员之间的关系，使各级执行机构及执行人员建立相互信任、集体配合、协同参与、力量凝聚的关系，做到想法统一、行为一致，避免人力、物力、财力等资源浪费，从而延长脱贫政策发生作用和产生效应的时间。

（三）提高目标群体参与度

脱贫政策执行的前提是强化各执行主体及目标群体的政策认知度。要加强政策认知，首先需要进行政策宣传和推广。政策宣传不仅是提高执行者政策认知度的先导，也是提高目标群体政策认知度的手段。在脱贫政策执行过程中，政策宣传具有重要作用。一是提高执行者的政策认知度。脱贫政策执行以执行机构对所执行的政策认知度为前提，通过“自上而下”的政策宣传方式，层层知晓，层层传达，从而使执行机构深入理解政策的目标、本质、方向等，懂得全面考虑政策执行的内外环境、阻碍因素、内在规定：在推广脱贫政策时一定要遵循因时制宜、因地制宜的原则，推广形式无须局限于网络推广，要坚持形式灵活多样，例如运用电视夜校、脱贫能人座谈会、政策下乡等形式推广脱贫成功经验和在村委会宣传专栏、报纸专栏开设脱贫致富典型案例宣传栏目，吸引更多贫困户了解脱贫政策和积极参与脱贫攻坚，加深脱贫政策影响力；与此同时，脱贫政策推广既要创造性地设计推广形式，也要正确把握推广界限，以免出现“上有政策、下有对策”的现象。二是提高目标群体的政策认知度。面向目标群体进行脱贫政策宣传的目的在于提高目标群体的政策认知度、强化政策认同感。目标群体只有知晓脱贫政策，才能理解脱贫政策；只有理解脱贫政策，才能认知脱贫政策；只有认知脱贫政策，才能认可和遵从脱贫政策。政策宣传时动员目标群体关注与自身利益相关的脱贫政策，引导目标群体从全局出发，注重长远利益，从而为脱贫政策执行营造良好的舆论氛围。

（四）营造良好的执行环境

首先，维护民族团结和边防稳定。加快落实中央和地区的各项扶贫政策，促进民族团结、边境巩固；广泛开展多样的民族团结教育宣传活动和爱国主义活动；把关注少数民族生活、做好边民工作纳入社会管理机制中，通过各种方式争取获得国家和自治区对民族地区建设和边境地区建设的更多支持。其次，推进深度贫困村屯文化服务中心建设，打通公共文化服务覆盖的“最后一公里”，以此补齐文化短板；增加公共文化产品和服务供给，提高群众精神文化水平；扩大职业教育、基础教育覆盖面，确保贫困人口就学。再次，在发展优势产业的同时，调整产业结构促进经济发展方式转变。凭祥市文化资源、生态旅游资源丰富，可以将文化资源与生态旅游资源结合，发展特色旅游产业，并带动当地经济发展和更多人口的非农就业；发挥人力资源优势，引进劳动密集型产业、建立扶贫车间，以此拉动经济增长和缓解就业压力；调整三大产业比重，促进一二三产业融合，从而转变经济发展方式。

以监督约束为手段，优化脱贫政策执行环境。一是监督政策执行过程。在实际执行过程中，常常出现政策执行活动偏离原有政策执行方向、脱离政策目标的情况；由于执行机构的认知偏差或政策偏好和执行人员的政策解读失当或理解失误，常常出现脱贫政策执行的低效或失效、偏差或失误等情况。因此，加强政策执行过程监督很有必要，并以此保证政策执行遵循原有政策方向不变。二是约束执行机构及人员行为。执行机构的扶贫腐败和执行人员的作风不实时有发生，要聚焦执行机构及人员的行为，层层把控、步步约束，监督他们的行为是否违背全局利益或整体利益，及时发现和纠正执行机构及人员违背政策方向的行为，使执行行为与政策方向始终保持一致，从而保证脱贫政策的时效性和实效性。

综上所述，凭祥市为了完成脱贫目标认真执行国家脱贫政策，不断提高执行能力，并结合自身脱贫现状，打破思维定式，积极研究、探索符合市情的政策执行方向，走具有凭祥市特色的脱贫政策执行之路。但其在脱贫政策执行中在政策本身、执行机构及人员、目标群体、执行环境方面依然存在部分失误，执行进程较为缓慢。因此，仍然需要在优化脱贫政策执行过程基础上，选择脱贫政策执行路径，从而促使该市脱贫摘帽政策目标的实现。凭祥市把握好脱贫政策执行，是为了更好地向乡村振兴过渡、加快与乡村振兴衔接，在脱贫攻坚战进入冲刺阶段，凭祥市下一步任务是实施乡村振兴战略，急需秉持着砥砺前进、继往开来的工作劲头把乡村振兴的伟大事业进行到底。

第三节　那坡县脱贫攻坚治理共同体构建案例

广西是一个集边境地区、少数民族聚居地区、石漠化片区、大石山区、深度贫困地区于一体的特殊区域。近年来，广西的脱贫攻坚取得了阶段性成果，但边境地区、少数民族聚居地区、深度贫困地区等区域的贫困现状依然严峻，全区仍有20个深度贫困县（市），这些县（市）贫困程度更深、脱贫难度更大、贫困发生率更高，是全区脱贫攻坚的重点、难点。据广西统计局统计，截至2017年年底，全区边境深度贫困县（市）仍有那坡县、靖西市、大新县、宁明县、凭祥市5个尚未脱贫，贫困发生率均在10%以上，边境深度贫困县主要集中在百色市、崇左市，而百色市是全国、全区典型的边境深度贫困地区。2017年年底，百色市贫困发生率为11.33%，12个县（市）中的7个是深度贫困县，7个深度贫困县中的2个是边境深度贫困县，其中2个边境深度贫困县中的那坡县贫困发生率最高，达18.19%，比全市的高6.86个百分点，比全区的高17.49个百分点。

那坡县有包括壮、苗、彝、瑶族在内的4个少数民族，少数民族人口众多，占了总人口的95.5%。与越南高平省、河江省接壤，边境线长207公里，是广西8个边境县之一。既是典型的“老、少、边、山、穷”地区，也是经典的石漠化片区。那坡县集合了边境、少数民族聚居、深度贫困、石漠化的多重属性，其地理位置特殊、人群特殊、致贫原因特殊、自然环境特殊，可以说是广西边境深度贫困地区的缩影，其贫困状况极具典型性、代表性。因此，以那坡县为例，研究那坡县脱贫攻坚状况，对该县短期脱贫与长期乡村振兴的耦合问题进行深入分析。

一、那坡县脱贫攻坚的总体情况

那坡县“十三五”时期被列为深度贫困村的行政村有68个，占全县130个行政村的52.3%。如表6－1所示，2015年共有贫困村59个、贫困户13670户、贫困人口53768人，贫困发生率达28.2%；2016年2个村实现脱贫，减贫2111户、8983人，截至2016年年底尚有贫困村57个、贫困户11559户、贫困人口44785人，贫困发生率比上一年下降7.7%；2017年脱贫9个村，减贫1716户、7227人，截至2017年年底，全县仍有贫困村48个，贫困户10341户，贫困人数39623人，贫困发生率为18.19%；那坡县根据具体县情计划2018年脱贫7个贫困村，减贫13016人。

表 6 –1　　那坡县 2015—2018 年贫困情况

年份	贫困村（个）	贫困户（户）	贫困人口（人）	贫困发生率（%）
2015	59	13670	53768	28. 2
2016	57	11559	44785	20. 5
2017	48	10341	39623	18. 19
2018（计划脱贫）	41	7130	26607	12. 21

2015—2018 年年底那坡县贫困发生率逐年下降，下降幅度明显（见图 6 –1），2017 年后全县贫困发生率低于 20%，表明在党和政府的统筹规划下，全县取得了良好脱贫成果，脱贫摘帽指日可待。但是，离贫困发生率低于 3% 的目标依然有一段距离，脱贫攻坚战任重而道远。

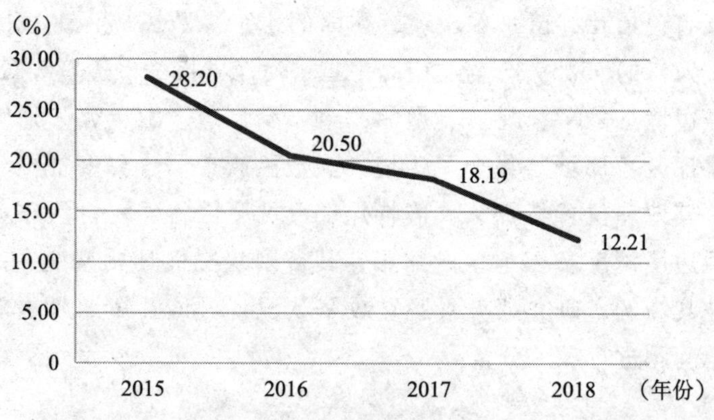

图 6 –1　2015—2018 年那坡县贫困发生率变化情况

二、脱贫攻坚治理共同体构建困境以及成因分析

想要打赢边境深度贫困地区的脱贫攻坚战，必须要找准其政策执行困境及成因，推动各类治理主体适应脱贫攻坚的要求，明确角色定位，形成多元主体“同频共振”的贫困治理格局，从而有效解决脱贫攻坚政策执行过程中的困境，为实施乡村振兴战略夯实基础。

（一）脱贫攻坚政策自身的困境

那坡县制定的《那坡县国民经济和社会发展第十三个五年规划纲要》提出，“到 2020 年，全面消除绝对贫困，全县 5. 3786 万农村贫困人口全部脱贫，59个贫困村全部‘摘帽’，贫困农民人均纯收入比2010年翻一番以上，实现五通四有的目标”。但那坡县“十三五”规划纲要中期评估报告显示，2016—2018年农村贫困人口累计减少量未能达到5年累计完成量的60%，3年均未能完成预期目标，具体数据如图6－2所示。2019年是脱贫开发的攻坚年，那坡县制定了本年度实现26个贫困村、17077人脱贫的政策目标。随着攻坚战的深入，减贫成本不断增加，减贫成效不显著的现象逐渐暴露，不合理的政策目标会给政策执行人员施加执行压力。部分执行人员为了减轻政绩考核压力和维护自身利益，会选择“短平快”脱贫项目迎合上级检查和当地政府部门的绩效评估，即使能够实现脱贫目标，那也是不彻底的脱贫，返贫风险较高。

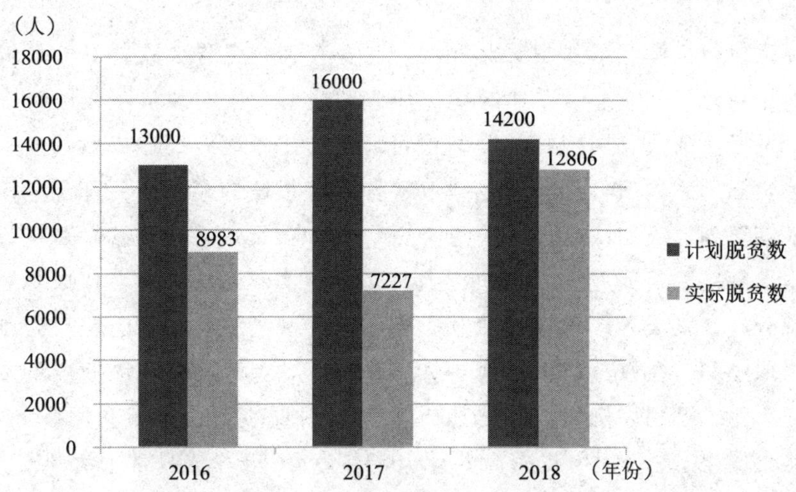

图6－2　那坡县2016—2018年计划脱贫数与实际脱贫数

（二）脱贫攻坚政策目标群体的困境

1. 贫困户陷入教育落后和贫困依赖，缺失主体性。由于那坡县的大部分村落位于山区，村民与外界缺乏交流，社会文明发育程度较低，贫困群众的封建迷信思想、守旧观念代际传递严重。部分贫困户受传统小农思想和生活方式的影响，即使他们有脱贫的想法，也缺乏创造性，不敢承担风险和接受新事物。另外，部分贫困户担心如实汇报自己的收入情况，就不能继续享受扶贫政策的资金扶持，那坡县各村出现了不同程度的外出务工人员隐瞒或谎报其实际收入的现象，因此帮扶人员无法准确掌握贫困户的真实经济状况，很难对贫困户是否如期脱贫作出认定。长此以往，导致一些贫困户“等靠要”等依赖思想越来越严重，甚至出现争当贫困户，不愿脱贫的现象。

2. 因病致（返）贫问题严峻，阻碍脱贫进程。据那坡县扶贫办数据显示，全县因病致（返）贫率高达30.9%。那坡县的贫困村大部分位于条件恶劣的山区和条件艰苦的边境附近，大多青壮年外出务工，家中只剩下老人与小孩，而且村屯卫生医疗条件简陋，不得不到县里去看病，加上交通不便，这使得医疗成本增加和医疗费用提高，老百姓看病难，小病拖成大病，严重影响贫困群众的生活质量和产业发展，使贫困群众在主动脱贫中“心有余而力不足”，成为脱贫攻坚路上的“绊脚石”。

（三）脱贫攻坚政策执行机构与执行人员的困境

一是执行机构“形式主义”倾向严重，存在任务导向式扶贫。那坡县部分执行机构为了完成上级下达的指标任务和应对上级对脱贫工作的检查与评定，会选择见效快、周期短的脱贫项目，尤其是既能有一定成效，又不会产生太多负面矛盾的项目，能够在绩效考核中有很好的显示度，符合考核的要点，能够得到上级的认可，但这些“短平快”项目缺乏可持续发展性，不能从根本上解决脱贫问题。二是执行人员职责落实不到位，存在作风不实。那坡县部分村“两委”干部文化素质偏低，群众观念淡薄，利用职权为自己和亲友谋取私利，在资金申报使用中弄虚作假，欺上瞒下，专项资金不按规定使用，贪污、挪用。例如：那坡县D乡P村村民小组长林某利用职务之便，先后将集体生态公益林补助资金共计7084.71元用于个人日常生活开支。

（四）脱贫攻坚政策相关执行主体的困境

那坡县当前的信息沟通方式依然是采用下发文件和召开会议等传统方式传递信息。这种纵向传递的单向沟通方式存在信息失真、传递效率低以及信息不对称等局限性，反映了当前脱贫工作缺乏信息互动交流平台，多元主体既无法准确掌握有价值的信息，又无法反映自己所掌握的信息。具体表现为，政府掌握着脱贫攻坚政策，对贫困地区和贫困人口的情况更加了解，但对市场走向、项目行情等内容不太了解，市场主体与此相反，使得其很难结合当地情况推进项目规划。社会组织的公益性使得其与贫困群众的联系更为紧密，最了解他们的需求，但因为信息不对称等问题，导致其无法有效满足贫困户的需求。另外，贫困群众自身是最了解自己情况的，但还是得通过帮扶干部向上级反馈，很容易造成信息失真。缺乏信息互动交流平台，使得各主体间难以充分利用彼此的信息资源，最终造成它们难以在脱贫中发挥各自的作用，参与度不高。

（五）脱贫攻坚政策执行环境的困境

1. 自然环境恶劣，基础设施比较滞后。那坡县的地理位置偏远，而且边民承担着固守边关的重任，从国家安全角度来讲，他们仅通过易地搬迁难以实现脱贫。“打铁还需自身硬”“想致富，先修路”这些观点是我们必须要认同的，只有将基础设施完善好，才能逐步阻断穷根。但是那坡县属于石漠化片区，水土流失严重，山多地少，地形复杂多样，自然环境恶劣，使得基础设施建设和公共服务提供的成本耗费高、难度大，加上项目涉及面广、点多、资金投入有限等制约因素，导致基础设施比较滞后，具体表现为：通信设施未全面覆盖、部分村屯未通宽带网络；交通道路不通，需要提级改造和完善；大部分贫困户还居住在危旧房内，住房得不到保障；水利设施薄弱，饮用水安全问题亟待解决。

2. 经济基础薄弱且融资难，产业发展得不到资金支持。那坡县受限于地理条件，贫困面较大，贫困程度深且分布较为分散，先天不足，经济基础薄弱，这是边境深度贫困地区最明显的共性。根据那坡县扶贫办《关于下达那坡县 2019 年扶贫项目实施计划的通知》所示，扶贫项目仅覆盖 9 个村，22 类项目下拨资金共 4. 7939 亿元，资金来源财政涉农资金、地方政府新增债券资金、县本级资金等渠道。由此可见，脱贫攻坚政策执行过程需要投入大量的资金，脱贫资金涉及面广，当地脱贫项目量多且分散，但政府下拨的资金有限，不可能完全覆盖所有贫困村和扶贫项目。另外，该县的产业项目多以小农生产为主，具有收益低、风险高、不确定性等特点，以盈利为主要目的的金融机构不愿向这些产业项目投放贷款，从而设置了较为严苛的贷款条件。因此，贫困村和贫困群众很难享受到金融服务，他们的金融需求无法得到较好的满足，那坡县出现金融市场供不应求的失衡状况。

三、脱贫攻坚的治理共同体构建策略

（一）发挥好政府和基层领导干部在脱贫攻坚中的引导作用

1. 健全脱贫攻坚政策制度体系，提高脱贫政策执行的可行性。一是制订合理的脱贫攻坚政策目标。习近平总书记指出，国家没有硬性要求边境深度贫困地区一定要超额实现目标，只是要全力让这些地区的群众实现“两不愁三保障”。那坡县政府结合自己的发展现状、经济基础、自然环境等情况制订合理的脱贫目标和切实可行的扶贫开发规划并长期贯彻执行，从而减轻执行机构与人员的绩效考核压力。二是完善脱贫攻坚领域的监督机制。针对在脱贫领域侵害群众利益的不正之风和腐败的“蝇贪”问题，政府应加强基层村“两委”干部队伍建设，进一步深化村务公开。同时，运用信息互动交流平台，对外公开通报脱贫领域典型案例，充分发挥教育、警示、震慑作用。三是完善金融政策，加大金融对扶贫项目的支持力度。简化贷款手续和降低贷款门槛，向以盈利为主要目的的金融机构提供风险保证金，降低其投放贷款的风险，从而降低金融机构的贷款门槛，并且通过政府贴息的方式对成功申请贷款的贫困户给予利息补贴，提高贫困人口以小额贷款参与扶贫项目的主观能动性。四是建立信息平台机制，畅通主体间的沟通渠道。政府应建立一个具备多样化功能的脱贫攻坚信息互动交流共享平台，实现信息资源的整合共享、扶贫信息的流动性以及信息更新的实时性。

2. 落实基本保障工程，满足贫困群众的基本生存需要。一是落实教育扶贫工程。“让贫困地区的孩子受到良好的教育是脱贫攻坚的重要任务，也是阻断贫困代际传递的重要途径”。强化部门联动，建立扶贫助学机制，认真落实农村义务教育学生营养改善计划等助学项目，确保贫困家庭学生不因贫辍学。此外，还应完善农村学前教育服务网络，实施免除保教费项目，帮助建档立卡贫困家庭幼儿就近接受学前教育以及关爱“三残儿童”，开展“送教上门”活动，提高入学率。二是落实健康扶贫工程。各乡镇卫生院服务团队创新家庭医生签约服务，家庭签约医生团队定期开展随访服务，同时根据贫困户家庭的实际情况提供个性化健康管理服务项目和内容，并为签约居民提供优先就诊和住院服务。此外，由政府财政出资，让每一个农村建档立卡户贫困人口都拥有一份“健康扶贫保险”，为健康扶贫提供有效补充，提高医疗保障水平。三是优化基本养老保险项目。当前那坡县实施的缴费标准共有12个档次（100元、200元、300元、400元、500元、600元、700元、800元、900元、1000元、1500元、2000元），档次设置过多使得区分度不强。针对贫困群众的经济状况，不减少低的缴费档次，而是在保证他们基本生活需要的情况下，下调缴费档次，缴费困难群体可以在政府代缴的基础上增加个人缴费，建立梯度明显的缴费补贴制度，有助于鼓励贫困群众积极参保。

3. 充分利用区位前沿优势，带头发展边境贸易和旅游。那坡县属于石漠化地区，水土流失严重，尤其是边境0—3公里的条件更为恶劣，且山多地少，不利于种植业的产业化发展。因此，贫困户仅靠传统种植业为生是不够的，应充分利用那坡县处于边境经济带前沿的优势，发展边境贸易和旅游。依托现有的边贸互市小组建立“边贸+生态产业园”，园内建立移民搬迁村，吸引贫困边民回迁。制定落地优惠政策以引进外来企业落地产业园，鼓励企业按规定收购边贸互市的初级产品并进行加工，提高进出口产品的附加值。此外，那坡县旅游资源丰富，但旅游在扶贫中的作用亟待加强，这就需要政府发挥“领头羊”作用，开展边关民俗旅游活动，与文化传媒企业发展对口帮扶合作，利用少数民族风俗和特色开发相关文创产品或打造文化旅游产业园，传承民族文化。积极参与旅游抖音矩阵的新媒体营销模式，坚持定期发布旅游景区的高质量短视频，吸引游客来访。同时，实行“生态保护+旅游”模式，打造生态旅游景区，旅游扶贫与生态环境保护相结合。

4. 持续推进基础设施建设，确保地区的可持续发展。基础设施建设是开展脱贫攻坚的基础性工程，是脱贫攻坚工作的重点，以及脱贫摘帽的硬性条件。经济学家缪尔达尔基于“马太效应”的角度认为，贫困地区不可能依靠一己之力建设基础设施，这同时也阻碍了该地的可持续发展。因此，政府应加大对基础设施建设的资金投入力度，集中资源要素，持续推进水利、交通、通信、村级公共服务中心、住房、边境贸易配套设施等基础设施建设和防护林与石漠化综合治理工程，加大环境污染治理力度，确保该地的可持续发展。

5. 发挥基层领导干部的催化作用，深入脱贫的“最后一公里”。驻村干部是党和国家联系农民的纽带，是农村发展的先锋队、主力军，是脱贫攻坚的催化剂。基层领导干部应积极参加干部培训，筑牢担当和攻坚克难的意识，要及时把开阔的思想和灵活的思维带到贫困村，牢牢掌握脱贫工作主动权，不等不靠，创造性地贯彻落实各项决策部署，改变以往的“慰问式”扶贫，运用“党建+智力扶贫”模式，开展座谈会，大力宣传脱贫支持政策和方针，引导贫困群众树立“自力更生，摆脱贫困”的主体意识，接纳新发展观念，接触和学习产业经济、“互联网+X”等现代经济资讯。

（二）发挥好市场主体在脱贫攻坚中的中坚作用

1. 创新特色扶贫的帮扶模式，提高贫困户的自我发展能力。一是企业应秉承“扶贫先扶智”理念，采用新颖的帮扶模式，联合公益金融机构进行

“公益+教育+金融”的新尝试，为乡村教师提供小额贷款发展副业，改善乡村教师家庭生产资金的流动，保证其基本生活需要，从而稳定教师资源流动。此外，与政府联合创办职业技术学校，利用政府优惠政策，对建档立卡的贫困群众实行学费减免，吸引群众接受正规的技术职业培训，提高贫困群众的脱贫能力。二是多家小微企业联合构建“就业扶贫车间”。创新“企业+扶贫车间+贫困户”的扶贫模式，提供多种岗位选择，为贫困群众提供家门口的就业机会，贫困群众可以结合自身掌握的技能选择合适的岗位，“就业扶贫车间”这一扶贫模式既可以增加贫困群众的工资性收入，又有助于降低小微企业的招聘成本。

2. 结合自身定位，及时监督和反馈发展状况。市场主体在脱贫攻坚中是产业发展的带头人，其是通过政府的优惠政策和资金投入的方式参与脱贫攻坚的。因此，市场主体在监督产业扶贫领域的政策落实和资金去向上更有优势，也因市场主体是以盈利为主要目的，其也只能监督产业扶贫这一领域。同时，市场主体作为产业主要运作者，应通过政府创立的信息交流互动平台，以周报、月度报、季度报以及年度总结的形式将产业发展状况及时反馈给各类主体，便于其他主体了解产业发展和收成情况。另外，可以通过报告显示的市场供求走向调整产业发展方向和结构，既有助于解决信息交流不通畅的问题，又有助于扶贫产业发展。

3. 投身于产业扶贫工程，发挥市场的中坚作用。一是电商企业助力地区的有产有销。帮扶贫困群众和农民合作社，利用自身优势传递市场信息和供求走向，开展电商普及宣传和培训，提供商标注册、品牌培育、分拣包装、物流服务、网络销售、网站设计等方面的帮扶，实施生产供应链管理，形成“产供销、储运加”一体化的共同体网络。二是发挥致富带头人的模范作用。养殖业、种植业致富带头人应将自己的产业注册成立专业合作社，采用统一品牌、统一提供种苗、分户种养、统一销售的模式，主动承担起参与脱贫攻坚的市场主体责任。此外，借助“农家课堂”平台将自己的技术和经验传授给贫困户，发挥脱贫模范带头人的作用，帮助贫困户直接增收。三是推进边境贸易深加工。现有的边贸互市商品形式单一，仅停留在初层次的“过境贸易”。市场主体可以运用政府的边贸优惠政策在口岸附近创办产品深加工厂，形成边贸商品产业链，以此提高进出口商品的附加值，充分发挥边境优势，保证边贸脱贫的有效推进。

（三）发挥好贫困群众在脱贫攻坚中的内生作用

印度经济学家阿玛蒂亚·森在《贫困与饥荒》一书中提出了可行能力贫困的概念，他指出贫困的本质是人们的可行能力的缺失，并不局限于收入低下。基于可行能力理论的视角，可以认识到攻克边境深度贫困不仅要重视贫困群众的增收，更要重视发挥其主观能动性。因此，边境深度贫困地区脱贫的关键支点是让贫困群众以脱贫主体参与脱贫攻坚，激发贫困群众的内生动力。

一是自觉参与“志”“智”双扶项目。正所谓“积财千万，不如薄技在身”，通过参加包括农业科技培训、岗位培训、养殖培训在内的实用培训班，正确认清自己的角色定位，改变“等靠要”的思想，增强脱贫的主观能动性。同时，响应教育扶贫工程和义务教育，重视提高后代的受教育水平，主动阻断贫困代际传递。二是自觉参与特色扶贫。在政府、社会组织及企业的帮扶下组建村民合作社，紧扣当地特色产业的发展思路，运用“公司＋基地＋家庭农场”“龙头企业＋集体经济”等发展模式，由被动式输血扶贫转向主动造血式扶贫。同时，充分利用区位优势和边贸优惠政策，积极以融资入股、土地入股等形式加入市场主体，利用政府边贸优惠政策创办的产品深加工厂，提高进出口产品的附加值，形成边贸商品产业链，充分发挥边境的区位优势。三是自觉利用信息平台，及时了解政策和反馈自身需求。脱贫情况不能仅凭数字体现，也要寻求贫困群众的真实评价以及对脱贫工作的意见或建议。贫困群众通过信息互动交流平台了解相关扶贫政策，同时积极反馈自己的贫困现状和需求，对各类信息存疑的可以在信息平台进行提问，对执行机构与人员的工作态度不满的可以进行反馈。

（四）发挥好社会组织在脱贫攻坚中的重要作用

1. 辅助开展特色扶贫项目，激发贫困群众的主体意识。

第一，开展针对性的教育帮扶活动。将贫困群众分为三类展开教育帮扶活动，帮助贫困群众树立主动脱贫意识和提高主动脱贫的能力。一是针对中小学贫困人口，通过与高校联合开展大学生志愿支教服务项目和传统捐赠项目，加强教育基础设施建设，改善基本教育条件，提高教育水平以及科普水平；二是针对劳动力贫困人口，积极开展职业技能培训、创业培训，鼓励贫困群众去职业技术学校上学，为进入职业技术学校学习的贫困户提供助学金和就业机会；三是针对残疾贫困人口，开展实用技术培训，实施“送教上门”

活动，使残疾人能在家学技术。

第二，参与小额信贷扶贫。针对那坡县小农产业项目的数量较多且风险高、收益低的特点，信贷机构推出无抵押、无担保、门槛较低、灵活便捷的小额信贷服务，为贫困户发展产业、边境贸易提供资金帮扶，并帮助他们购买政策性农业保险，分散贷款风险，大大提升他们主动脱贫的信心。此外，还应提供金融知识培训和理财宣讲会以及发放相关金融政策解读手册，帮助贫困户提高风险识别的能力和利用信贷发展产业的积极性。

2. 积极参与基本保障工程，帮助政府减轻执行压力。首先，通过参与健康扶贫工程，提高贫困群众的受益度。医疗卫生类社会组织定期进村开展免费体检、医疗保健知识普及宣讲会等公益活动，加强疾病预防宣传、普及工作，提高贫困群众对卫生健康知识的认知和重视程度。捐赠紧缺的医疗设备和基本医疗卫生用品，对各乡村的医生以按期培训的形式进行卫生人才专项培训，使他们能够更新专业知识。其次，基本养老保险项目的可持续发展，不仅需要政府履行责任，还需要社会各方力量的参与，如商业养老保险的扩充、村镇集体的入股以及个人投入等，辅助政府建立健全多层次的养老保障体系，强化商业保险运营规范建设，扩充商业养老保险种类。此外，社会经济类、公益慈善类组织可以为参保困难户缴费提供资助，有助于政府减轻政策执行的压力，也可以为贫困群众提供一定程度的安全感，激发他们的内生动力，从而有助于提高脱贫成效。

3. 利用自身的中立性，积极参与脱贫领域的监督。针对脱贫责任清单不明确、扶贫项目落实不力、作风不实等问题，社会组织要以“仲裁人”身份监督扶贫资金使用的去向和情况，辅助政府与扶贫工作人员加强对资金的后续管理，形成扶贫资金的专项管理链。此外，定期对扶贫项目的进展、扶贫对象的帮扶程度、帮扶人员和主体的落实程度等情况进行审查和监督，运用科学量化的指标将审查得到的数据情况整合为评估报告，并上传至政府创建的信息互动交流平台，有助于满足各类主体对脱贫攻坚情况的知情权和监督权，确保信息沟通的畅通。

4. 援建基础设施，改善当地生存环境。当前政府在扶贫开发中扮演着全能的角色，但财政预算资金有限。此外，那坡县地处边境，偏远封闭，生态环境脆弱，导致基础设施建设的成本高和施工难度大，政府资金无法有效满足当前的基础设施建设需要。各类社会组织应向教育、医疗卫生、屯级道路、安全饮水、水利设施、边境互市区、林业、环境治理等项目投入帮扶建设资金和物资，通过参与基础设施建设提级工程，努力让具备条件的村屯和边境村屯实现通水、通电、通路、通电话、通广播电视、通网络、通客运班车、通边贸点，进而改善当地的生存环境和提高贫困群众的生活质量。

第四节　东川区易地扶贫搬迁城镇化安置案例研究

东川区是云南昆明市3个贫困县（区）之一，也是国家级深度贫困县。在综合考虑经济、社会、生态效益的基础上，东川区将城镇化发展、易地扶贫搬迁、环境综合治理以及产业发展等工作结合起来，把不具备就地解决脱贫问题的贫困人口搬迁到生活条件好、发展空间大的城区进行安置。

一、易地扶贫搬迁城镇化安置方式

（一）EPC模式，针对困难想办法

PEC（Engineering Procurement Construction）模式，是指工程，采购，建设模式，是工程总承包模式之一。东川区采用EPC模式，具有降低成本、缩短周期、统一管理、全程负责、明确责任、保证质量等优势，通过采用EPC模式推进安置点建设，并将工程统一管理。按照“四保一控一树”（保安全、保质量、保工期、保廉政、控成本、树影响）加强对项目的把关和督导。

（二）三个着力点，紧扣重点难点抓推进

以抓关键、抓重点、抓协调为着力点，紧扣重点难点抓推进。首先，通过“四必建”（搬迁点必须自建委员会，自建委员会必须建立临时党支部、自治章程、工作台账）、“六公示”（公示搬迁政策、工作职责、个人承诺、资金使用、质量监督情况、群众疑问及解决办法）抓住易地搬迁实施和综合效益的关键，把农房建设的决策权交给搬迁户，让搬迁户全程参与规划设计、选定施工单位、制订分配方案、管理工程质量等工作，发挥搬迁户主体作用。其次，紧扣脱贫根本目的，严控搬迁房的面积和标准，分类确定群众自筹和政府奖补额度，减轻搬迁户资金自筹压力，确保搬迁户不因搬迁举债而致贫返贫。最后，区级成立易地扶贫搬迁脱贫攻坚分指挥部，发挥指挥部统筹协

调作用，扎实做好易地扶贫搬迁重大事项审议、年度实施计划，突出解决项目资金、程序困难等问题；各指挥部设立易地扶贫搬迁领导小组，统筹推进易地扶贫搬迁后续工作；安置点设计工作组应及时协调解决项目实施过程中遇到的难题。

（三）后续帮扶，立足根本重实效

第一，超前谋划。充分考虑易地扶贫搬迁工程项目实施与搬迁群众后续发展。掌握搬迁家庭的人员构成、就医、就学等情况，同步做好安置社区就业、就学、社会保障等配套设施；针对易地扶贫搬迁劳动力，提前开展就业技能培训、“送岗上门”、专场招聘活动，提高搬迁群众职业技能和信心。同时，细化明确产业、就业、教育、社会保障等工作的具体内容、责任单位和完成时限，压紧压实责任。第二，保基本、稳过渡。一方面，建立安置点内循环，配套扶贫农贸市场、商铺、医疗卫生所等资产，产生的收益用于补贴搬迁群众；另一方面，安置点及周边开发就业岗位和公益性岗位，优先安置搬迁群众，实现户均一人就业。第三，细抓落实。各分指挥部成立易地搬迁产业、就业等帮扶工作领导小组，出台针对搬迁群众的产业、就业实施方案，分步抓好搬迁群众后续帮扶工作；同时，易地搬迁产业、就业帮扶工作领导小组细化到人，开展引导性培训和技能提升培训，开发公益性岗位安置难就业、未就业的搬迁群众。迁出乡镇派出工作班子进驻城区，负责搬迁后产业、就业和社保服务工作。

二、易地扶贫搬迁城镇化安置模式的优点

昆明市东川区结合城镇化推进易地扶贫搬迁工作的要求，立足实际，以易地扶贫搬迁推进城镇化发展，从根本上改变贫困群众生产生活条件，共享城镇优质资源，阻断贫困代际传递，使东川区城镇化安置率达 95.67%。第一，搬迁规模大。通过城镇化安置方式，将相邻乡镇的搬迁户一次性安置到新建楼房，以大规模的搬迁，促进城镇化进程的大幅度加快。第二，土地利用率高，节约建设用地成本。城镇化安置方式可以最大限度利用土地，减少土地浪费。第三，建设速度快。第四，有利于生态修复。第五，通过搬迁人口的大量聚集，有利于扩大城镇化规模，推动城镇化进程。第六，搬迁群众生活条件可以得到明显改善。通过共享乡镇政府所在地的道路、供水、学校、

医院等公共服务设施，解决搬迁群众“出行难、饮水难、上学难、看病难”等问题，并提供职业技能培训，提高搬迁群众就业技能。第八，搬迁群众所得实惠多。搬迁群众不仅能够通过搬迁脱贫，而且不付征地费用。

第五节 精准脱贫入户调查纪实案例

一、大新县精准脱贫入户调查

广西大新县位于广西西南部，是桂滇黔石漠化片区县和边境县，东北邻隆安县，北面与天等县接壤，西北与靖西市相接，西南靠龙州县，西面与越南毗邻；下辖5个镇、9个乡及146个行政村，是广西扶贫开发33个重点县之一，“十三五”期间，全县还有48个贫困村。2019年4月24日，大新县成功脱贫摘帽，全县贫困综合发生率下降至0.13%。

为深入了解大新县的脱贫情况，课题组选取大新县的XK乡、ML乡和YL乡进行实地调研，对贫困户进行入户访谈（应调查对象要求保留姓氏，隐去名字）。YL乡位于大新县城东南面，辖14个村委、1个社区、121个自然屯、207个村民小组。全乡有党员848名，其中，农民党员674名，35岁以下党员有138名，36—60岁的有478名，60岁以上的有232名，占27.4%。XK乡辖6个村委、1个社区、119个自然屯、119个村民小组。ML乡位于大新县城东北部，辖8个村委、62个自然屯、134个村民小组，是典型的传统农业之乡。

（一）大新县XK乡SL村精准脱贫入户调查

调查者：何×× 赵××

调查对象：农CL 农LJ

调查方式：实地查看、入户访谈

调查时间：2020年1月22日

1. XK乡SL村基本情况。

（1）自然地理情况。SL村位于大新县城西南面，属大新县边境乡村之一，靠近大新县著名的旅游景点——明仕田园。乡村周围环境优美，景色宜人，具有典型的喀斯特地貌和迷人的田园山水风光，赢得国内外游客的青睐。

（2）社会发展情况。SL 村距离 XK 乡政府所在地较近，所需路程不到 1 公里，交通便利，有良好的教育资源。附近有著名的旅游景点明仕田园，宛若世外桃源，吸引了不少游客，促进了当地经济的发展。甘蔗产业为当地的特色产业，SL 村村民多以种植甘蔗为生。

2. 农 CL 家脱贫调查。

（1）农户家庭基本情况。户主农 CL，50 岁，小学文凭，其配偶李 SJ，48 岁，初中文凭。两夫妇均在家做农活，以种植甘蔗为主，另外还从事建筑工以补贴家用。家里有 6 口人，女儿 2019 年大学毕业，现在桂林一所口腔科工作，儿子现在武汉某大学读大一。此外，还有爷爷、奶奶两位老人，二人年事已高，难以从事生产劳动，需要赡养。农 CL 家耕地面积为 5.4 亩，住房面积为 180 平方米。农 CL 家上有老，下有小，儿子女儿读书需要不少资金，而家里劳动力只有两人，收入不稳定，难以维持生计，因而导致家庭贫困。2018 年其被列为贫困户后，政府鼓励其扩大甘蔗种植面积，提高甘蔗种植技术，保证高产稳产。此外，还给予其低保金、养老金、甘蔗产业奖补以及教育资助。2019 年年底农 CL 家实现甘蔗入厂收入 38394 元，农业补贴及各种补助资金 6438 元，女儿外出务工收入 26500 元，全年家庭稳定纯收入 54923.23 元，达到脱贫标准，于 2019 年脱贫。

（2）脱贫前的生产生活情况。农 CL 说："以前我们的甘蔗种植技术不高，产量低，收入少，在收甘蔗的时候，也没有钱去请工人来帮忙，家里面有两个小孩读书，花费大，两个老人也做不了农活，都需要靠我们两个人供养，我们两有时间就去帮别人盖房子，但是收入也不高。"

（3）脱贫过程。农 CL 说："为了照顾我们这些蔗农，政府每年都有甘蔗奖补发给我们，还组织了一个甘蔗种植技术培训班，不用交钱，在里面可以学到许多知识，另外两个小孩上大学还可以得到'雨露计划'的资助，家里的两个老人每个月都可以领到养老金，我们的生活没有那么困难了。"

（4）脱贫后的生产生活情况。"我们种甘蔗的技术提高了，年底的收成比之前高了许多，也有了多余的钱请工人帮忙，女儿去年大学毕业参加了工作，家里多了一份收入，现在就供儿子一人读书，家里的开销没有以前两个孩子读书的时候那么多了。"农 CL 说道。

（5）对脱贫巩固的看法或评价。

问题 1：现在生产生活方面还有什么困难？

虽然脱贫了，但农 CL 家仍有困难，他说道："儿子在外地读书，还有三年的学要上，平时在学习、生活上所需要花的钱也不少，我们还是有一定的负担，另一方面就是虽然现在甘蔗的产量提高了，但是销路比较少，目前只在县里出售。”

问题2：脱贫前后生产生活方式可能发生的变化，能否适应（心理方面、能力方面、习惯方面）？不能适应的主要原因有哪些方面？

“脱贫前甘蔗种植技术不高，但在经过政府的培训后，我们种植甘蔗的能力提高了，每年的甘蔗收入都比较稳定，现在脱贫了之后，还可以得到政策的继续扶持，我们的生活有了保障，不适应的地方就是改变了我们以前传统的甘蔗种植技术，现在对新技术的掌握还不够熟悉。”农CL说道。

问题3：希望政府部门或村上再帮助解决好哪些困难或问题？

目前希望在孩子上学期间可以继续得到政府的教育资助，以及解决甘蔗销路窄的问题。

3. 农LJ家脱贫调查。

（1）农户家庭基本情况。户主农LJ，73岁，小学文化，其配偶农YL，70岁，小学文化。二人年事已高，无从事生产劳动能力，家里有6口人，女儿农JX与女婿黄JH在家做农活，另有两个孙女，均已大学毕业参加工作，一位考上了公务员，另一位在大新县水利局为聘用人员。农LJ家有耕地5.4亩，主要种植甘蔗，住房面积为230平方米。

除了种植甘蔗以外，农LJ家还建有鱼塘，主要养殖草鱼，但是由于养鱼和甘蔗种植技术不高，每年的产量和收入都不太乐观。此外，每年两个孙女读书的费用也不少，从而导致了家庭贫困。2017年其被列为贫困户后，政府对其甘蔗产业及养鱼产业进行奖补，努力推广优质甘蔗种种植，提高养鱼技术水平，还对两个孙女进行教育资助。2019年两个孙女大学毕业后参加工作，工资性收入为56400元，此外甘蔗入厂收入为35730元，卖鱼收入为17500元，家庭稳定纯收入为48993.48元，达到脱贫标准，于2019年年底脱贫。

（2）脱贫前的生产生活情况。“以前两个小孩还在读书的时候，每个月家里都要拿出几千块钱作为她们的生活费，我和老伴做不了农活，家里的活都是由女儿女婿两个人做，我们家又因为缺乏种甘蔗和养鱼的技术，所以每年的甘蔗产量不高，卖鱼收益低，也没有产业奖补，有时甚至还没有钱买化肥，生活过得十分艰辛。”农LJ说道。

（3）脱贫过程。农LJ说：“为了提高技术，增加收入，政府动员我们去参加了农业技术培训班，每年还给我们发产业奖补，两个孙女读书享受到了

‘雨露计划’，我们两个老人每个月有养老金可以领，大病医疗也有保障，日子在一天天地变好。”

(4) 脱贫后的生产生活情况。“现在两个孙女大学毕业有了工作，每个月都有几千块钱的收入，减轻了家里的负担，我们种甘蔗和养鱼的收入增多了，家的房子也进行了装修，还买得了一辆小轿车，生活质量有了明显的提高。”农 LJ 说道。

(5) 对脱贫巩固的看法或评价。

问题 1：现在生产生活方面还有什么困难？

农 LJ 家虽然参加了农业技术培训，但是对技术掌握得还不够熟悉，实践经验不足，甘蔗产量增幅不大。另外，草鱼销售的渠道较少，目前只在本地乡镇销售。

问题 2：脱贫前后生产生活方式可能发生的变化，能否适应（心理方面、能力方面、习惯方面)？不能适应的主要原因有哪些方面？

农 LJ 说：“脱贫了之后，家里的困难减少了，开销也没有以前多了，买了一辆车之后，出行也方便了，我们家在政府的帮助下享受到了许多政策，生活变得越来越好，没有什么不适应的地方。”

问题 3：希望政府部门或村上再帮助解决好哪些困难或问题？

农 LJ 回答道：“目前希望政府可以继续对我们进行农业技术培训，提高甘蔗产量，增加收入，另外也希望可以多给我们提供一些草鱼的销售渠道。”

(二) 大新县 ML 乡 SC 村精准脱贫入户调查

调查者：何×× 赵××

调查对象：农 XJ

调查方式：实地查看、入户访谈

调查时间：2020 年 1 月 23 日

1. ML 乡 SC 村基本情况。

(1) 自然地理情况。全年气候宜人，降水丰沛，土地资源丰富，植被覆盖率高，适合水果、蔬菜、茶叶等农作物的生长。位于大新县城东南部，乡村周围山清水秀，有观音山、紫云洞等景点。

(2) 社会发展情况。距离 ML 乡政府约 3 公里，临近公路，交通便利，教育资源较丰富。所在地 ML 乡具有“苦丁茶之乡”的美称，当地努力发展苦丁茶种植，打造绿色无公害品牌，带动了经济的发展。苦丁茶、龙眼、无公害蔬菜为当地的特色产业，村民多以种植业为主。

2. 农户家庭基本情况。户主农 XJ，40 岁，初中文化，其配偶赵 JL，39 岁，初中文化。二人目前在家务农，育有一儿一女，两个孩子都在大新县民族希望中学念初二，母亲李 LJ 今年 60 多岁，身体健康。农 XJ 家有耕地 3 亩，主要种植甘蔗、蔬菜等农作物，住房面积为 210 平方米。

农 XJ 家需要供子女读书，每月的开销不少，又缺乏种植农作物的技术，产量少，收入低，因而导致贫困。2018 年其被列入贫困户后，政府着重对其进行技术扶持，提高农作物种植技术，增加收入，另外还给予产业奖补、养老金、城乡居民医疗保险等政策扶持，2019 年全年家庭稳定纯收入为 50000 元，达到脱贫标准，于 2019 年年底脱贫。

3. 农 XJ 家脱贫调查。

（1）脱贫前的生产生活情况。农 XJ 说："过去我们缺乏种植技术，蔬菜的销量不是很好，我和我爱人文化程度低，挣不了多少钱，还需要供两个小孩读书，生活过得十分拮据。"

（2）脱贫过程。"政府动员我们去参加农业技术培训班，在里面我学会了多种蔬菜的种植技巧，我们的种植技术越来越好，收入也越来越多了，儿子女儿读初中享受到了免除学杂费的政策，我们的压力在逐渐降低。"农 XJ 说道。

（3）脱贫后的生产生活情况。"现在家里的年收入有 5 万元左右，生活宽裕了许多，家里新添了一辆小轿车，也买了新的电视机，蔬菜甘蔗的销量也比前几年多了许多。"农 XJ 说道。

（4）对脱贫巩固的看法或评价。

问题 1：现在生产生活方面还有什么困难？

目前，农产品销路窄是农 XJ 家的主要困难，他说道："虽然现在农作物的产量高了，但是销售渠道还是比较单一，目前只在当地乡镇的农贸市场销售。"

问题 2：脱贫前后生产生活方式可能发生的变化，能否适应（心理方面、能力方面、习惯方面）？不能适应的主要原因有哪些方面？

农 XJ 说："政府组织我们去参加技术培训，改变了我们以前种植蔬菜的传统模式，对于新技术的使用还有些不太适应。"

问题 3：希望政府部门或村上再帮助解决好哪些困难或问题？

农 XJ 家目前希望政府可以继续进行农产品技术培训，多训练种植技巧，另外还希望政府能开拓一些销售蔬菜的渠道，以增加收入。

（三）大新县 YL 乡 JS 村精准脱贫入户调查

调查者：何××　赵××

调查对象：李 YY　黄 JJ

调查方式：实地查看、入户访谈

调查时间：2020 年 1 月 20 日

1. YL 乡 JS 村基本情况。

（1）自然地理情况。JS 村位于大新县城东南部，属亚热带季风气候，全年气候温暖，雨水丰沛，干旱、冰雹等自然灾害较少，土壤多为红壤，不易因雨水的冲刷而变得疏松，适合甘蔗及柑橘等农作物的生长。植被多为常绿阔叶林，分布广泛。

（2）社会发展情况。JS 村距离 YL 乡政府约 10 公里，交通便利，村内设有皇鸽、幼猪养殖场，且有外来投资，经济发展状况良好。此外，村里还设有小学，师资力量较充足，教育水平良好。JS 村村民多种植甘蔗，以此作为主要的经济来源。

2. 李 YY 家脱贫调查。

（1）农户家庭基本情况。李 YY 家现有人口 4 人，丈夫已过世，家中劳动力有 2 人。李 YY47 岁，初中文凭，现在广东打工；父亲李 MY，75 岁，年老体弱，做不了重活；大女儿苏 HX，24 岁，大学文凭，现在南宁一所学校任聘用教师；小女儿苏 HL 未成年，现在大新县民族中学读书。李 YY 家耕地面积为 3.3 亩，无种植农作物，住房面积为 156 平方米，住房等级为 A 级。

2016 年李 YY 家因丈夫去世，家中劳动力短缺，仅凭母亲一人的微薄收入难以供两个女儿念书，从而导致了家庭贫困。为了维持生计，李 YY 前往广东打工，月收入为 3000 元；大女儿于 2018 年大学毕业，从事教师工作，月收入为 2500 元；两人每年还获得了外出务工交通补贴共 800 元。二女儿在校读书，获得了春季教育助学金 1750 元。此外，李 YY 家每月获得低保金共 630 元，还参与了皇鸽入股、幼猪入股分红，每年共获利 550 元。全年家庭稳定总收入为 73071.95 元，达到了脱贫标准，于 2018 年脱贫。

（2）脱贫前的生产生活情况。李 YY 在回忆家中脱贫前的生活时，感慨万分，她说道："前几年丈夫因病过世，家中的重担就落在了我一个人的肩上，两个女儿还在念书，我在广东打工每个月就几千块的收入，压力很大，家中十分困难。"

（3）脱贫过程。2016 年李 YY 家被列为贫困户后，政府给予了许多帮助。“这几年家里生活的困难，多亏了政府的帮助，每个月都可以领到低保金，女儿们上学得到了资助，我外出务工也有补贴，还参与了皇鸽、幼猪投资入股，家里的收入在逐渐增加，我的压力也没那么大了。”李 YY 感激地说道。

（4）脱贫后的生产生活情况。李 YY 说：“现在我们三个人的生活质量比以前好了许多，大女儿大学毕业有了工作，为家里减轻了许多负担，加上政府的扶持，我们的生活有了保障，吃穿不愁，没有之前那么困难了。”

（5）对脱贫巩固的看法或评价。

问题 1：现在生产生活方面还有什么困难？

因李 YY 家中还有小女儿在读高中，平时的生活费、学杂费等也是一笔不小的开支，所以供养小女儿读书成了现在家中的主要困难。

问题 2：脱贫前后生产生活方式可能发生的变化，能否适应（心理方面、能力方面、习惯方面）？不能适应的主要原因有哪些方面？

“脱贫前家里的收入少，不稳定，现在脱贫了，家里有两个人可以外出工作赚钱，大女儿有了能为家里分忧的能力，我的压力也减轻了不少。”李 YY 开心地说道。脱贫后李 YY 家生活较宽裕，没有不适应之处。

问题 3：希望政府部门或村上再帮助解决好哪些困难或问题？

“我希望孩子在读书期间可以继续受到政府的教育资助，能够顺利读完大学，找到工作，这样以后的生活就更加美好了！”这是李 YY 最大的期望。

3. 黄 JJ 家脱贫调查。

（1）农户家庭基本情况。户主黄 JJ，60 岁，小学文凭，因体弱多病无法从事生产劳动。家中有 2 口人，另一人为女儿（黄 JS，21 岁，初中文凭，现在广东打工，月收入为 2500 元）。黄 JJ 家有耕地 2.5 亩，无种植农作物。住房面积为 95 平方米，经危房改造后，住房等级为 A 级。

黄 JJ 长年受疾病困扰，难以劳作，女儿外出打工的收入成了家里主要的经济来源，但仅凭这微薄的收入，难以支撑起父亲的医药费以及日常生活的开销，家中生活十分困难。2017 年黄 JJ 家被列为贫困户后，每月得到独生子女计生补贴 50 元，每年得到外出务工交通补贴 800 元，耕地地力补贴 292.29 元，幼猪入股分红 550 元，再加上女儿外出务工的收入，全年家庭稳定纯收入 29230.29 元，达到脱贫标准，于 2018 年脱贫。

（2）脱贫前的生产生活情况。黄 JJ 回忆起几年前的生活，说道：“我患有较严重的慢性病，做不得农活，家里就靠着低保金还有女儿的工资吃饭，每个月花在看病吃药上的钱也很多，以前的房子也不好，是砖瓦房，没有电视机，我们两人的生活都过得十分辛苦。”

(3) 脱贫过程。“自从受到了政府的帮助之后，我们每年都能领到补贴，让我最高兴的是在治病这方面有了保障，每个月的医保缴费都由政府帮付，而且去看病的钱可以报销，减轻了我们家庭的负担，除了这些，政府还拨给了我们两万元改造家里的房子，再也不用挤在那个小小的砖瓦房里了。”黄JJ开心地说道。

(4) 脱贫后的生产生活情况。黄JJ说：“以前的房子改造成了坚固的砖混结构房，现在家里有了电视机，女儿在外面打工收入稳定，我去看病花的钱也没有以前多了，我们的生活质量得到了提高。”

(5) 对脱贫巩固的看法或评价。

问题1：现在生产生活方面还有什么困难？

黄JJ说道：“我今年因为病情加重截了肢，行动上更加不方便了，家里只有女儿在干活，还是有一定的负担。”劳动力不足，缺少资金，成了黄JJ家的主要困难。

问题2：脱贫前后生产生活方式可能发生的变化，能否适应（心理方面、能力方面、习惯方面）？不能适应的主要原因有哪些方面？

“脱贫之后我们的生活得到了保障，在吃穿上都比以前好，住进了新房子后，改变了原来的生活习惯，有点不太适应。”黄YY说道。

问题3：希望政府部门或村上再帮助解决好哪些困难或问题？

目前希望政府部门可以帮助女儿提高自身的技能，增加工作收入，以及今后自己需要看病而缺少资金的问题。

二、宁明县精准脱贫入户调查

宁明县桐棉镇那么村位于广西宁明县西北部，距离县城67公里，地形以山地丘陵为主，地貌属于喀斯特地貌，地处偏远山区、边境地区，自然条件恶劣，生态环境脆弱。

那么村有13个自然屯、487户、2281人，民族结构以壮族为主。该村经济来源主要以种植业、养殖业、外出务工为主，林木资源丰富，盛产八角、松脂和药材。产业难、出行难、饮水难、上学难、看病难等困难严重影响到当地村民的生产生活。该村经济发展滞后、自然条件恶劣、基础设施薄弱、群众生活贫困，主要表现在以下几个方面：一是地处边远山区和石漠化片区，自然条件恶劣，生态环境脆弱。二是基础设施薄弱。之前除了一条县道公路经过那么村，其余自然村的通行道路均是弯曲坎坷的土路，晴天尘土飞扬，雨天泥泞不堪，不仅导致当地居民出行不便，还严重制约了该村的经济发展。此外，地处边境，通电通水困难程度凸显。三是山多地少，产业单一，产业结构不合理，产业发展的可持续力较弱。四是当地群众受限于地理位置偏远，长期与外界封闭，信息闭塞，当地语言以土话为主，普通话普及率较低。五是受教育程度低，思想观念守旧，安于现状，生产生活方式落后。

2015 年，那么村精准识别出建档立卡贫困户 280 户、1253 人，贫困发生率高达 54.9%，是典型的边境深度贫困村。截至 2020 年年初，那么村还有 3 户、17 人未实现脱贫，分别为：汪民屯马 PF 家 5 口人、派深屯苏 XJ 家 5 口人、枯桐屯凌 MB 家 7 口人。

（一）宁明县桐棉镇精准脱贫入户调查

调查者：何×× 钟××

调查对象：汪 WL 家

调查方式：实地查看、入户访谈

调查时间：2020 年 6 月 19 日

1. 农户家庭基本情况。汪 WL 家共 8 口人，汪 WL 现年 65 岁，家中有 105 岁高龄的母亲，以及妻子、大儿子、大儿媳、小儿子、孙子、孙女，现居住在宁明县桐棉镇那么村 NM 屯。汪 WL 与妻子在家务农，种植松树，开设了一家碾米加工作坊。此外，还利用自家的面包车承担接送村里小学生上下学的工作，儿子儿媳均在外务工，孙子和孙女还在上小学。

2. 脱贫前的生产生活情况。

（1）生产情况。汪 WL 家里的劳动力有 5 人（汪 WL 及妻子、儿子、儿媳）。

（2）生活情况。家里住房一间，面积达 120 平方米，属于 A 级基本稳固型房屋。看病需要到 67 公里外的县城，移动通信、通电通水通路等基础设施不完善。村里仅有一条县道公路通屯，其余道路均为土路，晴天尘土飞扬，雨天道路泥泞，出行十分不便。

3. 扶贫过程。2015—2019 年，累计享受扶贫资金 81573 元，并于 2017 年实现脱贫。

4. 现在生产生活方面还有什么困难和不便利的地方？

汪 WL 说，自从国家扶贫政策下来，生产生活条件得到了很大的改善，家里现存的困难主要有：一是经济收入渠道单一，有想进一步提高家里经济条件的想法，但是自己的能力有限。二是村里的基础设施和公共服务水平还比较薄弱。

5. 对未来生产生活的期望？

汪 WL 希望村里的生活环境能进一步提升，向城里看齐，农民的收入能实现稳定、可持续增长，产业发展得到不断帮扶。

6. 希望政府还帮助解决哪些问题？

汪 WL 表示对现在的生活很满意，感谢党的照顾和扶持，使家里的条件得到了明显改善。一是希望政府能继续跟踪帮扶，提供后续扶持政策。二是希望政府加大对农村的公共服务投入力度，提高公共服务水平，完善社会保障体系。

（二）宁明县爱店镇精准脱贫入户调查（见图 6－3）

图 6－3　林 FG 家入户调查

调查者：何××　钟××

调查对象：林 FG 家

调查方式：实地查看、入户访谈

调查时间：2020 年 6 月 19 日

1. 农户家庭基本情况。林 FG 家有 3 口人，林 FG 现年 37 岁，单身，正在接受政府的就业岗前培训，处于待业状态，现居住于宁明县爱店镇，家中还有母亲和妹妹，妹妹已经出嫁，不在家中。

2. 扶贫前的生产生活情况。

（1）生产情况。林 FG 在易地搬迁前居住在宁明县桐棉镇那么村浦派屯，属于 0—3 公里边境的边民。家中劳动力仅有其 1 人，人均耕地少且分散，多为山坡地，种植作物仅供自家食用。林 FG 本人外出打工，妹妹出嫁以后，家中仅剩年迈多病的老母亲，只能进行简单的种养殖活动。

（2）生活情况。搬迁前，家中住房有 40 平方米，年久失修，一遇刮风下雨，处处漏雨。地处边远地区，基础设施和公共服务水平低下，看病难、行路难、通电、饮水等问题严重影响了正常生活。

3. 扶贫过程。林 FG 家致贫的主要因素为交通不便、缺劳动力、缺技术、缺资金，享受社会最低生活保障。2015—2019 年，林 FG 家累计享受扶贫资金 53918 元，并于 2019 年实现脱贫。林 FG 家于 2018 年年底搬迁至宁明县爱店镇安福小区，缴纳 5000 元获得 40 平方米的住房一套。

4. 对扶贫的看法或评价。

好的方面：第一，与搬出地相比，水电、交通等基础设施建设基本完善。第二，教育、医疗卫生、住房等公共服务供给基本配套，基本解决了“三不愁”问题，搬迁户的生活发生了根本性改变。

不好的方面：就业安置不牢靠，公益性岗位和扶贫车间提供的岗位有限，所以就业还是依靠外出务工。

5. 现在生产生活还有什么困难和不便利的地方？

林 FG 认为现在刚搬到安置小区不久，对这里的生产生活还处于适应期，比较不知所措，而且现在还处于待业阶段，经济条件和家中劳动力十分有限，无力进一步提高生活水平，自我发展的能力不足。

6. 对未来的期望？

林 FG 希望自己在接受完政府的就业岗前培训以后，能找一份电工的工作，获得一份稳定的工资性收入，然后能找一个对象，结婚生子。

7. 希望政府还帮助解决哪些困难？

林 FG 对现在的生活表示很满意，从生产生活条件恶劣的旧宅基地搬迁到现在的安置小区，生产生活条件有了很大的改善。目前，还希望政府能继续扶持他，给予搬迁过渡性补助。待他完成就业培训后，政府能够提供一份较为稳定的工作。

第七章

桂滇边境深度贫困地区短期脱贫与长期振兴的治理共同体构建路径及对策建议

第一节　依托自身资源和比较优势，主动深化粤港澳桂和东盟合作

当前，广西与云南边境深度贫困地区粗放型产业居多、产业发展体系滞后、产业发展同质化严重和农村科技创新能力不强等问题制约着脱贫质量和乡村发展的进一步提升。广西作为唯一与粤港澳大湾区有省界接壤的省份，具有沿江、沿海、沿边的地理特征，区位优势明显。此外，广西与粤港澳大湾区有着良好的合作基础，如粤桂对口贫困帮扶的不断深入、桂粤和桂港铁路网络的不断完善等。具体表现在：

一、立足区位特点，发挥区位优势

要充分利用区位优势，提高区位条件的利用率，持续优化广西和云南边境深度贫困地区与粤港澳联通的交通网络体系，同时利用西江和北部湾经济区的宝贵资源，建立“西江＋北部湾＋珠江”沿线城市群和经济带，深化滇桂黔湘与粤港澳桂的联通合作，以粤港澳大湾区为核心，形成发散带动效应，带动集中连片城市发展。

二、主动融入粤港澳大湾区

主动融入粤港澳大湾区，摒弃“等靠拉”的依赖思想和“短视”的固化思维，利用自身资源和比较优势融入大湾区发展。如，利用丰富的民族特色、历史文化和自然景观资源弥补粤港澳大湾区旅游资源同质化的缺陷，发展“乡风山水旅游”的康养旅游模式和绿色产业，满足大湾区游客的休闲旅游需求和养生健康需求，打通绿色产业的中高端消费市场，带动消费，以此提升广西与云南边境深度贫困地区知名度和增加投资机会。同时，广西与云南具有大规模承接大湾区产业转移的基础条件，其急需集聚的产业也与大湾区转出产业的互补性较强。利用大湾区的先进理念和科技创新资源，广西与云南边境深度贫困地区可以因地制宜地制订对接大湾区建设的规划，精准至乡村，对口承接补链延链产业，建立集安置区、高新科技区和休闲区于一体的产业园，改变传统低效能的生产方式，利用科技对农产品进行深加工，提高农产品生产现代化，实现一二三产业的深度融合，改善广西与云南产业同质化、产业发展水平不高的情况，为产业扶贫与产业振兴的融合发展提供新支点。

三、充分利用东盟自由贸易区

要充分利用东盟自由贸易区，加强国际贸易合作和产业发展经验借鉴。调整产业发展战略，采用“新瓶装旧酒”模式，对接国际市场，在一定程度上缓解国内市场饱和与产品同质化严重导致的产品滞销和销售压力。另外，还可以利用东盟博览会，开设乡村产业发展经验互推分会场，交流和学习东南亚各国的乡村产业发展经验和模式。此外，积极充当东盟自由贸易区与粤港澳大湾区开展合作的桥梁，在东盟博览会设立粤港澳大湾区分会场，拓展合作新机遇。

第二节　精准把握“两山”理念，打造乡村生态养老新业态

广西与云南边境深度贫困地区生态环境面临“先天不足”和“后天浪费”问题，主要体现在以下方面：一是地处石漠化片区，水土流失严重，生

态环境脆弱；二是生产生活污染随意排放，乡村环境污染严重；三是乡村旅游“遍地开花”，生态遭到破坏，乡村的环境承载力紧张。在脱贫攻坚与乡村振兴交汇的今天，一边仅靠单一的生态保护和修复手段保护生态环境，另一边又继续利用生态资源开发旅游项目，十分不利于生态环境的可持续发展和平衡“青山”与“金山”二者的关系，反而使得生态环境朝着负向发展。因此，必须开辟一条具有广西与云南特色的乡村生态可持续发展道路。

一、加强石漠化综合治理，注重排污处理和环保宣传

全面利用科技化混交林加快石漠化顺向演替，严防石漠化面积不断增长，提高农村生态系统的承载力和土地利用率。在乡村发展的过程中，广西乡一级的污水和生活垃圾还几乎处于随意排放、处理的边缘，乡村污染形势严峻。建议加大农村环保公共产品的供给，提升环保基础设施水平，聚焦农村环保知识的宣传和普及，提高村民的环保意识和美丽乡村的建设意识。

二、发展生态产业新业态

生活水平的提高和交通网络的完善使得乡村旅游迅速发展的同时，旅游活动也让淳朴的乡风民俗变得功利世俗，乡村旅游同质化和一次性经济行为严重，尤其是乡村生态遭到严重破坏。鉴于此，广西与云南边境深度贫困地区应利用优质的自然资源和民族文化资源，将老龄化、生态保护与治理、减贫与振兴乡村问题相融合，以老年人为主要群体，设计符合养生需求、生态需求、田园需求的生态养老产品和服务，打造一村一品的乡村生态养老新业态。相较于一般乡村旅游，生态养老产业对生态环境的负面影响较小，追求与生态环境同向发展，提升乡村的自然与人文水平，减小季节对乡村旅游的影响，避免乡村旅游在农村的“昙花一现”，减少生态资源的低利用率和过度浪费的现象，从而实现生态扶贫与生态振兴的同频共振。

第三节　盘活乡村非遗资源，强化乡村文化认同

农业、农村以及农民问题得到社会众多关注的同时，标签化现象逐渐凸

显。农村逐渐被社会视为亟待救助的弱者，不仅在经济上落后，在精神文化上也尤为“贫困”。因此，“文化送下乡”“戏曲下基层”等一系列文化帮扶活动应运而生。这种标签化现象是一种被动赋予的产物，想要利用外部优秀传统文化下乡激活农村文化建设，移风易俗，帮助农民度过农闲时期。但是也要注意，文化下乡是一把双刃剑，丰富乡村文化活动的同时，乡土文化也会遭受到外来文化的冲击，致使乡村的主体性和自身传统文化往往被忽视，农民对自身主体性和传统文化的认同出现自信缺失与认同障碍。

一、丰富非遗资源保护方法

在非遗开发的发展势头下，开发模式单一、粗放式开放、过度商业化等外在问题和技艺失传、生存空间萎缩、传承断层、文化“变种”、个性化和地域化特色逐渐迷失等内在问题凸显。因此，作为当地文化符号的乡村非遗资源必须得到重视和盘活，以优秀乡土文化激活乡土文化建设。应根据各地的资源禀赋和分类情况进行非遗的保护、传承与发展，吸引多元主体参与其中，实现政府统筹规划、市场运作执行、社会广泛参与和乡村主动自救。另外，在展开非遗普查工作的基础上，引用科技创新手段，将以“口传身授”为传承形式的非遗进行活态性记录，形成全方位、立体化的挖掘、记录、收集和整理，减小“口传身授”对技艺流传的影响。

二、建立面向非遗传承人的激励机制

非遗保护政策应向农村传承人倾斜，对传承人实施动态管理和分类保护。对于歌舞音乐、杂技类非遗，建立乡村班社，自给自足承办本村的节庆活动，使乡民们有意义地度过农闲时期，遏制各种低俗文化的滋生。鼓励传承人走进乡村课堂进行非遗传授，激发乡村孩子的兴趣；对于手工艺类非遗，扶持传承人在村里开设传习所，为非遗培养传承人和带动乡村就业，基于本民族文化特色，进行文化产业产品精细化开发。

同时，做到加强保护和修复非遗赖以生存的载体——自然村落和民族村寨，摒弃以往非遗的单一开发，既明确各村的文化特色，形成“一村一品”的乡村特色，又保留群体性特征，以民族分布为切入点，形成具有民族整体特色的连贯文化带，建立各民族非遗自然保护区和体验区，纳入乡村旅游的连片线路体系中。从而带动经济发展，增强村民对自身文化的文化自信和文化认同，以非遗涵养乡风。

第四节 破解易地扶贫搬迁后续困局，推进搬迁人口市民化和城镇化进程

受石漠化的影响，广西与云南边境深度贫困区的大部分地区面临着土地资源匮乏、人畜饮水困难等困境。恶劣的自然条件制约着该地的生产和生活，是“一方水土养活不了一方人”的典型地区。因此，易地扶贫搬迁一直是广西与云南脱贫攻坚的有力抓手。截至 2019 年 9 月，广西易地扶贫搬迁入住率达 99.26%，累计搬迁入住 70.48 万人。易地扶贫搬迁取得显著成效的同时，后遗症逐渐凸显，主要表现在以下方面：一是因人口大量迁入，迁入地承载力不足；二是搬迁人口内生动力不足，难以融入迁入地；三是就业安置不牢靠，就业岗位不理想；四是重建设轻治理，迁出地综合配套改革延缓。这些易地扶贫搬迁的后续困局的破解事关广西与云南边境深度贫困地区的脱贫质量和返贫风险，因此将从以下 4 个方面提出对策建议：

一、实现相关政策的有效融入

将易地扶贫搬迁后续扶持政策与乡村振兴有关政策举措融合，构建公共产品供给城乡一体化，多层识别搬迁人口需求，加大对迁入地的公共产品供给，提高迁入地的社会承载力，提升生活质量和脱贫质量。

二、建立以社区为平台的发展模式

除了加大迁入地的基础设施和公共产品供给外，应实现搬迁人口赖以生存的空间再造，建立共商共建共享的社区共同体，成立社区服务站，以自愿报名和遴选的形式，吸收搬迁人口担任服务站的工作人员，参与社区管理工作，鼓励建立社区型组织，组织喜闻乐见的乡土文化活动，满足搬迁人口的个性化需求，使得搬迁人口的乡土情结得以扎根，进而提升搬迁人口的自我

服务和发展能力，增强其对迁入地的归属感。

三、促进有序、高效与精准就业

“弱鸟可望先飞，至贫可能先富，但能否实现‘先飞’、‘先富’，首先要看头脑里有无这种意识。”贫困农民主体要有自发地想摆脱贫困，有对美好生活向往的需求，而提升贫困群众思想意识，并不能仅依靠贫困群众自身力量，因为长期的弱势累积形成的贫困文化大于转变诱因，仍需诱导干预优化外部系统。一是以奖代补诱导干预，在产业推进中，通过先种养，后奖补，依据各村资源优势，因户施策，鼓励贫困群众大力发展种养，形成竞相发展的局面，在乡村治理中，通过贫困群众责任分担，主动参与精准脱贫工作进行累计积分，按积分兑换相应分值的生活用品。二是扶贫干部诱导干预，积极深入群众，面对面宣传讲解政策，想群众之所想，解群众之所惑，提高贫困群众脱贫自信心。三是脱贫致富能人诱导干预，用先进事迹作为标杆形象无形中激发贫困群众“脱贫光荣”的思想动力，引导其拔高看齐。

根据产业发展的特点和贫困群众实际需求，分期择时以举办“农家课堂”等形式开展农业实用技能培训，聘请专家、农林水利局等部门人员授予理论与技术知识并提供作业指导；请农业能人或脱贫致富带头人分享经验，让先富带后富，使贫困群众就地或就近提高农业专业技能，改变“靠天吃饭”的不利现状。依托当地沿边的优势，开展“边境贸易课堂”，鼓励边民积极投入到边境贸易中，拓宽增收渠道。根据城市发展需求，开展“就业转移课堂”，培训工种可为贴近群众需求的电工、家政服务、面点师、烹饪师等，进一步丰富贫困群众的就业技能。开展深圳—那坡两地扶贫协作课程，组织贫困家庭子女赴深圳进行先进技术技能培训，提高职业技术含金量。

现有的公益性岗位和就业扶贫车间同质化严重，多为工资较低、技术含量低的岗位，且就业安置能力有限。因此，需要因人制宜，按搬迁人口的意愿划分为就地就业和外出就业；将大湾区转出产业设在迁入地附近或建立集安置区于一体的产业园，扩大就业安置能力，实现就近就业；将有外出务工需求的搬迁人口根据兴趣进行个性化岗前培训，实现对口就业，利用大湾区输送劳动力资本。

四、推进农民市民化与城镇化步伐

由于在较长一段时间里实施的易地扶贫搬迁大多采取“一步到位”和“一搬了之”，迁入地搬迁与迁出地治理未配套，致使人地分离、土地资源浪费等问题显露。因此，要加快深化迁入地综合配套改革，因地制宜、分类推进改革，鼓励搬迁人口以“确权不确地”的形式将闲置土地资源折量为股本，交由村社集体组织进行土地流转，提高土地资源利用率，帮助搬迁人口获得财产性收入，从而破解城乡二元制带来的不便和帮助搬迁人口适应迁入地生活，防止返贫和回流的现象发生，加快搬迁人口市民化步伐，推进城镇化进程。

提升易地搬迁可持续性效果，须在兼顾短期扶贫搬迁任务的同时，更注重长期扶贫搬迁效应。长期扶贫搬迁效应，以“稳得住、能致富”为长期目标，重点解决迁入地发展动力不足和治理能力欠缺的问题，立足于搬迁户生活生产实际，将引进长期增收或长期就业产业与自主创业相结合，将推动社区治理与加强居民自治相结合，实现搬迁户从依靠外部“输血”向依靠内部“造血”转变，并通过实施“易地搬迁+”保障工程，保证易地搬迁质量，从而与乡村振兴耦合。

1. 实行“易地搬迁+扶贫车间”工程。通过扶贫车间搭建多种类、多形式的就业创业平台，促进搬迁户就业，帮助搬迁户形成良好的就业创业氛围，稳定增收并可持续发展，激励搬迁户加快脱贫致富步伐，巩固搬迁成果。(1) 充分利用村集体闲置土地、旧学校、废弃厂房、集体水库等，引导劳动密集型行业在搬迁安置点设立车间，带动搬迁户从事农产品加工、手工艺品加工等来料加工工作。(2) 建设“合作社+农户”式扶贫车间，由农村合作社组织建设扶贫车间，引导搬迁户以土地、资金、人力资本等形式入股，年终领取分红，同时组织3人以上致富精英参与合作社经营管理。(3) 扩大扶贫车间辐射作用，增加扶贫车间覆盖率，在“种、养、工、游、贸”协调发展基础上，进一步探索“扶贫车间+旅游业、边境贸易业、服务业”等多元发展模式，将车间链条延伸到各种行业，实现扶贫车间多元化、多样化发展。“易地搬迁+扶贫车间”工程拓宽了搬迁户就业增收渠道，让其照顾家庭的同时在“家门口”就业增收，使得搬迁户稳得住、能致富。

2. 实行“易地搬迁+社区治理+居民自治”模式，确保“稳得住”。很多农民对移民社区的认同感和归属感较弱，他们还没从“村上人”发展为“社区人”。科学合理的社区管理模式，不但可以提高搬迁户社会适应度，还可吸引待搬迁群众主动搬迁。安置点的社区居委会尚处于组建初期，需引导搬迁户参与社区组建和治理工作，增强搬迁户主人翁意识，加速融入新环境。对500户以上的集中安置点单独设立社区，并配备管理人员；500户以下的集中安置点逐步建立社区服务中心或并入临近社区统一管理，统筹安排教育、医疗、户籍管理等日常事务。搭建居民自治有序参与平台，不仅能培养居民主体角色，还能加强居民对安置点的家园认同感和自我管理、自我服务意识：首先，定期开展丰富多彩的社区活动和推行社区事务公开，吸引居民关心和参与社区建设。其次，社区治理与居民自治结合，成立居民参与的自治管理小组，负责社区环境整治、政策宣传、社区治安、基础设施修缮等日常工作；在社区治理过程中，广泛征求居民对安全防范设置、基础设施建设等建议，引导居民自我管理、自我服务。最后，由居民自主参与制定居民自治章程、居民公约等自治制度，规范居民自我行为，增强居民主体意识和参与意识，从而赢得民心支持。

3. 创新“易地搬迁 + 边贸扶贫 + 守边固疆”模式。在临近边贸互市点，统一规划建设边贸易地搬迁安置点，配套扶贫车间建设园区，动员贫困户搬迁到边贸安置点，发放边民证，引导参与互市贸易、指纹录入，兑现边民补助政策，同时完善管理、社保制度等制度机制，配套学校、便民超市、卫生所、文化娱乐场所等服务设施，对搬迁户原有土地确权登记，确保搬迁户不失土地、不丢福利，达到搬迁质量提高与稳边兴民良性互促效果。成立边民互市专业互助组，采取搬迁户参股、集体经营、贸工结合的运作形式，吸纳边境搬迁户加入互助组，发挥致富能人带头作用，带领边境搬迁户依托互助组通过参与进出口商品代理、边贸货物运输、货物申报等获得多重收入。

第五节　实行有效催化领导，提升基层治理能力

脱贫攻坚与乡村振兴是一项系统工程，基层组织在耦合协调发展过程中发挥着中坚作用，是脱贫攻坚与乡村振兴“最后一公里”的领头雁，应充分发挥其自治作用。

但在具体实践中，面临以下困境：一是因农村人口流失对基层组织结构

造成冲击，使得党员老龄化、宗族化和家族化严重，党员文化水平普遍偏低，服务能力弱化，基层组织涣散，难以跟上地方政府的政策施行节奏。“10个党员，8颗门牙”是广西与云南农村党员的真实写照。二是广西与云南至今还未出台关于脱贫攻坚与乡村振兴协同推进的政策举措，基层组织人员受自身文化水平的限制，在政策执行过程中容易将二者混为一谈，造成执行偏差和宣传偏差。三是为了保证资金、资源在农村的合理使用，国家制定了一系列资源使用的具体规范、痕迹管理和自上而下的各类督查活动，防止资源滥用和权力腐败的同时，也压制了基层干部们的主体性和主动性。他们几乎把所有的时间和精力用在完成上级下达的指标任务、“办事留痕”和应付各种检查上。基层组织的行政化愈发明显，内生发展能力和服务能力逐步弱化，基层治理陷入形式主义和内卷化，治理效率低下。为破解这些问题，需着力做到：

一、明确地方政府角色定位

地方政府应在脱贫攻坚与乡村振兴同频共振过程中明确角色定位，由原来的城市社会治理体系直接下乡套用向因村制宜、精准施策转变，实行有效的催化领导，为基层组织做好政策支持和方向引导，给予基层组织和基层干部一定的主体性和自主性，激活基层组织强化服务农民和建设乡村的内生能力，同时完善监管网络体系和容错纠错应急机制，保持“救火”与“防火”的平衡。既让基层权力装进笼子，又让其在笼子中有一定的自由空间。此外，建立农村青年入党孵化基地，引导和培训农村有为青年积极入党，优化基层党员的年龄和文化结构，提升基层党员质量。

二、建立新乡贤回归机制

利用物质激励与精神情感激励，让新乡贤“主动回”和“留得住”，搭建新乡贤回归工程，完善新乡贤回村的运行机制，让新乡贤“回得去”。一是健全工作激励机制。对新乡贤尤其是政治型乡贤的工作制度要建立健全和创新完善，实现工作的规范化和科学化。二是健全目标激励机制。统筹乡村治理的整体目标与新乡贤的个人目标整合，提高新乡贤的成就感与参与热情。三是健全考核激励机制，根据实际情况，以阶段化的量化指标对新乡贤的工作性质、工作内容及工作成效等方面进行考核绩效评估。四是加强新乡贤典型事迹的宣传，并授予一定的政治地位和社会声誉，激发新乡贤服务乡村治理的内在动力。

同时，探索以村“两委”为主、新乡贤带动为辅的基层治理模式，鼓励村民自发整合和创建各类农村组织，让新乡贤活跃在村“两委”之外的各类村级组织，成为独立于村“两委”之外的第三方内生性主体，避免新乡贤逐渐成为村“两委”的衍生物，充分发挥新乡贤的带动和桥梁作用，弥补农村社会组织发育不良的缺陷，破解基层治理困局，拓宽基层治理视野，确保深入脱贫攻坚与乡村振兴的“最后一公里”，实现基层的有效治理。

三、培育多元主体参与格局

培育多元主体参与脱贫攻坚与乡村振兴，将治理共同体理论嵌入脱贫攻坚与乡村振兴，构建脱贫攻坚与乡村振兴耦合协调的治理共同体，实现“1 + 1 > 2”的耦合协同效果。建立参与激励机制和风险补偿机制，借鉴脱贫攻坚的合作经验，吸引各方力量参与脱贫攻坚与乡村振兴的耦合协调发展，实行主体间的对口帮扶，以城市社会组织带动农村社会组织发展，以城市企业带动农村合作社和新型经营主体发展，以“引进来、走出去”式培训倒逼基层组织提高治理能力。

第六节　协同推进深度贫困地区脱贫攻坚与乡村振兴协调发展

全面脱贫为振兴乡村夯实根基，而巩固脱贫成果对脱贫攻坚与乡村振兴的耦合至关重要。实施乡村振兴战略，将使工业现代化和农业现代化同步推进，让城镇化发展和村镇化发展更加协调，促使农村和城市一样美好，推动城乡同步迈向现代化，这是脱贫攻坚成果最稳固的保障。打赢脱贫攻坚战，不能仅补短腿短板，而应有效配置各方资源和优势，牢固产业基础、保证社会保障基本覆盖、实现基础设施基本健全、改善基本生态环境，以全面巩固和深化脱贫成效，防止返贫。做好脱贫攻坚的基础设施工程、产业扶贫工程、住房保障、生态治理、基层治理与乡村振兴战略的总体要求耦合，需聚焦贫困户，重点突出、精准施策，围绕夯实基础设施、就业与健康扶贫保障、内生动力激发、产业振兴等发展基础，加快改善农村面貌，持续巩固脱贫成果，为顺利过渡到乡村振兴探索可推广、可借鉴的经验。

一、打造新型产业链条，做大做强产业

乡村振兴归根结底是发展问题，产业兴旺是乡村振兴的根本。对于当前边境乡村普遍存在的产业结构不合理、产业延伸度低、发展后劲不足，要做好脱贫攻坚与乡村振兴的产业衔接，必须形成三次产业良性循环的产业链条。把乡村和第二、第三产业发展起来，走第一、第二、第三产业融合发展的道路，才能从根本上解决农民的脱贫与致富问题。产业链是有一定市场优势的产业集合，这种集合要以产业链建设为主体，以做大做强产业为目标，立足产业结构优化升级，发挥农业基础性作用，用工业化理念谋划农业，有效利用地方特色农业、农家旅游产业等优势，促进第一、第二、第三产业有机结合。通过大力发展农副产品加工业、生物制造等，促使第一、第二产业融合，以第二产业发展带动第一产业；以第一、第二产业的融合为前提，通过发展生态观光、农家乐、休闲旅游带动第三产业，以第三产业发展，扩大需求，带动消费，巩固以特色农作物为主的种植业和以特色养殖品类为主的养殖业等特色农业；增强产业融合度，提升资源要素合理配置才能促进产业结构调整，带动贫困户脱贫致富，提升整体经济效益。

产业链建设要以生态、特色、优质、长效为重点，以建设农村合作社、集体养殖示范基地和家庭农场项目为核心，着力促进产业化经营、规模化生产、标准化建设、信息化支撑，努力打造“生态、休闲旅游型”特色乡镇。农副产品从源头生产到加工再到终端产品，必须环环紧扣、紧密相连，首先从源头把控种植、养殖，然后精细加工、分级包转，最后终端销售、树立品牌。按照规范化管理、专业化服务、科技化生产，提升产品附加值，延长产业链效应。创新“公司+基地+合作社+农户+市场”的复式发展模式，重点培养经营主体，以龙头企业为核心，带动产业链做强做优。

二、强化基层内生动力，实现人的全面振兴

乡村振兴最终需要人的全面振兴。彻底摆脱内生动力不足问题，必须从脱贫攻坚的供给侧和需求侧同时发力。从扶贫一侧出发，针对部分扶贫干部，

激发其扶贫动力；从脱贫一侧出发，针对部分贫困群众，以扶贫先扶智、扶志为根本，消除思想贫困。具体而言：

（一）从扶贫侧出发，强化部分干部扶贫动力

首先，强化党组织建设，形成支部引领、书记带动、党员带头、能人带富的“一引三带”模式，并通过每月开展“固定党日＋”活动，学习党章、党员纪律处分条例、习近平新时代中国特色社会主义思想等内容，把全面从严治党的各项要求贯彻落实到脱贫工作中，真正把党员工作积极性激发出来，巩固基层党组织战斗堡垒作用。其次，选优配强驻村干部队伍，并明确具体的激励机制和容错纠错机制，实行“赛马制”的竞争模式，鼓励创新、宽容失败，以此激发扶贫干部创新开展工作积极性和强化内生动力。再次，定期进行扶贫干部教育培训，提高队伍的法律法规清晰度、政策知晓度和实践扶贫能力。最后，落实驻村干部专项经费、医疗卫生保障机制、驻村补贴政策及提高干部福利待遇，解决干部后顾之忧，安心扶贫。

（二）从脱贫侧出发，消除部分群众思想贫困

贫困不仅包括经济领域贫困，还包括文化贫困和精神贫困，而且与物质贫困相比，文化、精神方面的贫困更难根治。党的十九大报告要求，扶贫先扶志、扶智，治贫先治愚。由此，在“缺志”与“缺智”的现实情况下要把消除思想、精神方面的贫困作为重点环节来抓。

第一，加大公共文化服务供给、创新文化服务活动，聚焦群众文化需求，开展“千屯文艺”的送文化下乡活动，面向贫困村屯开展文艺汇演、党群联谊、图书下乡等系列活动，宣传扶贫政策和致富典型，一方面开阔贫困户视野，另一方面引导贫困户摆脱固化的思想形态、消除落后的“等靠要”思想。同时，实施教育工程，落实教育扶贫政策，加大教育投入力度，解决贫困家庭子女上学问题，阻断精神贫困的代际传递。

第二，以开发式扶贫方式消除思想贫困。能力贫困理论强调解决贫困和失业不能仅靠发放失业救济，须提高贫困户个人能力和以开发式扶贫作为补充。开发式扶贫是以特定的贫困群体或贫困区域为对象，提供他们所缺少的资本、技术等生产要素，结合当地的资源条件，依靠贫困者的自身努力，通过发展当地的经济提高生活水平和摆脱贫困。对贫困户的扶贫不仅需要短期性“输血式”扶贫，也需要长期性“自我造血式”扶贫，使其依靠产业发展

或持续性就业，实现自主脱贫，这一定程度上可消除思想贫困。最重要的是，从根源上消除精神懈怠，在精神上调动贫困户与贫困斗争的决心，形成劳动光荣、艰苦奋斗的精神面貌，营造脱贫光荣的乡村风气。

第三，建立正向激励机制，推广一批精神扶贫模式。比如：以爱心驿站积分模式为载体，将脱贫攻坚与乡村振兴、美丽乡村结合，鼓励村民通过参加村屯建设、发展生产、清洁乡村等形式获得积分券，兑换生活用品，从而激发村民主动参与建设的精神动力。

三、加快提升人居环境，促进生态宜居建设

生态宜居是乡村振兴的前提，是提升农村居民美好生活的重要民生工程。因此，应立足于切实保护生态环境，为满足当地农民美好生活需求，提升农村人居环境，扎实推进乡村振兴进程。对于面临着生态环境恶劣与经济落后双重考验的西部边疆地区，脱贫减贫难度大，需因地制宜创新“生态保护＋”模式，努力建设生态宜居型村庄，实现在生态宜居发展上耦合。

第一，实行“生态保护＋公益岗位”模式，通过生态补偿、石漠化治理、山林资源保护、退耕还林等环境保护工程，为贫困户提供环保、治理等方面的公益岗位，在吸纳零散劳动力、增加贫困户转移性收入的同时，提高群众生态保护意识。

第二，实行“生态保护＋有机农业”模式，发挥贫困村屯远离工业污染地的地理位置优势，发展生态有机农业。比如，那坡县结合地方特色，可打造“蔗—牛—菇—肥”有机农业链，利用甘蔗叶养牛，牛粪种植茶树菇和用牛粪为甘蔗地增加土地肥力，菌棒、牛粪加工成肥料，肥料用来给甘蔗施肥。生态保护与发展有机农业结合，有利于保护生态环境的同时，使农业做优做强，走特色鲜明的生态保护道路。

第三，实行“生态保护＋旅游”模式，开发生态旅游观光景区，结合森林旅游、休闲观光农业、喀斯特地貌风情观光等，从而以发展旅游业带动生态环境保护，以生态保护辐射带动乡村旅游业和服务业发展。

四、升级农村基础设施，做到固基强本

党和国家要求持续加大农村基础设施建设力度，促进农村基础设施提档

升级。提档升级基础设施是助力脱贫攻坚与乡村振兴耦合的重要条件，是带动农村生产生活改善的动力引擎。按照“五子六通”的标准加快升级基础设施，在基础设施保障上实现与乡村振兴衔接。当前贫困村屯基础设施的质量远低于城镇，需要根据村屯实际情况采取升级措施，实现基础设施从“有”到“优”的转变，最后向更加优质的路径演进：一是加快贫困村屯小型水利投资力度，建立农村安全饮水工程体系。二是加快建设宽带网络基础设施建设平台，加大供电网络优化升级，深入挖掘广电扶贫潜力，采用多种方式消除无电户，探索“广电+精准脱贫”新形式。三是全面消除不稳固房，修缮加固或拆除重建危房改造户，由县财政进行财政兜底，给予每户相应修缮加固补助和每户拆除重建补助，由财政安排资金给予保障。四是充分发挥帮扶单位后盾作用，争取项目资金改善基础设施，补齐基础设施滞后短板。五是加强村卫生室基础设施建设，按照国家和自治区规定的建设标准，配备污水处理、垃圾处理的基础设施，并配置基本医疗设备。

参考文献

[1] Alkhafaji, AbbassF. A stakeholder approach to corporate governance: Managing in a dynamic environment [M]. New York: Quo - rum Books, 1989.

[2] Bret Kloos, Jean Hill, Elizabeth Thomas, Abraham Wanders - man, Maurice J. Elias, James H. Dalton. Community Psychology [M]. Belmont: Wadsworth, 2012: 352 - 353.

[3] Elmore, Richard F. Instruments and Strategy in Public Policy [J]. Policy Studies Review, 1987 (1): 174 - 186.

[4] Foster J E, JGreer, EThorbecke. A Class of Decomposable Poverty Measures [J]. Econometrica, 1984 (52): 761 - 766.

[5] Freeman, Edward R, and Evan, William M. Corporategovernance: A stakeholder interpretation [J]. Journal of Behavioral Econom - ics,1990, 19 (4): 337 - 359.

[6] Hood, C. The Tools of Government [M]. Chatham House Publishers, 1983, pp. 124 - 125.

[7] Howlett, M&M. Ramesh. Studying Public Policy: Policy Cycles and Policy Subsystems [J]. Oxford : Oxford University Press, 1995: 163.

[8] Howlett, Michael. Policy Instruments, Policy Styles, and Policy Implementation: National Approaches to Theories of Instrument Choice Policy [J]. Studies Journal, 1991, 19 (2): 1 - 21.

[9] Hulme D, Shepherd A. Conceptualizing Chronic Poverty [J]. World Development, 2003, 31 (3): 403 - 423.

［10］ Sabina Alkire，JamesFoster，“Counting and Multidimensional Poverty Measurement”，Journal of Public Eco Economics，2011，95（7）.

［11］ STROBE P. From poverty to exclusion：a wage－earning society or a society of human rights［J］. International Social Science Journal，1996（48）.

［12］ TOWNSEND P. Poverty in the united kingdom：a survey of household resources and standard of living［M］. Berkley，California：University of California Press，1979.

［13］ 白利友．中国的陆地边境治理及其研究［J］．新视野，2017（05）：28—34.

［14］ 边慧敏，张玮，徐雷．连片特困地区脱贫攻坚与乡村振兴协同发展研究［J］．农村经济，2019（4）：40—46.

［15］ 蔡生菊．基于贫困代际传递理论的贫困困境及反贫困策略［J］．天水行政学院学报，2015（5）：67—71.

［16］ 曹锦清．黄河边的中国——一个学者对乡村社会的观察与思考［M］．上海：上海文艺出版社，2000：2—3.

［17］ 曹立，王声啸．精准扶贫与乡村振兴衔接的理论逻辑与实践逻辑［J］．南京农业大学学报（社会科学版），2020，20（04）：42—48.

［18］ 曹帅，许开轶．新时代基层政协协商民主的发展逻辑与实践旨趣［J］．广西社会科学，2018（5）：5.

［19］ 曹燕．政策工具视角下的基础教育公平：回顾与前瞻——基于1979—2016年基础教育公平政策的文本分析［J］．教育科学，2017（4）：24.

［20］ 曹召胜，谭德宇．新农村建设中农民主体性发挥的动力源泉［J］．湖北民族学院学报（哲学社会科学版），2015（4）：50—54.

［21］ 曾维和，贺连辉．社会治理体制创新：主体结构及其运行机制［J］．理论探索，2015，（5）：84.

［22］ 陈恒钧，黄婉玲．台湾半导体产业政策之研究：政策工具研究途径［J］．中国行政，2004：75.

［23］ 陈洪连．乡村环境协商治理的困境与出路［J］．齐鲁学刊，2019（3）：105.

［24］ 陈明星．脱贫攻坚与乡村振兴有效衔接的基本逻辑与实现路径［J］．贵州社会科学，2020（05）：149—155.

［25］ 陈强．深度贫困地区金川县脱贫攻坚执行困境研究——基于史密斯

模型的视角［J］. 农业部管理干部学院学报，2017（04）：90—94.

［26］陈庆云 . 公共政策分析［M］. 北京：北京大学出版社，2014（04）：168—169.

［27］陈全功，程蹊 . 关于减贫的可持续性问题的探讨［J］. 湖北社会科学，2015（9）：80—85.

［28］陈松，阴蕾 . 新时代中国社会治理共同体构建：理论内涵、现实需求及实践路径［J］. 重庆社会科学，2020（07）：51—62.

［29］陈文胜 . 脱贫攻坚与乡村振兴有效衔接的实现途径［J］. 贵州社会科学，2020（01）：11—14.

［30］陈肖舒 . 西方福利经济理论的批判与反思［D］. 吉林大学，2017.

［31］陈小燕 . 多元耦合：乡村振兴语境下的精准扶贫路径［J］. 贵州社会科学，2019（3）：155—159.

［32］陈晓春，陈文婕 . 习近平国家治理思想下“三共”社会治理格局：概念框架与运作机制［J］. 湖南大学学报（社会科学版），2018，32（03）：18—24.

［33］陈晓华，张红宇 . 促进农民增收与全面建成农村小康社会［M］. 北京：中国农业出版社，2005：312.

［34］陈晓莉 . 功能转换与实现多元化治理模式中的村级党组织［J］. 理论与改革，2011（03）：142.

［35］陈学法，丁浩 . 走出农民市民化的困境：户籍与土地管理制度创新［J］. 江苏社会科学，2015（3）：39—46.

［36］陈印静 .“乡政村治”时期镇政府的职能异化［J］. 安徽行政学院学报，2013：82—89.

［37］陈咏媛 . 新中国 70 年农村劳动力非农化转移：回顾与展望［J］. 北京工业大学学报（社会科学版），2019（4）：18.

［38］程波 . 基于农民合作社的农业职业经理人队伍的管理与创新［D］. 天津农业科学，2015.

［39］程欢 . 广西基层新型职业农民培育师资队伍建设问题研究［D］. 广西经济管理干部学院公共管理系，2018.

［40］程业炳，张德化 . 农业转移人口市民化的制度障碍与路径选择［J］. 社会科学家，2016（7）：42—46.

［41］崔晓芳 . 农村治理主体多元化的现实困境与实现路径［J］. 山西农

业大学学报，2012：882—900.

［42］崔晓彤，赵冲．乡村振兴视阈下优化乡村治理路径研究［J］．农业经济，2019（8）：30—31.

［43］戴益文．城镇居民住宅有效购买力探讨［D］．浙江大学，2003.

［44］单卓然，黄亚平．“新型城镇化”概念内涵、目标内容、规划策略及认知误区解析［J］．城市规划学刊，2013（2）：16—17

［45］党建研究．习近平强调完善和发展中国特色社会主义制度推进国家治理体系和治理能力现代化［J］．党建，2014（3）：29—29.

［46］党敏．农村振兴背景下乡村社会治理法制化建设策略研究［J］．湖北开放职业学院学报，2019：117—118.

［47］邓寒竹．中国农民市民化进程中的障碍及对策探析［J］．现代商业，2009（2）：131—132

［48］邓坚．乡村振兴战略背景下新乡贤文化建设的困境与途径［J］．学术论坛，2018（3）：171.

［49］邓靖，康庄．深度贫困地区扶贫开发的机制优化与政策匹配［J］．广西社会科学，2018（2）：158—161.

［50］邓磊，罗欣．脱贫攻坚与乡村振兴衔接理论探析［J］．江汉论坛，2020（02）：51—56.

［51］董珍．生态治理中的多元协同：湖北省长江流域治理个案［J］．湖北社会科学，2018（03）：82—89.

［52］豆书龙，叶敬忠．乡村振兴与脱贫攻坚的有机衔接及其机制构建［J］．改革，2019（01）：19—29.

［53］杜海峰，顾东东，杜巍．农民工市民化成本测算模型的改进及应用［J］．当代经济科学，2015，37（2）：1—10.

［54］杜姣．利益分配型治理视角下的村民自治研究［J］．南京农业大学学报（社会科学版），2019（02）：46—48.

［55］杜立芳．户籍制度改革与农民市民化［J］．开发研究，2014（4）：14—17.

［56］杜向民，吴嫚，程小芬．脱贫攻坚与乡村振兴战略一体化推进研究［J］．长白学刊，2020（04）：120—126.

［57］樊英，李明贤．传统农民向职业农民转变面临的资源约束分析［J］．农业经济，2014（11）：94—96.

[58] 方大春，马为彪．中国省际高质量发展的测度及时空特征［J］．区域经济评论，2019（2）：61—70.

[59] 方天建．乡村振兴视野下的中越边境地区“空心化”问题研究——基于滇桂交界地区的实证考察［J］．民族学刊，2018（06）：34—42.

[60] 费广胜．治理共同体：城市社会治理创新的路向选择——以碎片化治理为视角［J］．内蒙古大学学报（哲学社会科学版），2018，50（06）：17—22.

[61] 费孝通．乡土中国［M］．北京：中华书局，2013：213.

[62] 冯丹．城镇化中迁移人口的社会建构［M］．北京：中国工人出版社，2016：24.

[63] 冯丹萌．国际视角下脱贫攻坚与乡村振兴相融合的探索［J］．当代经济管理，2019，41（09）：43—48.

[64] 冯俊峰．乡村振兴呼唤“乡贤”回归［J］．新城乡，2018（3）：1.

[65] 冯文静．治理共同体视角下民主行政社会建构思考［J］．人民论坛，2014（35）：58—60.

[66] 付翠莲．乡村振兴战略背景下农村发展与治理［M］．上海：上海交通大学出版社，2019：129.

[67] 傅东平，李强，纪明．农业转移人口市民化成本分担机制研究［J］．广西社会科学，2014（4）：72—77.

[68] 甘丹丽．新型城镇化背景下的农民市民化：制度冲突与路径选择［J］．内蒙古社会科学，2014（3）：115—118.

[69] 甘信奎．“县政乡社”：中国农村治理模式新构想［J］．学习论坛，2005：76—78.

[70] 高丙中．社会团体的合法性问题［J］．中国社会科学，2000（2）：103.

[71] 高春奎．新型城镇化进程中的农村空心化问题研究［J］．产业与科技论坛，2017（16）.

[72] 高其才，池建华．改革开放40年来中国特色乡村治理体制：历程·特质·展望［J］．学术交流，2018（11）：73.

[73] 高强．脱贫攻坚与乡村振兴有机衔接的逻辑关系及政策安排［J］．南京农业大学学报（社会科学版），2019，19（05）：15—23，154—155.

[74] 高帅，史婵，唐建军．基于赋权增能视角的农户贫困脆弱性缓解研

究——以太行山连片特困地区为例［J］. 中国农村观察，2020（1）：61.

［75］高晓事，李明生. 试论正确发挥政府在扶贫工作中的作用［J］. 长沙铁道学院学报（社会科学版），2006（03）：7—8.

［76］公丕祥. 新中国70年进程中的乡村治理与自治［J］. 社会科学统战，2019（5）：12.

［77］公维友，刘云. 当代中国政府主导下的社会治理共同体建构理路探析［J］. 山东大学学报（哲学社会科学版），2014（3）：52—59.

［78］龚晨. 基于主体视角推进全面脱贫攻坚行动的对策探讨［J］. 中国发展，2016，16（03）：79—84.

［79］龚亮保. 从脱贫攻坚到乡村振兴［J］. 老区建设，2017（21）：1.

［80］苟兴朝. 农民群体分化视角下的市民化成本分担研究［J］. 开发研究，2014（5）：48—52.

［81］谷树忠. 贫困形势研判与减贫策略调整［J］. 改革，2016（8）：65—67.

［82］关信平. 社会政策概论［M］. 北京：高等教育出版社，2004：393.

［83］郭春甫，扶贫政策执行中的形式主义：类型特征、影响因素及治理策略［J］. 理论与改革，2019（5）：141—145.

［84］郭根，吴婧. 政治信任谱系中的有效信任及其当代价值［J］. 云南行政学院学报，2017（4）：70.

［85］郭庆松. 农民工市民化：破局体制的“顶层设计”［J］. 学术月刊，2011（7）：72—78.

［86］郭翔宇. 实施乡村振兴战略，加快推进农业农村现代化［J］. 农业经济与管理，2017（5）.

［87］郭远智，周扬，刘彦随. 贫困地区的精准扶贫与乡村振兴：内在逻辑与实现机制［J］. 地理研究，2019，38（12）：2819—2832.

［88］韩立达，谢鑫. 变“权”为“利”，突破农业转移人口市民化私人成本障碍［J］. 理论与改革，2015（1）：70—73.

［89］杭承政，胡鞍钢. “精神贫困”现象的实质是个体失灵——来自行为科学的视角［J］. 国家行政学院学报，2017（04）：97—103 + 147.

［90］何得桂. 山区避灾移民搬迁政策执行研究：陕南的表述［M］. 北京：人民出版社，2016（3）：209.

［91］何得桂. 西部山区避灾扶贫移民型社区管理创新研究——基于安康

的实践［J］．国家行政学院学报，2014（03）：97—101.

［92］何浩天．精准扶贫视域下旅游扶贫的政策效果检视——以中部J市为例［J］．旅游市场研究，2019（8）：154.

［93］何金梅，刘芬华，何强．乡村振兴战略初期新型职业农民多元主体重塑［J］．经济与管理，2020（3）：63—66.

［94］何玲玲，蔡炉明．基于因子分析的农民市民化成本的综合评价［J］．新余学院学报，2016，21（4）：1—5.

［95］何玲玲，蔡炉明．农民市民化的成本解构［J］．重庆社会科学，2016（3）：43—50.

［96］何玲玲，付秋梅．乡村振兴战略背景下多元化治理主体的角色与功能——基于结构功能主义视角［J］．行政科学论坛，2020（3）：39—45.

［97］何玲玲，区小兰．乡村振兴背景下民族地区乡村治理共同体构建研究［J］．唐山学院学报，2019：82—88.

［98］何植民，陈齐铭．精准扶贫的“碎片化”及其整合：整体性治理的视角［J］．中国行政管理，2017（10）：87—91.

［99］侯宏伟，马培衢．“自治、法治、德治”三治融合体系下治理主体嵌入型共治机制的构建［J］．华南师范大学学报（社会科学版），2018（06）：141—146+191.

［100］侯顺斌，金昱彤．易地搬迁社区重建：问题与重建进路［J］．兰州文理学院学报（社会科学版），2018，34（4）：68—74.

［101］胡春艳．科技扶贫政策演进与结构特征——基于政策文本的实证分析［J］．湖北行政学院学报，2019（3）：41.

［102］胡滇碧，朱丽丹，李玥庆．大国育农之策　新型农民职业培训［D］．中国农村科技，2018.

［103］胡芳肖，熊欣，罗红荣．基于Logistic回归的陕西农村家庭致贫因素分析［J］．社会保障研究，2012（1）：64—71.

［104］胡桂兰，邓朝晖，蒋雪清．农民工市民化成本效益分析［J］．农业经济问题，2013（5）：83—87.

［105］胡美术．中越边境的“空心村”治理实践：以东兴河洲村为例［J］．黑龙江民族丛刊，2016（06）：45—51.

［106］胡钰，付饶，金书秦．脱贫攻坚与乡村振兴有机衔接中的生态环境关切［J］．改革，2019（10）：141—148.

［107］黄爱宝．区域环境治理中的三大矛盾及其破解［J］．南京工业大学学报（社会科学版），2011，10（2）：50—56.

［108］黄晨熹．深度贫困地区脱贫攻坚要避免急躁和厌战情绪［J］．人民论坛，2018（26）：65—67.

［109］黄家亮．基层社会治理转型与新型乡村共同体的构建——我国农村社区建设的实践与反思（2003—2014）［J］．建设，2014（1）：77—87.

［110］黄君录．协商民主的地方治理模式及其内生机制——基于村民自治地方经验的四种模式［J］．南京农业大学学报（社会科学版），2019（4）：69.

［111］黄新文．广西有序推进农业转移人口市民化探析［J］．经济研究导刊，2013，（25）：44.

［112］黄祖辉，邵峰，朋文欢．推进工业化、城镇化和农业现代化协调发展［J］．中国农村经济，2013（1）：8—14.

［113］贾林瑞，刘继来，李进涛．中国集中连片特困地区贫困户致贫原因诊断及其帮扶需求分析［J］．人文地理，2018（1）.

［114］贾亚娟，宁泽逵，杨天荣．基于AHP法的新型职业农民胜任素质评价体系的构建［J］．西安财经学院学报，2017（1）：83.

［115］贾益民，张灯．攻坚脱贫，决胜全面建成小康社会［J］．学术研究，2018（1）.

［116］姜方炳．“乡贤回归”：城乡循环修复与精英结构再造［J］．浙江社会科学．2018（10）：73.

［117］姜作培．农民市民化的对策选择［J］．云南财贸学院学报，2003（1）：100—103.

［118］蒋冠，霍强．中国城镇化与经济增长关系的理论与实证研究［J］．工业技术经济，2014（3）：33—41.

［119］蒋健森．农业转移人口市民化的制度创新及现实途径［J］．中共浙江省委党校学报，2013（05）：24.

［120］金瑾．实施乡村振兴战略与改革发展农业职业经理人培养机制研究——以四川现代农业职教集团为例［D］．成都农业科技职业学院，2018.

［121］金瑾．乡村振兴战略下的农业职业经理人培育机制改革——以四川现代农业职教集团为例［D］．职业技术教育，2018.

［122］决胜全面建成小康社会 夺取新时代中国特色社会主义伟大胜利

[N]. 人民日报，2017—10—28.

[123] 康红梅，徐苏宁. 城市基础设施承载力与城市规模的互馈研究[J]. 四川建筑科学研究，2012，38（05）：325—328.

[124] 匡贞胜. 尺度重组视角下中国的边界效应转化问题研究 [D]. 北京交通大学，2016.

[125] 赖先进. 论政府跨部门协同治理 [M]. 北京：北京大学出版社，2015：25—26.

[126] 兰婷. 新时代多元主体推进乡村治理法治化路径探讨 [J]. 农村经济，2019（01）：8.

[127] 雷焕贵，梁剑英，段云青. 治理主体多元化的现实困境及乡土文化的治理功能 [J]. 安徽农业大学学报，2017：5—9.

[128] 黎智洪. 农业转移人口市民化：制度困局与策略选择 [J]. 人民论坛，2013，（07）49—51.

[129] 李昌科. "美丽广西" 乡村建设背景下的乡村治理机制研究[D]. 广西师范学院，2018.

[130] 李递等. 倡议联盟框架视角下中国扶贫政策变迁研究 [J]. 管理观察. 2019（15）：38.

[131] 李国强. 广西边疆社会存在的现实问题及解决对策研究 [J]. 云南师范大学学报，2018（01）.

[132] 李国珍，张应良. 村庄衰落的诱因及其对农村经济发展的影响——基于重庆市 G 村的调查 [J]. 西南大学学报（社会科学版），2015（6）：72—79.

[133] 李辉. 精准扶贫攻坚阶段云南脱贫攻坚的政策调适与模式创新[J]. 云南民族大学学报（哲学社会科学版），2018，35（04）：81—86.

[134] 李慧. 农村居民基本社会养老保险需求及政策研究 [D]. 中国农业科学院，2017.

[135] 李佳佳. 中国开发型国家结构下的官僚制：特征、后果和走向——地方政府行为的视角 [J]. 中共浙江省委党校学报. 2012（2）：47.

[136] 李建勇. 我国跨省区流域污染问题治理的困境及司法对策——论司法体制改革与对策研究 [J]. 东方法学，2014（6）：105—111.

[137] 李金哲. 困境与路径：以新乡贤推进当代乡村治理 [J]. 求实，2017（6）：88.

[138] 李俊杰，耿新．民族地区深度贫困现状及治理路径研究——以“三区三州”为例［J］．民族研究，2018（1）：47—57，124.

[139] 李培林，陈光金，张翼．中国社会和谐稳定报告［M］．北京：社会科学文献出版社，2008：290.

[140] 李鹏．共享发展理念视角下清水河县稳定脱贫研究［D］．内蒙古师范大学，2017.

[141] 李平．新农村建设中乡镇政府职能转变与农民专业合作社组织发展［J］．中国行政管理，2008（5）：83.

[142] 李谦．异地搬迁扶贫政策的实施问题与对策研究——以西华镇什民村为例［J］．劳动保障世界，2019（18）：67.

[143] 李倩，李小云．“分类”观念下的内倾性社会交往：失地农民市民化的困境［J］．思想战线，2012，38（05）：43—47.

[144] 李荣娟．当代中国跨省区域联合与公共治理研究［M］．北京：中国社会科学出版社，2014，5：3.

[145] 李树明．改革开放以来我国农村贫困问题及其治理研究［D］．重庆师范大学，2017.

[146] 李松玉．乡村治理中的制度权威建设［J］．中国行政管理，2015（3）：80.

[147] 李文学．新型职业农民须具有四大特质［J］．农村工作通讯．2012（7）：35.

[148] 李小云，许汉泽．2020年后扶贫工作的若干思考［J］．国家行政学院学报，2018（1）：62—66.

[149] 李小云．冲破“贫困陷阱”：深度贫困地区的脱贫攻坚［J］．人民论坛·学术沿，2018（14）：6—13.

[150] 李晓晨，李胜超．政策工具视角下的农民就业创业政策研究——基于2004—2018年的文本量化分析［J］．青岛科技大学学报（社会科学版），2019（2）：63.

[151] 李晓龙，徐鲲．连片特困地区扶贫攻坚的战略选择［J］．南京林业大学学报（人文社会科学版），2014（2）：61—68.

[152] 李晓明．贫困代际传递理论述评［J］．广西青年干部学院学报，2006，16（2）：75—78.

[153] 李雪松．社会治理共同体的再定位：一个“嵌入型发展”的逻辑

命题［J］. 内蒙古社会科学，2020，41（04）：40—47.

［154］李永辉，李茜. 价值导向与困境解决："三乡"视域下实现乡村人才振兴的路径探析［J］. 农村经济与科技，2018（24）：192.

［155］李增元. 农村社区建设：治理转型与共同体构建［J］. 东南学术，2009（03）：26—31.

［156］李长健，李曦. 乡村多元治理的规则困境与机制化弥合——基于软法治理方式［J］. 西北农林科技大学学报（社会科学版），2019（1）：78.

［157］梁景时. 文化精华与糟粕特征新论［J］. 北华大学学报，2000（2）：21.

［158］梁军. 教育发展、人力资本积累与中国经济增长［J］. 教育学报，2016（4）：79—88.

［159］廖彩荣，郭如良，尹琴，等. 协同推进脱贫攻坚与乡村振兴：保障措施与实施路径［J］. 农林经济管理学报，2019，18（2）：273—282.

［160］廖林燕. 乡村振兴视域下边疆民族地区乡村治理机制创新研究［J］. 西北民族大学学报（哲学社会科学版），2018（1）：6—12.

［161］廖文梅，童婷，胡春晓. 脱贫攻坚与乡村振兴的协同性分析：以江西为例［J］. 农林经济管理学报，2019，18（02）：255—265.

［162］林阿妙. 农村社会组织发展面临的困境及对策［J］. 陕西行政学院学报，2014，28（3）：125—128.

［163］林中. 乡村振兴背景下农村环保问题及对策研究［J］. 农业资源与环境，2019：67.

［164］凌经球. 探索深度贫困山区脱贫攻坚的可行路径——广西河池市大安乡"整乡推进"脱贫攻坚的实践及启示［J］. 党政研究，2017（05）：53—59.

［165］刘成军. 贫困代际传递的内生原因与破解路径［J］. 马克思主义与现实，2018（1）：199—204.

［166］刘传俊，姚科艳. 乡村振兴背景下乡贤文化的时代价值与建设路径［J］. 华中农业大学学报（社会科学版），2019（06）：14—20+160.

［167］刘德林，魏崇辉. 当代中国政治语境下公共治理理论有效适用初论［M］. 北京：中央编译出版社，2015：25—26.

［168］刘合光. 激活参与主体积极性，大力实施乡村振兴战略［J］. 农业经济问题，2018（1）：14—20.

[169] 刘洪银，张洪霞，崔宁. 中国新生代农民工与市民化：模式与治理 [M]. 天津：南开大学出版社，2014：4—5.

[170] 刘华，王观杰. 农村基层党组织的治理逻辑及能力建设：基于治理主体多元化视角的分析 [J]. 江苏社会科学，2018 (6)：70.

[171] 刘焕，秦鹏. 脱贫攻坚与乡村振兴的有机衔接：逻辑、现状和对策 [J]. 中国行政管理，2020 (01)：155—157.

[172] 刘佳萍. 城乡基本公共服务均等化问题及对策研究 [J]. 探求，2018 (01)：116—120.

[173] 刘建华，周晓. 吉林省城镇化发展与经济增长关系研究 [J]. 税务与经济，2014 (6)：102—110.

[174] 刘金海. 乡村治理模式的发展与创新 [J]. 中国农村观察，2016 (6)：67.

[175] 刘进才. 中国农村人力资源开发的对策研究 [J]. 中国行政管理，2003 (12)：54—57.

[176] 刘康，理性偏好与执行扭曲：精准扶贫实践困境的哲学审思[J]. 海南大学学报人文社会科学版，2019 (1)：28.

[177] 刘苗苗. 环境治理中村民参与行为及影响因素研究 [D]. 河北经贸大学，2019：48.

[178] 刘明月，汪三贵. 产业扶贫与产业兴旺的有机衔接：逻辑关系、面临困境及实现路径 [J]. 西北师大学报（社会科学版），2020，57 (04)：137—144.

[179] 刘琼莲. 脱贫攻坚需多元主体“同频共振”[J]. 人民论坛，2018 (21)：38—40.

[180] 刘盛，唐敏，杨慧. 乡村治理模式改革创新——以湖北省大冶市茗山为例 [J]. 湖北理工学院学报，2018：1—5.

[181] 刘韬. 教育治理现代化视阈下职业教育治理共同体构建 [J]. 职教论坛，2016 (13)：70—76.

[182] 刘万年. 牡丹江市柴河镇新型城镇化发展研究 [D]. 吉林大学，2014.

[183] 刘小维. 当前我国腐败现象新变化的防治对策研究 [J]. 法制与社会，2009 (1)：193—194.

[184] 刘晓君，强国凤. 基于政策工具视角的建筑节能政策评价 [J].

城市问题，2019（10）：83.

［185］刘新庚，聂建辉．新时代如何打造乡村治理新格局［J］．人民论坛，2020（2）：70.

［186］刘屹．四川革命老区乡村治理的困境与应对策略［J］．老区建设，2014（08）：42—44.

［187］卢继青．乡镇成人学校开展企业职工培训的赋权增能研究［J］．河北大学成人教育学院学报，2017（2）：42—46.

［188］罗大蒙．社会发育与管控型治理：我国乡村治理面临的挑战［J］．攀登，2013：33—39.

［189］罗瑶，谭起兵．社会治理共同体视域下高职院校推进依法治校探析［J］．教育与职业，2020（08）：20—25.

［190］吕德文．乡村治理70年：国家治理现代化的视角［J］．南京农业大学（社会科学版），2019（4）：11.

［191］吕方．脱贫攻坚与乡村振兴衔接：知识逻辑与现实路径［J］．南京农业大学学报（社会科学版），2020，20（04）：35—41.

［192］吕绪瑞．多元模式下社区社会组织参与社区治理研究［D］．青岛大学，2018.

［193］马海龙．区域治理：内涵及理论基础探析［J］．经济论坛，2007（19）：14—17.

［194］马建新．城镇化进程中农村基层党组织建设面临的挑战及对策［J］．中州学刊，2016（9）.

［195］马力．江苏省职业农民培训现状与对策研究——基于苏南、苏中、苏北三市756位农民的调查［J］．成人教育，2018（5）：56—59.

［196］马润凡．当前我国官本意识的危害及其治理［J］．中州学刊，2014，206（2）：14—18.

［197］马喜梅．乡村振兴与脱贫攻坚有效衔接路径研究——以滇黔桂石漠化片区为例［J］．云南师范大学学报（哲学社会科学版），2020，52（03）：84—91.

［198］马永强．农村文化建设的内涵和视域［J］．甘肃社会科学，2008（6）：75.

［199］马运超，等．政策工具视角下中国体育科技政策改革：回顾与展望——基于1978—2018年体育科技政策的文本分析［J］．天津体育学院学报，

2019（4）：291.

［200］毛丹．赋权、互动与认同：角色视角中的城郊农民市民化问题［J］．社会学研究，2009（4）：28—60.

［201］毛洪涛，马丹．教育发展与经济增长关系的计量分析［J］．财经科学，2004（1）：92—95.

［202］梅小亚．新时代民族地区乡村治理的实践逻辑与路径选择［J］．贵州民族研究，2018，39（12）：42—47.

［203］孟雪华．社会保障的公共性流失及原因分析［J］．商情，2012（8）：116—116.

［204］米松华，黄祖辉，朱奇彪．新型职业农民：现状特征、成长路径与政策需求——基于浙江、湖南、四川、安徽的调查［J］．农村经济，2014（8）：117.

［205］苗国厚．打赢脱贫攻坚战要破解三个关键问题［J］．人民论坛，2018（11）：62—63.

［206］莫光辉，陈正文．脱贫攻坚中的政府角色定位及转型路径——精准扶贫绩效提升机制系列研究之一［J］．浙江学刊，2017（01）：156—163.

［207］莫伟民．权力拯救灵魂？——福柯牧领权力思想探析［J］．复旦学报（社会科学版），2011（5）：41—48.

［208］莫艳清．社区精英与村落共同体再造——右坞村城市化的观察与阐释［M］．北京：社会科学文献出版社，2017：85.

［209］牟盛辰．治理现代化视阈下新时代“枫桥经验”创新进路研究．浙江警察学院学报，2018（3）：19.

［210］聂火华，郑利华．新农村建设中的乡村治理结构问题探讨［J］．江西社会科学，2007：196—199.

［211］聂宇亮．政策执行网络视角下的地方政府精准扶贫政策执行问题研究［D］．吉林财经大学，2018.

［212］牛胜强．多维视角下深度贫困地区脱贫攻坚困境及战略路径选择［J］．理论月刊，2017（12）：146—150，176.

［213］潘博，王立峰．新时代党的政治建设面临的突出问题及其治理进路——以结构—功能主义为分析视角［J］．社会主义研究，2018（4）：89.

［214］潘传辉．农村基层党组织在乡村振兴中的地位和作用［J］．中共山西省直机关党校学报，2018（5）.

[215] 潘建伟. 中国牧区经济社会发展研究 [M]. 北京：中国经济出版社，2010：141.

[216] 潘星宇，卢盛峰. 阻断居民贫困代际传递：基层政府支出政策更有效吗？[J]. 上海财经大学学报，2018 (1).

[217] 彭继增，朱孟璐. 江西省教育发展与区域经济增长的实证分析 [J]. 金融与经济，2011 (1)：32—35.

[218] 蒲小彬，彭芳，王瑾瑜. 农业职业经理人人才培养的特殊性探析与培养模式创新——以四川地区的农业职业经理人培养为例 [D]. 教育科学论坛，2018.

[219] 祁勇，赵德兴. 中国乡村治理模式研究 [M]. 济南：山东人民出版社，2014：55—75.

[220] 任燕妮. 乡村治理主体围绕治理资源多元化合作路径探析 [J]. 农村经济，2011：19—23.

[221] 桑志达. 重新认识贫困问题 [J]. 毛泽东邓小平理论研究，1997 (05)：68—72.

[222] 石宏伟. 论我国城乡二元化社会保障制度的改革 [J]. 江苏大学学报 (社会科学版)，2006 (06)：81—86.

[223] 史云贵. 当前我国城市社区治理的现状、问题与若干思考 [J]. 上海行政学院学报，2013，14 (02)：88—97.

[224] 史志乐，张琦. 少数民族深度贫困地区脱贫的绿色减贫新构思和新路径 [J]. 西北民族大学学报 (哲学社会科学版)，2018 (3)：76—81.

[225] 舒川，吴曲. 赋权增能：我国学龄前残疾儿童运动康复发展路径 [J]. 哈尔滨体育学院学报，2020 (2)：11—16.

[226] 宋煜萍. 生态型区域治理中地方政府执行力研究 [D]. 苏州大学，2011.

[227] 苏志刚. 治理共同体：类型教育背景下高职教育治理结构的创新探索 [J]. 中国职业技术教育，2020 (07)：61—65.

[228] 孙保全. 边民意识：一种重要的边境治理资源 [D]. 广西民族研究，2019 (02)：65—72.

[229] 孙迪亮. 论乡村社会治理的系统性 [J]. 齐鲁学刊，2019 (4)：108—116.

[230] 孙丽. 社会管理创新的路径探析 [J]. 新西部，2012 (3)：

95—95.

［231］孙祁祥，王向楠，韩文龙．城镇化对经济增长作用的再审视——基于经济学文献的分析［J］．经济学动态，2013（11）：20—28.

［232］孙志毅，陈儒．教育投入、经济增长与新型城镇化建设研究［J］．改革与战略，2014（11）：112—115.

［233］覃晓萍，王世奇．新时代多元主体推进乡村治理法治化路径探讨［J］．广西民族大学学报，2019（3）：97—98.

［234］唐超．70年来中国扶贫政策演变及其优化路径［J］．农林经济管理学报，2019，18（3）：283—292.

［235］唐琼梓．我国高校创新创业教育的赋权增能模式研究［J］．中国职业技术教育，2018（14）：28—31.

［236］唐任伍．新时代乡村振兴战略的实施路径及策略［J］．人民论坛·学术前沿，2018（3）.

［237］唐玉青．多元主体参与：生态治理体系和治理能力现代化的路径［J］．学习论坛，2017，33（02）：51—55.

［238］唐志丹，沈烈志，马晓琳．教育发展与区域经济增长的实证研究——以辽宁省为例［J］．现代教育管理，2010（3）：31—34.

［239］陶希东．跨省区域治理：中国跨省都市圈经济整合的新思路［J］．地理科学，2005，25（5）：529—536.

［240］田明．农业转移人口空间流动与城市融入［J］．人口研究，2013（4）：43—55.

［241］田园．政府主导和推进下农业转移人口市民化问题探究［J］．西北农林科技大学学报（社会科学版），2013（13）：17—22.

［242］汪杰贵，基于村庄治理系统困境突破的村庄治理现代化路径——一个分析框架［J］．农村经济问题，2018（9）：88.

［243］汪军，张孝友．新阶段重庆市农村扶贫开发态势及思路创新［J］．教师教育学报，2005，3（4）：59—62.

［244］汪三贵，冯紫曦．脱贫攻坚与乡村振兴有机衔接：逻辑关系、内涵与重点内容［J］．南京农业大学学报（社会科学版），2019，19（5）：8—14＋154.

［245］王毅．精准扶贫背景下的相对贫困村脱贫策略研究——以成都市大邑县部分村（社区）为样本［J］．青年时代，2018（1）上：153—154.

[246] 王朝明，马文武．城乡教育均衡发展、城乡收入差距与新型城镇化的关系 [J]. 财经科学，2014 (8)：97—108.

[247] 王春城，戴翊超．促进脱贫攻坚与乡村振兴有机衔接的公共政策供给 [J]. 地方财政研究，2019 (10)：75—81.

[248] 王春光．新生代农村流动人口的社会认同与城乡融合的关系 [J]. 中国社会科学院社会学研究所，2001 (3)：63—76.

[249] 王春蕊．易地扶贫搬迁困境及破解对策 [J]. 河北学刊，2018, 38 (05)：146—151.

[250] 王道勇，郧彦辉．农民市民化：内涵、进程与政策 [J]. 攀登，2008 (6)：116—118.

[251] 王懂棋．乡村治理困境与突破 [N]. 学习时报，2015—09—24 (005).

[252] 王惠琴．农村公共产品的供给困境与政府角色的合理定位 [J]. 经济与社会发展，2010, 8 (1)：81—82.

[253] 王家永，盖克．农民市民化转型成本测算与分担机制考察——以大连市甘井子区为例 [J]. 地方财政研究，2014 (5)：65—70.

[254] 王江成．陆地边境虚空化的"抵边村落"观察——以云南省H边境县某"抵边村落"为个案 [J]. 云南大学公共管理学院，2018 (04)：59—66.

[255] 王金涛，陈琪．动员力度、心理聚合与搬迁绩效——以陇中某地易地搬迁为例 [J]. 中国行政管理，2016 (09)：82—87.

[256] 王景新，郭海霞．农民市民化：中国10个著名经济强村实证研究 [J]. 广西民族大学学报，2014 (1)：55—61.

[257] 王敬尧，叶成．地方财政视角下的农民市民化成本 [J]. 华中师范大学学报（人文社会科学版），2015, 54 (5)：12—20.

[258] 王库．中国政府生态治理模式研究 [D]. 吉林大学，2009.

[259] 王立剑，代秀亮．2020年后我国农村贫困治理：新形势、新挑战、新战略、新模式 [J]. 社会政策研究，2018.

[260] 王美艳，蔡昉．进一步促进户籍制度改革的着手点 [J]. 学术界，2009 (1)：306.

[261] 王梦婷，肖其勇．乡村教师的赋权增能：困境与转向 [J]. 继续教育研究，2020 (1)：16—20.

[262] 王铭，薛客．论公共政策执行不力的问题与对策［J］．求实，2010（2）：28—30.

[263] 王平涛．农村土地流转存在的问题及对策［D］．华中师范大学，2014.

[264] 王谦，吴楠楠．改变城乡二元制度是实现城乡公共服务均等化的关键［J］．经济论坛，2011（7）：12—14.

[265] 王青松．湖南武陵山片区金融扶贫政策分析［J］．合作经济与科技．2019（7）：60.

[266] 王琼．我国新型农村社会养老保险制度中政府责任的构建与完善［D］．西南财经大学，2010.

[267] 王婷．中国城镇化对经济增长的影响及其时空分化［J］．人口研究，2013（5）：53—67.

[268] 王维国．善治之道：当代中国社会治理创新的伦理路径研究［M］．北京：人民出版社，2015：25—26.

[269] 王伟娜，徐勇．基于耦合理论的农业现代化与新型城镇化协同发展研究——以河南省为例［J］．中共郑州市委党校学报，2017（4）：74—78.

[270] 王武朝．"空心化"趋势下乡村治理的对策研究［J］．农业经济，2017（10）：30—32.

[271] 王义．"赋权增能"：社会组织成长路径的逻辑解析［J］．行政论坛，2016（6）：61—65.

[272] 王奕，陈寅瑛．农村贫困代际传递链的形成机制研究［J］．北方经济，2013（12）：10—12.

[273] 王造兰．乡村振兴战略视野下的广西脱贫攻坚路径研究［J］．理论建设，2018（03）：46—51.

[274] 王长安．转型期中国乡村治理研究［D］．吉林大学，2007.

[275] 王振亚．利益视角下的乡镇政府行为方式研究——以西部欠发达地区若干乡镇为例［M］．北京：中国社会科学出版社，2105：67.

[276] 王知桂，杨强，李莉．农业转移人口市民化的制度困局及破解［M］．北京：经济科学出版社，2015：34，57—63.

[277] 王志章，刘天元．连片特困地区农村贫困代际传递的内生原因与破解路径［J］．农村经济，2016（5）：74—79.

[278] 王忠楠．乡村振兴战略背景下农村环境污染治理研究——以河南

省 S 县 C 镇为例 [D]. 郑州大学，2018：20.

[279] 魏澄荣，陈宇海．福建省农民工市民化成本及其分担机制 [J]. 中共福建省委党校学报，2013（11）：113—118.

[280] 魏后凯，苏红键．中国农业转移人口市民化进程研究 [J]. 中国人口科学，2013（5）：21—29.

[281] 魏萌萌．论我国职业经理人制度的完善 [D]. 河北经贸大学，2014.

[282] 魏三珊．乡村振兴背景下农村治理困境与转型 [J]. 人民论坛，2018：64—65.

[283] 魏晓文，徐凤月．国家治理视域下人民政协协商民主功能及其优化 [J]. 中州学刊，2015（11）：21—22.

[284] 魏毅，曹国庆，张天乐．江西脱贫攻坚的路径选择与保障措施 [J]. 农林经济管理学报，2017，16（3）：408—418.

[285] 吴芙蓉．城乡二元户籍制度与“有差别的”社会保障制度分析 [J]. 法制与社会，2014（15）：218—219.

[286] 吴强．严格作风治理确保脱贫攻坚成效 [J]. 行政管理改革，2018（08）：22—25.

[287] 吴晓燕．精准扶贫政策实施中存在的问题、原因及其完善——以公共政策的运行为分析视角 [J]. 湖北民族学院学报（哲学社会科学版），2019（2）：61.

[288] 西奥多·舒尔茨．改造传统农业 [M]. 梁小民，译．北京：商务印书馆，2010：155.

[289] 夏文贵．管控与动员：边境民族地区边民管理的双重机制——以云南文山壮族苗族自治州 M 县为例 [J]. 贵州民族研究，2018（06）：47—50.

[290] 相雪梅．精准扶贫与乡村振兴的耦合协同研究 [J]. 山东行政学院学报，2018（6）：94—98.

[291] 辛璄怡，于水．主体多元、权力交织与乡村适应性治理 [J]. 求实，2020（2）：90.

[292] 邢成举．结构性贫困对贫困代际传递的影响及其破解——基于豫西元村的研究 [J]. 中州学刊，2017（2）：42—47.

[293] 胥爱贵．探索建立缓解相对贫困的长效机制 [J]. 江苏农村经济，

2017 (11): 4—6.

[294] 徐杰舜，赵旭东，巫达，刘珩，周恩宇. 人类学遭遇文化转型[J]. 原生态民族文化学刊，2018，10 (01): 1—11.

[295] 徐丽娟，刘振，田雄. 赋权增能与系统建构：社会公众介入教育扶贫的经验反思——以H大学云南省S村暑期教育项目为例 [J]. 华东理工大学学报（社会科学版），2020 (2): 62—72.

[296] 徐明月. 农民市民化问题研究 [J]. 农业经济，2014 (11): 100—101.

[297] 徐婷婷，沈承诚. 论政府生态治理的三重困境：理念差异、利益博弈与技术障碍 [J]. 江海学刊，2012 (3): 228—233.

[298] 徐晓冬. “国家治理体系10S协同模型”构想——中美国家治理案例剖析 [J]. 人民论坛，2014 (22): 46—51.

[299] 徐晓军，张楠楠. 乡村振兴与脱贫攻坚的对接：逻辑转换与实践路径 [J]. 湖北民族学院学报（哲学社会科学版），2019，37 (6): 101—108.

[300] 徐学庆. 乡村振兴战略背景下风文明建设的意义及其路径 [J]. 中州学刊，2018 (9): 72.

[301] 薛以硕，张继良. 农民工市民化成本研究现状分析 [J]. 调研世界，2014 (10): 50—54.

[302] 闫海龙，胡青江. 新疆新型城镇化进程中农民市民化的成本及解决对策 [J]. 贵州农业科学，2014 (6): 247—250.

[303] 杨阿维，张建伟. 西藏农牧区贫困代际传递问题研究 [J]. 西藏大学学报（社会科学版），2016，31 (1): 162—169.

[304] 杨静. 实现高质量脱贫必须力戒形式主义 [J]. 人民论坛，2018 (26): 62—64.

[305] 杨丽，孙之淳. 基于熵值法的西部新型城镇化发展水平测评[J]. 经济问题，2015 (3): 115—119.

[306] 杨琴，黄智光. 新型社会组织参与乡村治理研究——以乡贤参事会为例 [J]. 理论观察，2017 (01): 100—104.

[307] 杨顺清，朱碧波. 论边疆多民族地区行政文化建设的问题及内在原因 [J]. 岭南学刊，2015 (5): 55—59.

[308] 杨雪峰. “四直为民”：民族地区乡村治理模式探析 [J]. 安顺学院学报，2020 (1): 85—86.

[309] 杨志军，耿旭，王若雪．环境治理政策的工具偏好与路径优化——基于43个政策文本的内容分析［J］. 东北大学学报（社会科学版），2017（3）：276—283.

[310] 姚鹏，胡斯涵．农村人才培养制度研究［J］. 农业经济，2018（5）：71.

[311] 姚松，曹远航．新时期中央教育精准扶贫政策的逻辑特征及未来走向——基于政策工具视角［J］. 湖南师范大学教育科学学报，2019（4）：66.

[312] 尤伟琼．我国西南陆地边境的虚空态势及其治理思考［J］. 思想战线，2019（03）：103—109.

[313] 于法稳．基于健康视角的乡村振兴战略相关问题研究［J］. 重庆社会科学，2018（4）.

[314] 于开红，付宗平，李鑫．深度贫困地区的“两山困境”与乡村振兴［J］. 农村经济，2018（9）：16—21.

[315] 于守文，肖乐乐．政策工具视角下中国体育产业政策文本量化分析——以国务院46号文为例［J］. 体育学刊，2018（4）：22.

[316] 俞可平．中国公民社会的兴起与治理的变迁［M］. 社会科学文献出版社，2002：33.

[317] 虞崇胜，张继兰．人民政协：社会主义协商民主的重要载体［J］. 探索，2013（6）：58.

[318] 约翰·罗尔斯．正义论［M］. 北京：中国社会科学出版社，2015：75—84.

[319] 岳国芳．脱贫攻坚与乡村振兴的衔接机制构建［J］. 经济问题，2020（08）：107—113.

[320] 岳天明，孙祥．我国受暴女性的赋权增能与社会工作救助［J］. 学习与实践，2017（1）：104—111.

[321] 臧乃康．多中心理论与长三角区域公共治理合作机制［J］. 中国行政管理，2006（5）：83—87.

[322] 张琦．减贫战略方向与新型扶贫治理体系建构［J］. 改革，2016（8）：77—80.

[323] 张丙宣．人民政协精准介入基层协商的机制研究［J］. 河南社会科学，2017（8）：18.

[324] 张晨. 城市化进程中的“过渡型社区”：空间生成、社会整合与治理转型 [M]. 广州：广州人民出版社，2014 (4)：170.

[325] 张传泉. 城乡一体化背景下农民市民化路径探析 [J]. 华中农业大学学报：社会科学版，2014 (5)：98—103.

[326] 张洪伟. 我国区域生态贫困问题探析 [D]. 中共南昌市委党校学报，2018.

[327] 张华初，罗光容. 农业转移人口市民化公共成本测算——以广州市为例 [J]. 城市问题，2015 (6)：7—13.

[328] 张欢欢，陶传进. “赋权理论”视角下农村妇女参与乡村振兴的路径研究——以S公益项目为例 [J]. 贵州社会科学，2020 (3)：162—163.

[329] 张继良，马洪福. 江苏外来农民工市民化成本测算及分摊 [J]. 中国农村观察，2015 (2)：44—96.

[330] 张君. 从农村矛盾化解角度看乡村治理多元化——以江苏省丰县梁寨镇为例 [J]. 江苏师范大学学报，2017：15—20.

[331] 张磊. 社会治理共同体的重大意义、基本内涵及其构建可行性研究 [J]. 重庆社会科学，2019：39—50.

[332] 张立冬. 中国农村贫困代际传递实证研究 [J]. 中国人口·资源与环境，2013，23 (6)：45—50.

[333] 张敏敏，傅新红. 精准扶贫与乡村振兴的联动机制建构 [J]. 农村经济，2019 (12)：33—39.

[334] 张明斗. 新型城镇化进程中的农村空心化治理 [J]. 农村经济，2017 (12).

[335] 张明珠. 新型城镇化下基本公共服务均等化探讨 [J]. 宏观经济管理，2016 (2)：64—66.

[336] 张贤明，田玉麒. 论协同治理的内涵、价值及发展趋向 [J]. 湖北社会科学，2016 (1)：30—37.

[337] 张宜红，万欣. 统筹推进脱贫攻坚与乡村振兴相衔接：内在逻辑及政策选择 [J]. 农业考古，2020 (1)：250—258.

[338] 张永利，阮文彪. 城镇化背景下的农村“空心化”问题 [J]. 赤峰学院学报（汉文哲学社会科学版），2012，33 (09)：104—106.

[339] 张跃平，张倩. 五大发展理念下我国少数民族地区脱贫的新路径 [J]. 改革与战略，2017，33 (09)：30—32，70.

[340] 张兆曙. 治理共同体：部门分立体制下联合治理的组织形式[J]. 浙江学刊，2014（01）：30—39.

[341] 张志胜. 赋权与增能：新生代农民工“半城镇化”到“再城镇化”[J]. 宁夏社会科学，2017（2）：135.

[342] 张志伟. 区域一体化过程中文化认同的作用及其构建困境 [J]. 湖州师范学院学报，2009（5）：58.

[343] 张仲芳，舒成. 农业转移人口市民化的公共成本测算及分担机制——以江西为例 [J]. 江西社会科学，2015（9）：54—60.

[344] 章文光. 精准扶贫与乡村振兴战略如何有效衔接 [J]. 人民论坛，2019（04）：106—107.

[345] 赵光元，丁俊萍. 政治文明视野中的农村基层民主 [J]. 安徽工业大学学报（社会科学版），2006（02）：5.

[346] 赵君. 赋权与增能双重目标下的江苏老年教育机制创新 [J]. 南通职业大学学报，2017（2）：52—56.

[347] 赵莉. 全域旅游视角下红色文化资源开发——评《红色旅游与红色文化传承研究》[J]. 领导科学，2019（13）：128.

[348] 赵勍，张金麟. 基于私人成本与私人收益的农民工市民化意愿研究 [J]. 华东经济管理，2012（12）：124—128.

[349] 赵泉民. 合作社组织嵌入与乡村社会治理结构转型 [J]. 社会科学，2015（03）：65.

[350] 赵一夫，王丽红. 新中国成立70年来我国乡村治理发展的路径与趋向 [J]. 农业经济问题，2019（12）：21—30.

[351] 赵永平，徐盈之. 新型城镇化、技术进步与产业结构升级 [J]. 大连理工大学学报，2016（3）：56—64.

[352] 郑瑞强，赖运生，胡迎燕. 深度贫困地区乡村振兴与精准扶贫协同推进策略优化研究 [J]. 农林经济管理学报，2018，17（6）：762—772.

[353] 郑晓云. 当代边疆地区的民族认同与国家认同——从云南谈起 [J]. 中南民族大学学报，2011（04）.

[354] 郑有贵. 由脱贫向振兴转变的实现路径及制度选择 [J]. 宁夏社会科学，2018（1）：87—91.

[355] 钟甫宁. 农业政策学：第2版 [M]. 北京：中国农业出版社，2012：146.

[356] 周恩宇，卯丹．易地扶贫搬迁的实践及其后果——一项社会文化转型视角的分析［J］．中国农业大学学报（社会科学版），2017，34（02）：69—77.

[357] 周鸿．反贫困文化：民族地区发展的战略抉择［J］．广西民族大学学报：哲学社会科学版，1998（S1）：21—23.

[358] 周静，程芯怡．农村土地流转中的村委会角色分析［J］．现代化农业，2018：13—16.

[359] 周荣．深度贫困地区脱贫攻坚新思路——以山西省为例［J］．中共山西省委党校学报，2018，41（01）：64—66.

[360] 周小刚，陈东有，刘顺百．农民市民化问题研究综述［J］．经济纵横，2009，286（9）：122—125.

[361] 周宗社．中国农村贫困家庭代际传递研究——基于演化经济学视角［J］．当代经济，2017（4）：9—13.

[362] 朱海波，聂凤英．深度贫困地区脱贫攻坚与乡村振兴有效衔接的逻辑与路径——产业发展的视角［J］．南京农业大学学报（社会科学版），2020，20（03）：15—25.

[363] 朱孔来，李静静，乐菲菲．中国城镇化进程与经济增长关系的实证研究［J］．统计研究，2011（9）：80—87.

[364] 朱启铭．脱贫攻坚与乡村振兴：连续性、继起性的县域实践［J］．江西财经大学学报，2019（3）：95—104.

[365] 朱启臻．新型职业农民生成环境的几个问题［J］．中国农村经济，2016（10）：61—69.

[366] 朱巧玲，甘丹丽．新型城镇化背景下农民市民化评价指标体系的构建［J］．福建论坛（人文社会科学版），2014（5）：10—16.

[367] 朱晓晨，张贵友．进城农民工住房保障制约因素及对策［J］．安徽农业科学，2014（15）：4875—4877.

[368] 朱新华．农村宅基地制度创新与理论解释［D］．南京农业大学，2011.

[369] 朱正平．农村基层党组织服务功能的强化动力与实现模式探索［J］．中共成都市委党校学报，2011（5）：24—29.

[370] 庄天慧，孙锦杨，杨浩．精准脱贫与乡村振兴的内在逻辑及有机衔接路径研究［J］．西南民族大学学报（人文社科版），2018，39（12）：

113—117.

[371] 左停，刘文婧，李博. 梯度推进与优化升级：脱贫攻坚与乡村振兴有效衔接研究 [J]. 华中农业大学学报（社会科学版），2019（05）：21—28，165.

[372] 左停，徐加玉，李卓. 摆脱贫困之“困”：深度贫困地区基本公共服务减贫路径 [J]. 南京农业大学学报（社会科学版），2018，18（02）：35—44，158.

[373] 高强. 脱贫攻坚与乡村振兴有效衔接的再探讨——基于政策转移接续的视角 [J]. 南京农业大学学报（社会科学版），2020，20（04）：49—57.

[374] 汪三贵，冯紫曦. 脱贫攻坚与乡村振兴有效衔接的逻辑关系 [J]. 贵州社会科学，2020（01）：4—6.

[375] 左停. 脱贫攻坚与乡村振兴有效衔接的现实难题与应对策略 [J]. 贵州社会科学，2020（01）：7—10.

[376] 何威. 治理共同体建构：城市社区协商治理研究 [D]. 华东师范大学，2018.

[377] 武倩妤. 我国城市社区共同体多元参与合作治理研究 [D]. 广西师范大学，2010.